राधा माधव रंग रँगी

'गीतगोविन्द' की सरस व्याख्या

राधा माधव रंग रँगी

'गीतगोविन्द' की सरस व्याख्या

विद्यानिवास मिश्र

वाणी प्रकाशन ग्रुप | भारतीय ज्ञानपीठ

वाणी प्रकाशन : भारतीय ज्ञानपीठ की पुस्तकों के एकमात्र प्रकाशक एवं वितरक

Email : sales@vaniprakashan.in

सजिल्द पहला संस्करण : 1998
सजिल्द दूसरा संस्करण : 2000
सजिल्द तीसरा संस्करण : 2002
सजिल्द चौथा संस्करण : 2005
सजिल्द पाँचवाँ संस्करण : 2024

लोकोदय ग्रन्थमाला : ग्रन्थांक 631

प्रकाशक
वाणी प्रकाशन ग्रुप
4695, 21-ए, दरियागंज, नयी दिल्ली-110 002
फ़ोन : 011-23273167, 23275710
ईमेल : sales@vaniprakashan.in

ISBN : 978-93-5775-689-1

राधा माधव रंग रँगी
('गीतगोविन्द' की सरस व्याख्या)
विद्यानिवास मिश्र

RADHA MADHAV RANG RANGI
(A Commentary on 'Gitagovindam')
by Vidyaniwas Mishra

मुद्रक : आर. टेक ऑफ़सेट प्रिंटर्स, दिल्ली-110 032

आवरण-चित्र : राधा-कृष्ण, काँगड़ा शैली

Price: INR. 695

श्री राधामाधव के अनन्य भक्त
स्नेहीबन्धु पूज्य स्वामी श्री गुरुशरणानन्दजी को
सप्रीति सादर—

—विद्यानिवास मिश्र

श्रावण शुक्ल सप्तमी, 2055 वि.

वक्तव्य

पहला संस्करण अप्रत्याशित ही समाप्त हो गया। इसके लिए रुचि लेनेवाले पाठकों का आभारी हूँ। पहले संस्करण में कुछ अशुद्धियाँ रह गयी थीं। उन्हें सुधार कर लिया गया। इच्छा तो थी कि श्री प्रबुद्धानन्द की टीका भी इसमें जोड़ी जाए और उसके ऊपर स्वतन्त्र आलेख हो जिससे अध्यात्म में रुचि रखनेवालों को कुछ और संजीवन सामग्री मिले। पर एक तो प्रकाशक का तगादा था कि इसे शीघ्र छापा जाए, दूसरे उसे स्वतन्त्र उपक्रम के रूप में लेना अधिक श्रेयस्कर समझा गया। इसलिए उसे सम्प्रति छोड़ दिया। भारत की दो प्रसिद्ध नृत्यांगनाएँ कुछ संचारियों की प्रस्तुति अपने अभिनय से करना चाहती थीं। उनका चित्र हम देना चाहते थे, पर नृत्यांगना तो नृत्यांगना है, उनके साथ बैठकर किसी मर्मस्पर्शी भाव का अभिनय चित्र प्राप्त करना कुछ दुस्साध्य ही है। उनके वादों को ही चित्र मान लेते हैं। 'गीतगोविन्द' की व्याख्या मैंने रची है यह कहना अर्धसत्य है। मेरे द्वारा रची गयी है—यही कहना सत्य होगा। इसका अर्थ यह है कि इसके रचने में श्री राधा-कृष्ण की लीला में अलौकिक आनन्द प्राप्त करनेवाले असंख्य-असंख्य लोगों की अभिलाषा ने मुझसे ऐसा लिखा लिया। इसलिए उन लोगों के प्रति मैं आभार व्यक्त करता हूँ कि संसार अभी एकदम ठूँठ ही नहीं है। उसमें भी कहीं-न-कहीं सबको नकार कर कुछ हरियाली बची हुई है। अपने प्रकाशक के प्रति मैं आभारी हूँ, जिन्होंने यह पुस्तक सुरुचि से छापी और इसका समुचित वितरण किया।

—विद्यानिवास मिश्र

आभार

'राधा माधव रंग रँगी' पुस्तक 'गीतगोविन्द' की व्याख्या है और मैं कहूँगा कि यह अधूरी व्याख्या है। 'गीतगोविन्द' की पूरी व्याख्या करने के लिए बहुत ही निर्विषय मन चाहिए। भरसक कोशिश की है कि निर्विषय होकर मैं ऐसे महत्त्वपूर्ण ग्रन्थ के बारे में जितनी मेरी समझदारी है उतनी लोगों तक पहुँचाऊँ। मेरा संकल्प तो लगभग बीस-एक वर्ष पुराना है। संकल्प करने के पीछे आदरणीया कपिलाजी की नृत्य-प्रस्तुति है जिसमें उनके गुरु ने 'मदन मनोहर वेश टुकड़े' की विकल्पानुवृत्तियों को समझाते हुए साधारण काम के लिए यहाँ स्थान नहीं है--इसका कुछ संकेत किया था। मेरा संकल्प धरा ही रह जाता यदि मेरे स्नेह-पात्र श्री नर्मदाप्रसाद उपाध्याय ने बार-बार आग्रह करके अपने ही घर बैठाकर मुझसे इन्दौर में ग्रन्थ का पूरा प्रारूप लिखवा न लिया होता। इस ग्रन्थ की भूमिका मैं पहले से बाँधता रहा--कुछ लेखों के द्वारा और कुछ व्याख्यानों के द्वारा; और इनमें से एक व्याख्यान तो कलकत्ता में भारतीय भाषा परिषद् में हुआ, दूसरा व्याख्यान जयपुर में बन्धुवर श्री कपूरचन्द्र कुलिश ने कराया। 'गीतगोविन्द' की भाव-भूमिका के बारे में सबसे पहले मैंने निबन्ध लिखा था 'राधा माधव हो गयी', इसे मैंने इसमें दिया भी है। इस ग्रन्थ की शीघ्र से शीघ्र मुद्रणार्थ प्रति तैयार करने के लिए भारतीय ज्ञानपीठ मुझसे अनुरोध करता रहा और श्री पद्मधर त्रिपाठी इसके लिए काबुली ढंग से तगादा करते रहे। इन सबका मैं हृदय से ऋणी हूँ। ग्रन्थ का प्रारूप सुसज्जित करने में, टाइप कराने, प्रूफ देखने में श्री नारायण मिश्र और श्री धर्मेन्द्र शर्मा ने न केवल बहुत परिश्रम किया है बल्कि अपना बहुमूल्य समय शुद्ध सेवा-भाव से दिया है। मैं इनको हृदय से आशीर्वाद देता हूँ। इस ग्रन्थ के अन्त में 'गीतगोविन्द' के सम्बन्ध में कुछ ज्ञातव्य सूचनाएँ श्री नर्मदाप्रसाद उपाध्याय ने श्री नारायण मिश्र के सहयोग से तैयार कीं। उसे परिशिष्ट रूप में दे रहा हूँ। इस परिशिष्ट की एक स्थापना को मेरा मन मानने को तैयार नहीं हो रहा है,

वह है जयदेव का जगन्नाथजी के परिवेश से बाहर का उद्‌भव। मुझे लगता है कि जयदेव और जगन्नाथ एक-दूसरे में अनुस्यूत हैं। जयदेव ओड़िसा के ही होंगे।

इसके लिए चित्रों के चयन और रंगीन चित्रों की प्रतिलिपि तैयार करने के लिए श्री नर्मदाप्रसाद उपाध्याय ने अयाचित भाव से बड़ी सहायता की और इनकी प्रस्तुति में खण्डवा के श्री जय नागड़ा ने सहायता की। इनको मैं हृदय से आशीर्वाद देता हूँ। डॉ. कपिलदेव पाण्डेय ने प्रूफ-संशोधन में सहयोग दिया, उन्हें भी आशीर्वाद देता हूँ। जयपुर के कुलिश जी ने गीतगोविन्द को नृत्य-नाटिका के रूप में दूरदर्शन शृंखला के लिए प्रस्तुत कराया। उसने मुझे इस सचित्र व्याख्या के लिए और उकसाया, उनका आभारी हूँ।

अन्त में मैं पुनः आदरणीया कपिलाजी के प्रति आभार व्यक्त करना चाहता हूँ कि उन्होंने पूरी पुस्तक को पढ़कर भीगे मन से इसकी भूमिका लिखी है। उनका यह सहयोग मेरे लिए आगे के लिए बहुत बड़ा सम्बल है। ज्ञानपीठ ने इसे सुरुचि से प्रकाशित किया, इसके लिए मानद निदेशक श्री दिनेश मिश्र धन्यवाद के पात्र हैं। जयदेव जैसे सिद्ध और भक्त कवि का ऋण उतारने के लिए यह काम कर रहा हूँ, पर लगता है कि ऋण मन पर और बढ़ता जा रहा है। उनके स्मरण मात्र से ही मन कहीं और चला जाता है जहाँ उसकी सही गति होनी चाहिए। ऐसे जयदेव को मैं प्रणाम करता हूँ।

—विद्यानिवास मिश्र

एम–3, बादशाह बाग
वाराणसी–221002

भूमिका

पं. विद्यानिवास मिश्र का आग्रह था कि मैं उनकी पुस्तक 'राधा माधव रंग रँगी' (गीतगोविन्द-व्याख्या) की भूमिका लिखूँ। मैं इस कार्य के लिए अपने-आपको सर्वथा अपात्र एवं असमर्थ पाती हूँ। प्रथम, 'गीतगोविन्द' को जितना भी समझने की चेष्टा करती रही हूँ, उतना ही तीव्र अनुभव होता रहा है कि इस लघु महाकाव्य की गहराई और रहस्य बढ़ता ही चला जाता है। हर बार पुनः पढ़ने पर एक नया स्तर एक नयी गहराई के दर्शन होते हैं। जयदेव की यह कृति जितनी ही सरल और मधुर है, उतनी ही जटिल भी। और भारतीय पुष्पमाल की भाँति गुन्थन और गुंजन भरी। एक पक्ष प्रकाशित होता है तो उसके साथ ही कितने अन्य पक्ष स्वतः भासमान हो उठते हैं। माला के गुन्थन को अलग-अलग देखना शुरू करें तो माला टूट जाती है। गुन्थन के फूल बिखर जाते हैं और फिर से माला को पिरोना आरम्भ करो तो हर पाठक, श्रोता और दर्शक की माला हो जाती है—एक लड़ीवाली, जयदेव की गुन्थन की नहीं।

बहुत वर्षों तक समझने का प्रयास करती रही कि 'गीतगोविन्द' के एक पाठ के भारतीय नृत्य, संगीत और चित्रकला के कितने अनेक रूप हो सकते हैं। एक शब्द, एक पंक्ति, एक अष्टपदी की प्रत्येक विधा में हर कलाकार द्वारा पृथक्-पृथक् अभिव्यक्ति होती रही है और हो रही है। भारतवर्ष के हर क्षेत्र में गुजरात से लेकर उड़ीसा और मणिपुर तक, कश्मीर से केरल तक व्यापक पाठ-गान होता है और उनके मन्दिरों में इस पाठ और गान से सेवा होती है। नाना प्रकार की नृत्यशैलियों में 'गीतगोविन्द' का अभिनय प्रस्तुत किया जाता है। दक्षिण को छोड़ हर क्षेत्र में 'गीतगोविन्द' पर आधारित लघुचित्र हैं। इस विशाल विस्तार को समझने के लिए अनेक यात्राएँ कीं, भ्रमण किया और 'गीतगोविन्द' के अनेक रूप, एक रंग और गन्ध में रमी-रसी। किन्तु उसके रहस्य की ग्रन्थि बनी रही। यात्रा बाह्य और आन्तरिक शेष न ही हुई, न होगी।

यह रचना क्या है और किस आन्तरिक अनुभूति की प्रेरणा से उत्पन्न हुई है, यह अभी तक प्रश्नचिह्न ही बना रहा। जयदेव को राधा और कृष्ण का क्या और कैसा अनुभव हुआ होगा, जिसने उन्हें वह दैविक शक्ति प्रदान की। चौबीस अष्टपदियों में उन्होंने ब्रह्माण्ड को बाँधा और सृष्टि-समष्टि के निचोड़ को लयमय, संगीतमय स्वरों और शब्दों में मुखरित किया। यह अद्‌भुत कृति अवाक् कर देती है। निस्सन्देह, पचपन टीकाकारों ने उसके रहस्य को समझने की चेष्टा की। भारतवर्ष के हर प्रान्त और भाषा में अनेक प्रकार की टीकाएँ मिलती हैं। कुछ टीकाकारों ने उसका अलंकार, रूप-रस के सिद्धान्तों के अनुसार विश्लेषण किया, तो कुछ ने भक्तिरस के अनुसार। अन्य टीकाकारों ने ग्रन्थ को वैष्णव सम्प्रदाय का ग्रन्थ माना, तो कुछ ने रहस्यवाद का। कुछ ने उसमें केवल इन्द्रियों का विस्तार देखा और कुछ ने उसे संगीत, नृत्य का लक्षण ग्रन्थ।

इतनी विभिन्न प्रकार की व्याख्याओं और टीकाओं की परिपाटी के उपरान्त आज पं. विद्यानिवास मिश्र ने जो 'गीतगोविन्द' की व्याख्या की है, वह अद्‌भुत है। पढ़कर मन विभोर हो जाता है। जिस सूक्ष्मता से 'गीतगोविंन्द' का विवेचन किया गया है, वह विलक्षण है। मैं तो पढ़ते-पढ़ते मुग्ध हो गयी, मन्त्रमुग्ध। पं. विद्यानिवास मिश्र ने जयदेव की कृति को जिस स्तर पर जाना-पहचाना है, वह राधा और कृष्ण के स्वरूप पर अनोखा प्रकाश डालता है।

पं. विद्यानिवास मिश्र ने बहुत महीनता से सर्गों के नामों का विश्लेषण किया है। प्रत्येक सर्ग में कृष्ण का एक नाम आया है। प्रथम सर्ग में सामोद-दामोदर–क्यों? पण्डितज़ी बहुत तर्कसंगत बारीकी से बताते हैं कि दामोदर का अर्थ है–जिसका उदर रस्सी से बँधा हुआ हो, जो भयभीत हो। एक ओर वह सामोद है, क्योंकि वसन्त रस-नृत्य, गन्ध का संचार उन्हें चारों ओर से घेरे हुए है; दूसरी ओर वह आतंकित है रासेश्वरी की अनुपस्थिति से। सामोददामोदर में एक साथ दो व्यंजनाएँ हैं। पण्डितजी हर नाम में जो व्यंजनाएँ हैं, उनको प्रत्यक्ष करते हैं, यही एक बड़ी उपलब्धि है।

इसी प्रकार पं. विद्यानिवास मिश्र ऋतु के कालक्रम की ग्रन्थि खोलते हैं। 'गीतगोविन्द' का प्रारम्भ होता है वर्षा के मंगल से और अन्त होता है वासन्ती रसवृष्टि से–यह क्यों? बहुत सूक्ष्मता से वह कहते हैं, काव्य का प्रयोजन ही राधा का कृष्ण को रँगना और कृष्ण का राधा को। यह निर्णय करना कठिन हो जाता है कि किसका रंग ज्यादा गहरा है। दोनों के ऊपर एक-दूसरे का रंग

उतना ही गहरा है।...'अन्तिम दिन' का आरम्भ एक नयी रचना की तैयारी से होता है—राधा की कृष्णमय रचना। पण्डितजी इस निष्कर्ष पर पहुँचते हैं कि इस ग्रन्थ का लक्ष्य ही यही था कि नयी राधा रची जाए और स्वयं श्रीकृष्ण के हाथों रची जाए।

इस निष्कर्ष का विस्तार ही पं. विद्यानिवास मिश्र की सम्पूर्ण व्याख्या है। वह प्रत्येक सर्ग, प्रत्येक अष्टपदी की व्याख्या से यह स्पष्ट कर देते हैं कि यह काव्य दो प्राणियों की प्रेमगाथा नहीं, अपितु यह राधा की कृष्णमय होने की और कृष्ण की राधामय होने का गीत है।

वह हर अष्टपदी और पदों को इसी दृष्टि से अपनी मधुर और सशक्त भाषा में मुखरित करते हैं। यह घटना कभी भी समाप्त नहीं होती। निरन्तर घटती रहती है और सत्‌चित् का आनन्द में और आनन्द का सत्‌चित् में विलयन बार-बार घटित होता रहता है।

राधा के नाम के विषय में अनेक प्रकार की धारणाएँ प्रचलित हैं और हिन्दी-बांग्ला में इस पर अनेक ग्रन्थ भी लिखे गये हैं। पं. विद्यानिवास मिश्र ऐतिहासिक दृष्टि से इस चरित्र को नहीं देखते हैं, यह उपयुक्त है। जहाँ भी, जैसे भी राधा का सन्दर्भ पहले आया हो, यह मानना होगा कि जयदेव के 'गीतगोविन्द' से राधा-काव्य को नया उत्कर्ष मिलता है। इसमें एक समग्र दृष्टि है जो कृष्णतत्त्व और राधातत्त्व को दो नहीं मानती, एक मानती है। श्रीकृष्ण को अपनी समग्र पहचान के लिए अपने ही आत्मीय अंग के अंश के रूप में श्रीराधा की आवश्यकता है। श्रीराधा को अपने समग्र की पहचान के लिए अपने ही आत्मरूप श्रीकृष्ण की आवश्यकता है।

पं. विद्यानिवास मिश्र के शब्द 'गीतगोविन्द' के सार को जिस ढंग से पहचानते हैं, वह जयदेव के काव्य की अनुभूति और स्वयं पण्डितजी की गहरी चेतना का द्योतक है :

"इसे यों भी कह सकते हैं, श्रीकृष्ण के स्मरण का कुसुमित परिणाम है राधा का स्मरण, श्रीकृष्ण रूप में कोई गन्ध नहीं, पर राधा के अंग के वे जब शृंगार बनते हैं तो काले रंगमात्र नहीं रहते, वे मृगमदरस (कस्तूरी के रस) बन जाते हैं और रस बनकर राधा के रोम-रोम में खिले आकांक्षाओं के असंख्य कुसुम-स्तबकों में रस की तरह आपूरित हो जाते हैं। श्रीकृष्ण का घनश्याम-रूप

वसन्त का आभरण पाता है और राधा का मधुमय यौवन श्रीकृष्ण की कस्तूरी-गन्ध का आमोद; पर अकेले श्रीकृष्ण न वर्षा हैं, न राधा वसन्त हैं, अकेले श्रीकृष्ण एक विशाल और उज्ज्वल अन्धकार हैं, राधा के अभिभावकत्व में वे वर्षा हैं; पर राधा कभी अकेली हैं ही नहीं, वे श्रीकृष्ण की असंख्य सुधियों के बीच हैं, वे नित्य वसन्त हैं, नित्य नूतन होने की आकांक्षा हैं, नित्य ताप हैं, नित्य मरण हैं और इसलिए महाकाली के पुरुषावतार श्रीकृष्ण नित्यलीला का अधिष्ठान हैं।"

इसके उपरान्त और कुछ मेरे लिए शब्दों में व्यक्त करना असम्भव है। हर सर्ग की व्याख्या और विश्लेषण में मैंने अनगिनत मोती पाये और 'गीतगोविन्द' के सागर में पुनः भीगी और रसमय हो गयी।

पण्डितजी को इस कृति के लिए मेरे शत-शत प्रणाम।

—कपिला वात्स्यायन

राधा माधव रँग रँगी

क्रम-सूची

गीतगोविन्द : नया युगारम्भ

'गीतगोविन्द' एक नाट्यप्रबन्ध है जिसकी प्रबन्ध-योजना इस प्रकार है :

इसमें कुल बारह सर्ग हैं। एक सर्ग में कम-से-कम एक, अधिक-से-अधिक चार अष्टपदियाँ हैं। प्रत्येक अष्टपदी के पूर्व और अन्त में कथायोजक सूत्र के रूप में अथवा आशीर्वचन के रूप में श्लोक हैं। अष्टपदी की योजना इस प्रकार है कि वह गायी जाए और उसके साथ-साथ अभिनय भी प्रस्तुत हो। गेयता और अभिनेयता को साथ-साथ चलने के तनाव में भाषा बहुत तरल और पारदर्शी हो गयी है। किन्तु इसका यह अर्थ नहीं है कि उसमें अर्थगर्भता नहीं है। एक-एक टुकड़े में संगीत और नृत्य की उद्भावना की दृष्टि से असीम सम्भावनाएँ निहित हैं क्योंकि एक-एक टुकड़ा किसी-न-किसी संचारी, किसी-न-किसी अनुभाव, विभाव को व्यंजित करता है और वह पक्ष अर्थों की पर्तों में लिपटा हुआ रहता है। धीरे-धीरे एक-एक पर्त खुलती है और बार-बार खोलने का प्रयत्न करने पर भी कुछ-न-कुछ अनकहा रह ही जाता है।

सर्गों के नाम भी अपने-आप में बहुत व्यंजक हैं। पहला सर्ग 'सामोद-दामोदर' है। इसमें चार अष्टपदियाँ हैं। पहली अष्टपदी 'दशावतार-वन्दना' है। दूसरी अष्टपदी 'श्रीपति-वन्दना' है। तीसरी-चौथी अष्टपदियों में श्रीकृष्ण के वसन्त-रास का वर्णन है। इस रास में राधा अनुपस्थित हैं। रास का वर्णन ईर्ष्या के माध्यम से राधा के मन में अभिलाषा उकसाता है। ध्यान देने की बात है कि श्रीकृष्ण को 'दामोदर' नाम से स्मरण किया गया है अर्थात् श्रीकृष्ण का प्रेमाबद्ध रूप ही प्रमुख है। दामोदर का अर्थ ही है—जिसका उदर रस्सी से बँधा हुआ हो, जो भयभीत हो। एक ओर वे सामोद हैं क्योंकि वसन्त—रस-रूप-गन्ध-सम्भार उन्हें चारों ओर से घेरे हुए है, दूसरी ओर वे आतंकित हैं रासेश्वरी की अनुपस्थिति से। सामोद-दामोदर में एक साथ दो व्यंजनाएँ हैं। इसमें श्रीकृष्ण का अन्तर्द्वन्द्व प्रकट रूप में है और अप्रकट रूप में राधा का अन्तर्द्वन्द्व है, जो देर से रास के लिए चलीं। देर हो गयी और उन्हें रास की झंकार ही सुनाई

पड़ी। तब ठिठककर, नाराज होकर अलग चली गयीं। एक सघन प्रेम का बीज बोया जाता है। इस सर्ग में राधा का स्मरण राधा के वलद्बाधा विशेषण से किया गया है, जिसका तात्पर्य यह है कि मन की विकलता लहर की तरह मोड़ लेने लगी है।

ऐसी स्थिति में राधा हैं और सर्ग का 'सामोद-दामोदर' नाम व्यंग्य बनकर रह जाता है, कैसा आमोद जो दोनों ओर एक आग सुलगाता है।

दूसरे सर्ग का नाम है—'अक्लेशकेशवः'। इसमें दो अष्टपदियाँ हैं। पहली में राधा अपने मन को रास के भींतर पहुँचा देती हैं और कहती हैं मेरा मन बार-बार इस रास में चला जाता है, रास से अधिक मेरे मन का परिहास करनेवाले मन के मीत में चला जाता है। दूसरी अष्टपदी में जब वह दीन होकर सखी से प्रार्थना करती हैं कि कुछ ऐसा करो कि आकुल होकर मेरे साथ वे रमण करें, वैसे ही जैसे प्रथम समागम के समय मिले थे। मैं वैसे ही उनकी भाँति-भाँति की केलियों से उद्वेलित होना चाहती हूँ। राधा के भीतर एक उत्कण्ठा जगे, यही तो केशव के क्लेश को काटने का साधन है। आमोद-प्रमोद के बीच जो उन्हें क्लेश हुआ कि इस रास में राधा नहीं है; चिन्ता हुई कि मैं नाचता रहा, खेलता रहा, राधा को कैसा लगा होगा; उसकी शान्ति इसी से तो होगी कि राधा मिलने के लिए उत्कण्ठित हों। राधा की उत्कण्ठा ही केशव को, घुँघराले बालोंवाले श्रीकृष्ण को भीतर से परिपूर्ण और तृप्त करती है।

तीसरे सर्ग में जब श्रीकृष्ण राधा को खोजने निकलते हैं और यहाँ-वहाँ कहीं नहीं पाते तो अनुताप से भर जाते हैं। मुझे गोपियों में घिरा देखकर वह चली गयी, मैं उसे रोक नहीं सका। मैंने उसको सम्मान नहीं दिया। उसके बिना रास किया। इस प्रकार मधु अर्थात् वसन्त को मथने, प्यार को मथनेवाले श्रीकृष्ण स्वयं मोहित हो जाते हैं। इस सर्ग का नाम 'मुग्धमधुसूदनः' है। द्वितीय और तृतीय सर्गों को यदि हम एक साथ देखते हैं तो दोनों की परस्पर उत्कण्ठा के अंकुरण का वृत्त पूरा हो जाता है। तीसरे सर्ग में केवल एक अष्टपदी है।

और अब चौथे सर्ग की भूमिका बनती है जिसमें सखी राधा की उत्कण्ठा का चित्र खींचती है; तब श्रीकृष्ण को आभास होता है कि मैं केवल उत्कण्ठा करनेवाला नहीं हूँ, उत्कण्ठा का विषय भी हूँ। मैं केवल वेधक नहीं हूँ, वेध्य भी हूँ। और यह अनुभव उन्हें स्निग्ध कर देता है। वसन्त को उन्मन करनेवाला रूखा भाव इस अनुभव से आपूरित होकर स्निग्ध हो जाता है, [illegible] कहीं और ठौर मिल जाती है। इस 'स्निग्धमधुसूदनः' सर्ग में दो अष्टपदियाँ हैं। दोनों में राधा को उन्मद करनेवाले विरह के द्रावक चित्र हैं।

पाँचवें सर्ग का नाम है–'साकांक्षपुण्डरीकाक्षः'। विष्णु के रूप की सबसे बड़ी विशेषता उनका कमलनयन होना है। कमलनयन होने का अर्थ साकांक्ष होना है, क्योंकि कमल निराकांक्ष नहीं है। वह सूर्य के प्रकाश की आकांक्षा रखता है। इस सर्ग में विरह-व्याकुल श्रीकृष्ण राधिका का दुःख निवेदन करनेवाली सखी से कहते हैं कि मैं यहीं बैठा हूँ, तुम अनुनय-विनय करके राधा को ले आओ। इसमें दो अष्टपदियाँ हैं। पहली में श्रीकृष्ण की विरह-व्यथा का वर्णन है, दूसरी में राधा से मिलने के लिए अनुरोध है कि "तुम साकांक्ष श्रीकृष्ण की आकांक्षा की पूर्ति करो।"

छठा सर्ग है–'कुण्ठवैकुण्ठः'। इसमें केवल एक ही अष्टपदी है। राधा ने सखी से निवेदन किया। राधा चलने में अशक्त थीं। विरह से इतनी असहाय हो गयी थीं कि वह लताकुंज से उत्कण्ठा रखते हुए भी चल नहीं पा रही थीं। सखी राधा की दशा का वर्णन कर रही है कि "वह तुममें खो गयी हैं और वहीं निकुंज में अनेक कल्पनाएँ कर रही हैं। कभी वह सोचती हैं कि तुम वहाँ हो, कभी चल पड़ती हैं, फिर लड़खड़ाकर गिर पड़ती हैं, कभी सोचती हैं मैं ही श्रीकृष्ण हूँ, कभी अन्धकार को ही श्रीकृष्ण मान लेती हैं और तुम्हारे मिलने की तैयारी किये हुए मन में लज्जित होती हैं कि इतनी देर हो गयी, नहीं आये।" कुण्ठवैकुण्ठ का अर्थ है कुण्ठासहित। निर्द्वन्द्व श्रीकृष्ण भी कुण्ठित हो गये हैं–"राधा नहीं आ पायीं। मैंने सन्देश दिया और वे तैयारी किये बैठी रहीं, आ नहीं पायीं। कहीं मेरी आकांक्षा में कमी थी।" इस सर्ग का नाम उत्कण्ठ या सोत्कण्ठ भी है। एक स्थान पर 'धन्यवैकुण्ठ' भी है। परन्तु 'कुण्ठ-वैकुण्ठ' पाठ अधिक सटीक लगता है।

रात बढ़ गयी है और चन्द्रमा जब सिर पर आ जाता है तो राधा को लगता है कि मैं ठगी गयी। सखी ने जब कहा–"प्रिय तुम्हारे लिए उत्कण्ठित हैं।" तो राधा बोलीं–"मैंने तैयारी की, वे नहीं आये। उन्होंने पीड़ा नहीं समझी कि मैं प्रतीक्षा कर रही हूँ। मेरा मान उन्हें रखना चाहिए, स्वंयं आ जाना चाहिए। जब प्रिय ने मेरा मान नहीं रखा, तब किसकी शरण में जाऊँ! सखी ने धोखा देकर मुझे वासकसज्जा बना दिया और प्रिय नहीं आये। इस वंचित भाव में अनेक कल्पनाएँ आती हैं। लगता है प्रिय इसलिए नहीं आये कि वे किसी दूसरी बड़भागिनी के साथ आराम कर रहे हैं और इस कल्पित बड़भागिनी के सुख की ईर्ष्या के दाह में राधा जलने लगती हैं। उसके सुख की अनेक प्रकार से कल्पना करने लगती हैं, फिर सोचती हैं कि उसे कोई विरह-व्यथा नहीं है। उसे

चन्द्रमा नहीं जलाता। उसे मलय-पवन अनुतप्त नहीं करता। इस सर्ग में चार अष्टपदियाँ हैं और विप्रलब्धा नायिका के रूप में राधिका का मर्मस्पर्शी चित्रण है। यह वासकसज्जा और विरहोत्कण्ठिता की अवस्था के बाद विप्रलब्धा भाव की उत्थापना विरह को और भी उद्दीप्त करने के उद्देश्य से की गयी है। ठगे जाने का यह भाव सबसे अधिक उद्दीप्त करनेवाला भाव होता है। इस सर्ग का नाम जो 'नागरनारायणः' रखा गया है, उसका अभिप्राय यही है कि अनेक व्यष्टि-चित्तवृत्तियों में एक-साथ रमनेवाले नारायण कितने चतुर हैं कि एक चित्तवृत्ति को दूसरी चित्तवृत्ति का पता नहीं चल पाता। वे जल में रहनेवाले जड़ नारायण नागर के छल-छन्द से परिचित हो गये हैं, यह सर्ग के शीर्षक का दूसरा अभिप्राय है। रात ढल रही है और वंचित होने का भाव और तीखा होता जा रहा है, क्योंकि पूरी रात व्यर्थ हुई जा रही है। इस सर्ग में चार अष्टपदियाँ हैं।

भोर होते-होते श्रीकृष्ण का अभिमान टूटता है। वे राधा के निकुंज में स्वयं आते हैं और राधा के चरणों में पड़ जाते हैं। आठवें सर्ग में प्रारम्भ इसी सूचना से होता है कि वे चरणों में पड़े हुए मना रहे हैं और आर्त्त राधा उन्हें झिड़क रही हैं, वह कह रही हैं—"चले जाओ, मुझसे छल-छन्द की बातें न करो। उसी के पास जाओ जो तुम्हारा दुःख हरती हो। तुम्हारा अंग-प्रत्यंग गवाही दे रहा है कि तुम मेरे पास नहीं आये, इसका कारण यही था कि तुम उसके साथ खेलते रहे।" इस सर्ग में विप्रलब्धा की स्थिति खण्डिता के रूप में स्पष्ट हो जाती है। पहले कल्पना थी, किन्तु अब राधा को स्पष्ट प्रमाण मिल जाते हैं कि प्रिय को मनाने आये हैं, उसमें कहीं खोट है। यह मेरे रहे नहीं, किसी दूसरी के हो गयें हैं। खण्डिता की यह योजना भी व्यष्टि-चित्त के विराट् के साथ एकाकार होने की प्रक्रिया को और तीव्रतर बनाने के उद्देश्य से है। टूटने का भाव होता है तो प्रेम में प्रकर्ष का वह क्षण आता है जब पूरे आक्रोश के बाद समर्पित चित्तवृत्ति विगलित होकर श्रीकृष्णमय हो जाती है, उसका अपना अस्तित्व नहीं रहता है। इस सर्ग का नाम इसीलिए 'विलक्ष्यलक्ष्मीपतिः' है। लक्ष्मीपति होते हुए भी जब लख लिये जाते हैं तो वे विलक्ष्य हो जाते हैं। वे अलक्षित नहीं रह पाते क्योंकि अनेक लक्ष्म, अनेक चिह्न उभर आते हैं कि वे लक्ष्मीपति हैं, राधा के प्रिय नहीं हैं। उस लक्ष्मी के पति हैं जो राधा की छाया है। इस सर्ग में एक अष्टपदी है।

अब सखी बीच में पड़ती है और कलह के लिए तुली हुई राधा को मनाती है—श्रीकृष्ण तुम्हारे पास आये हुए हैं और तुम मान कर रही हो, यह ठीक नहीं

है। सारी युवति-सभा इस पर हँस रही है। किसको इतना बड़ा सौभाग्य कि श्रीकृष्ण आकर पैरों पर पड़ें और मनाएँ। इस सर्ग का नाम है 'मन्द-मुकुन्द'। इस सर्ग में एक अष्टपदी है। बहुत बुद्धिमान् बनते थे, अब सारी अकल गुम हो गयी है। और श्रीकृष्ण को कुछ सूझता नहीं, कैसे मनाएँ? वे सखी को बिचवई बनाते हैं। यकायक अपनी व्यापकता के उघर जाने से वे हक्का-बक्का हो जाते हैं। कहीं-कहीं सर्ग का नाम 'मुग्ध-मधुसूदन' भी मिलता है। इतने फूलों का रस चखनेवाले यकायक बड़े निरीह बन जाते हैं और सारा दिन इस कलहान्तरिता राधा को मनाने में बीत जाता है। दिन में राधा से कुछ कहने की हिम्मत नहीं होती। जब दिन ढलता है तो राधा का क्रोध शिथिल होता है, तब श्रीकृष्ण को अपनी चतुराई का परिचय देने का अवसर मिलता है। वे राधा की चाटुकारी करते हैं कि तुम चारुशीलवाली हो, अकारण क्यों मान कर रही हो, मेरे प्रति यदि इतनी नाराजगी है तो मुझे दण्ड दो। इस प्रकार बड़ी चतुराई से राधा के जरा-जरा पसीजते चित्त को वश में करते हैं और मानिनी का मान शिथिल करते हैं। इसलिए इस सर्ग का नाम 'चतुरचतुर्भुजः' है। इस सर्ग में एक अष्टपदी है।

ग्यारहवें सर्ग के प्रारम्भ में सूचना मिलती है कि श्रीकृष्ण ने मनाया और फिर अपने कुंज में चले गये। राधा का मन भी उनके पास चलने को हुआ क्योंकि तब तक राधा अपना राधापन खो चुकी थीं और श्रीकृष्ण राधामय होकर अपने कुंज में चले गये हैं। अब सखी को मौका मिलता है कि वह राधा से कहे कि "इस अनुगत प्रियतम का अनुसरण करो। अब तुम श्रीकृष्ण को जगाओ।" इस सर्ग में तीन अष्टपदियाँ हैं। पहली अष्टपदी में श्रीकृष्ण के पीछे-पीछे चलने का अनुरोध है। दूसरी अष्टपदी में कुंज में प्रवेश करने का अनुरोध है और तीसरी अष्टपदी में दोनों की आँखें मिलने का वर्णन है। श्रीकृष्ण को राधा देखती हैं तो पाती हैं कि वे अपने साज-शृंगार में राधामय बने हुए हैं, इसीलिए इस सर्ग का नाम 'सानन्ददामोदरः' है। आनन्द के दाम से बँधे हैं। राधा घनश्याम की आनन्द-दामिनी ही तो हैं। उन्मत्त मेघ को सौदामिनी ही नियन्त्रित करती है। उसी के इशारे पर वह रस-वर्षा करता है। श्रीकृष्ण को इस रूप में देखने पर राधा को अपने प्यार पर और अपने ऊपर पूर्ण विश्वास हो जाता है।

द्वादश सर्ग के प्रारम्भ में सूचना मिलती है कि सखियाँ निकुंज से बाहर चली गयी हैं। अब यकायक राधा को लज्जा और प्यार दोनों ने घेर लिया है।

वे पल्लव-शय्या की ओर दृष्टि किये हुए हैं। श्रीकृष्ण ऐसे में प्रिया से कहते हैं—"अब तक तुम राधिका रही हो, आराधिका रही हो, अब देखो, नारायण स्वयं तुम्हारे अन्दर हैं। इनको प्यार करने की अनुमति दो।" इस बार सूचना मिलती है कि दोनों का मिलन होता है। दोनों का हरि के वांछित रूप में मिलन होता है। इस मिलन के बाद राधा पुनः जैसे आयी थीं कृष्णमय होकर, वैसे ही कृष्णमय होना चाहती हैं और कृष्ण के हाथों रची जाकर होना चाहती हैं, इसलिए वे अनुरोध करती हैं कि तुम मुझे ऐसे सजाओ कि अंग-अंग में तुम छा जाओ, तुम्हारा रंग छा जाए। इस सर्ग का नाम है 'सुप्रीतपीताम्बरः'। राधिका ही तो श्रीकृष्ण या पीताम्बर हैं, और ऐसे सम्पूर्ण भाव से राधामय श्रीकृष्ण से जब यह कामना की जाती है कि राधा ही अपने को श्रीकृष्ण बनाकर कुंज से लौटना चाहती हैं तो प्रीति की सफलता सुनिश्चित हो जाती है। इस सर्ग में दो अष्टपदियाँ हैं।

'गीतगोविन्द' का प्रारम्भ होता है वर्षा के मंगल से और अन्त होता है वासन्ती रसवृष्टि से, जब प्रिया-प्रीतम एक-दूसरे के रंग में भीगकर सराबोर हो जाते हैं। यह निर्णय करना कठिन हो जाता है कि किसका रंग ज्यादा गहरा है। दोनों के ऊपर एक-दूसरे का रंग उतना ही गहरा है। अन्तिम सर्ग के अन्त से यह ध्वनित है कि सुबह होनेवाली है। एक दिन और एक रात अनुताप और प्रतीक्षा में गये। दूसरा दिन मनाने और कोपने से शुरू हुआ और दूसरी रात में जाकर सम्पूर्ण भाव से मिलना सम्भव हुआ। तीसरे दिन का आरम्भ एक नयी रचना की तैयारी से होता है—राधा की कृष्णमय रचना, और यहीं पर ग्रन्थ समाप्त हो जाता है।

इस ग्रन्थ का लक्ष्य ही यही था कि नयी राधा रची जाए और स्वयं श्रीकृष्ण के हाथों रची जाए। रची जाकर वह काव्य की, वैष्णव भक्ति की, कला की तथा संगीत की अधिष्ठात्री हो जाए।

'गीतगोविन्द' नाट्य-प्रबन्ध का मंगल भी अत्यन्त नाटकीय है। पूरा काव्य वसन्त का काव्य है और मंगल वर्षा का। पूरे काव्य में श्रीकृष्ण अत्यन्त चतुर और विदग्ध नायक के रूप में चित्रित हैं और इस मंगल में एक अबोध और निरीह किशोर के रूप में। इस वैषम्य के दो नाटकीय उद्देश्य हो सकते हैं। एक तो यह संकेत देना कि इस काव्य में वर्णित अनुराग-लीला का बीज निरा ऐन्द्रिय और शारीरिक नहीं है। यह अनुराग अनायास अंकुरित हो गया था, जैसे उस उद्दाम ऋतु ने सारे बन्धन खोल दिये हों। वसन्त के आते-आते वह अनुराग

निर्बन्ध और उत्कट प्रेम का स्वरूप ले चुका है। दूसरा प्रयोजन यह हो सकता है कि मंगल में राधा का उत्कर्ष दिखाकर यह इंगित किया गया है कि यह काव्य नायिकाप्रधान है, नायकप्रधान नहीं। एक तीसरा प्रयोजन भी हो सकता है कि वर्षा ऋतु के इस चित्र में सब-कुछ श्याममय है—आकाश, धरती सब-कुछ। और श्याम को इतनी श्याममयता से घबराहट है। अपने स्वरूप के ऐसे असीम विस्तार से आकुलता है। इस विराट् अकेलेपन का भय है। उन्हें इस अकेलेपन से मुक्ति चाहिए। जो-जो श्याम है, उसे एक विशेष स्वर्णिम आभा से मण्डित करने की आकांक्षा है जिससे एक सामरस्य, एक चराचर-पूरकता स्थापित हो सके। विराट् के उन्मथित चित्त और व्यष्टि के अत्यन्त विश्वस्त चित्त के बीच सह-भाव जगाना है कि अब मेरे हो गये, यह विराट् अनुभव मेरा हो गया। इस सामरस्य की परिणति एकाएक नहीं होती। कई सोपानों से होते हुए शिखर पर पहुँचना सम्भव होता है। उन सोपानों का वर्णन ऊपर किया जा चुका है।

> "मेघैर्मेदुरमम्बरं वनभुवः श्यामास्तमालद्रुमै-
> र्नक्तं भीरुरयं त्वमेव तदिमं राधे गृहं प्रापय।
> इत्थं नन्दनिदेशतश्चलितयोः प्रत्यध्वकुञ्जद्रुमं
> राधामाधवयोर्जयन्ति यमुनाकूले रहःकेलयः ॥"

आकाश पहले से ही श्यामल है। काले मेघों के कारण उसकी श्यामलता और बढ़ जाती है। वह प्रगाढ़ श्यामल हो जाता है। वृन्दावन की भूमि वैसी ही बनी छाया के कारण श्यामल है, पर वर्षा में अपना पत्रजाल फैलाये और अपनी डालियों को जमीन तक लटकाये तमाल वृक्षों की सघनायमान छाया के कारण निपट श्यामा बन जाती है। अवनि और अम्बर की इस दोहरी श्यामता को और अधिक गहरी रंगत देने के लिए रात घिर आती है और इस रात में भीतर का अन्धकार भी घिर आता है। दशों दिशाएँ श्याम हैं। इस श्यामता में श्याम कहाँ जाएँ, कहाँ रहें। इस श्याम को गति कहाँ से मिले। इस श्याम को तो अपना घर भी भूल जाए, अपनी सुधि भी भूल जाए। अपने को अलग वह पहचान न पाएँ। नन्द को लगता है बस, ऐसे अपनी ही असीमता से घबराये हुए श्याम को यदि कोई रूप-विमर्श करा सकता है तो उसकी आह्लादिनी शक्ति ही करा सकती है। वह आह्लादिनी शक्ति राधा है। वे राधा से कहते हैं कि इस डरे हुए बालक को तुम्हीं घर पहुँचा सकती हो। इसे पहुँचा दो। इसका घर मनुष्य-मन के वे झुरमुट हैं जहाँ मन निरन्तर छिपने का स्वप्न देखा करता

है। इसका घर भानुसुता यमुना की उजली बालू है, जो वृषभानुसुता राधा के चरणों में पड़ने से और उजली हो गयी। उस घर में पहुँचने पर ही श्याम को अपना बोध हो सकता है, क्योंकि तभी वे केवल सच्चिद्घन न रहकर सच्चिदानन्दघन हो सकते हैं। नन्द के निदेश पर आगे-आगे राधा, पीछे-पीछे माधव चल पड़ते हैं और रास्ते में जितने कुंज पड़ते हैं, उनमें प्रत्येक में निभृत एकान्त में सत् और चित् का आनन्द में, आनन्द का सत्-चित् में सम्पूर्ण विलयन बार-बार घटित होता रहता है। इस प्रकार यह घटना कभी भी समाप्त नहीं होती, निरन्तर घटती रहती है। इसलिए यह एकान्त केलि केवल इसलिए एकान्त है कि एक के सिवा दूसरे को रहने नहीं देती, अन्यथा यह केवल एक कुंज में नहीं घटित होती। एक वृक्ष की छाया में नहीं घटित होती। असंख्यासंख्य कुंजों में, असंख्यासंख्य वृक्षों की छाया में, असंख्यासंख्य अभिलाषाओं के वितान में, असंख्यासंख्य चित्तों के गह्वर में, असंख्यासंख्य एकान्तों में, असंख्यासंख्य निभृत अवकाशों में बार-बार घटित होती रहती है, इसलिए 'रहःकेलयः' बहुवचन का प्रयोग हुआ है और 'प्रत्यध्वकुञ्जद्रुमं' कहा गया है, किसी विशेष तक इसे सीमित नहीं किया गया है। इस प्रकार की अनन्त केलियाँ अपूर्वता, उत्कृष्टता और रसमयता के कारण कुल की कुल अनन्त-मंगलविधायिनी हैं।

कुछ टीकाकारों ने नन्द का अर्थ भीतर का आनन्द भाव लिया है और कहा है कि भला नन्द ऐसा निदेश क्यों देने लगे, इसमें औचित्य प्रतीत नहीं होता। पर काव्य की मनोरमता अभिभावक के द्वारा श्रीकृष्ण को राधा के हाथों सौंपे जाने में ही अधिक प्रस्फुटित होती है।

इस मंगल के तुरन्त बाद तीन छन्दों में कवि अपनी और अपने काव्य की ओर ध्यान आकृष्ट करना चाहता है। दूसरे श्लोक में जयदेव सूचना देते हैं कि एक ओर तो यह रचनाकाव्य ऐसा है, जिसके चित्त का गृह वाग्देवी के चरित से चित्रित है, अर्थात् चित्त शुद्ध रचनामय है। पर इसके साथ ही कवि पद्मावती राधा के चरण उपासकों में सर्वश्रेष्ठ है, चक्रवर्ती है। इस प्रकार यह कवि समर्थ है कि सर्वव्यापी वासुदेव के प्यार की लीला से युक्त प्रबन्ध की रचना कर सके क्योंकि रचना की अधिष्ठात्री देवी उसके भीतर निवास करती है। और उसे श्रीराधा की सेवा का अखण्ड सौभाग्य प्राप्त है।

तीसरे श्लोक में कवि अपने समकालीन रचनाकारों का स्मरण करता है और उनसे अपने को अलग भी करता है। एक उमापतिधर हैं, जो वाणी को पल्लवित करना जानते हैं। एक शरण हैं, जो सूक्ष्म और प्रवाहयुक्त ध्वनि-प्रवाहों के मर्मज्ञ

हैं। एक गोवर्धनाचार्य हैं जिनका श्रृंगार रस की रचना में कोई प्रतिस्पर्धी नहीं सुना गया। एक धोयी हैं जो श्रुतिमाधुर्य में कवियों के सिरमौर हैं। इन सबमें विशिष्ट हैं जयदेव, जो अकेले जानते हैं—शब्द का सही सन्दर्भ क्या है, प्रत्येक शब्द के भीतर निहित मार्मिक अर्थ क्या है और यह जानकर ही शब्दों का विन्यास करते हैं। उनके काव्य में न ध्वनि-प्रवाह ही मुख्य है, न सूक्ष्म अर्थों की खोज ही मुख्य है, न शृंगार ही मुख्य है और न वाग्विलास ही मुख्य है। इन सबको समेटनेवाला एक विशेष प्रयोजन ही मुख्य है जो केवल क्रम की विलक्षणता के द्वारा विशिष्ट अर्थ का उद्भव करा सकता है। वह अर्थ इस लोक में रहता हुआ भी इस लोक का नहीं है। वह अपने-आप में कितव है। कितव एक बड़े बारीक मुहावरे का शब्द है। जो बहुत ही कुशल ठग होता है, वह सामान भी लेता है और उल्टे कहता है—यह क्या तुम्हारा है, किंतव? भोजपुरी में एक इसी प्रकार की कहावत प्रसिद्ध है 'बटुलिया तोर कि मोर?' (बटलोई तुम्हारी है कि मेरी?)

चौथे श्लोक में कवि अपने पाठक का चयन करता है। ऊपर से तो यह कहता है कि यदि आप का मन हरिस्मरण में सरस है और यदि आपके भीतर विलास-कलाओं के लिए कौतूहल है तब आप जयदेव की इस सरस्वती को सुनें जो मधुर कोमलकान्त पदावली से युक्त है। किन्तु वस्तुतः कवि का अभिप्राय यह है कि यदि केवल आप भक्तिरस में डूबे हुए हैं अथवा यदि केवल आप शृंगार में डूबे हुए हैं तो आप मेरे काव्य के अधिकारी नहीं हैं। इसका अधिकारी वही हो सकता है जो शृंगार का भी और भक्ति का भी अतिक्रमण कर चुका हो। जिसकी भक्ति लौकिक न रह गयी हो, जिसका प्यार लौकिक या परिमित न रह गया हो, ऐसा ही व्यक्ति इस काव्य का सच्चा अधिकारी है। जयदेव यह अच्छी तरह जानते हैं कि कोरे भक्त इस काव्य से उद्विग्न हो सकते हैं, और शृंगार तथा प्रेम को विलास समझनेवाले इस काव्य का अनर्थ कर सकते हैं। इस काव्य में दृश्य और श्रव्य का, मूर्त्त और अमूर्त्त का, भाव और विभाव का, उद्दीपन और आलम्बन का, संचारी और स्थायी का एकीकरण है, यह ऊँची रसमयी भूमिकावाले चित्त में ही ठीक तरह प्रतिबिम्बित हो सकता है।

इस प्रारम्भिक वक्तव्य के अनन्तर दो अष्टपदियों में दशावतार-चरित के वर्णन के द्वारा मंगलाचरण किया गया है। अष्टपदी की रचना मूलतः अभिनय के लिए है। इसलिए ये दोनों अष्टपदियाँ अभिनय से प्रायोजित हैं। पहली में दशावतारों का क्रम-वर्णन है, दूसरी में केवल राम और कृष्ण का। श्रीकृष्ण

पूर्णावतार हैं, षोडश कलाओं में पूर्ण। उनके पूर्ववर्ती और परवर्ती अवतारों में उनके पूर्ण व्यक्तित्व के कुछ-कुछ पक्ष व्यंजित हैं। पहली अष्टपदी में मत्स्य अवतार से लेकर कल्कि अवतार तक दश अवतारों का वर्णन है किन्तु इसमें श्रीकृष्ण अवतार सम्मिलित नहीं है। इसका प्रयोजन स्पष्ट है कि श्रीकृष्ण अवतार समस्त अवतारों में ओतप्रोत है। यही दिखलाना कवि को अभीष्ट है।

दशों अवतारों के वर्णन में एक समानता है, वह यह कि प्रत्येक वर्णन कुछ-न-कुछ नाटकीयता लिये हुए है। प्रलयकालीन समुद्र के उद्वेलन के विरुद्ध एक मत्स्य का प्रयत्न है कि हम जीवन के मुख्य तन्तुओं के,प्रज्ञा के बीज वहन करनेवाले पोत बन जाएँ। दूसरे चरण में कच्छप एक डगमगाती हुई पृथ्वी को अपनी पीठ पर धारण करके स्थिरता और गति का सन्तुलन प्रस्तुत करता है। तीसरे में लीला-भाव से एक दाँत की नोक पर पृथ्वी सुनहली माया की कैद से मुक्त करके सुरक्षित रख दी जाती है। ऐसा लगता है जैसे चन्द्रमा की गोद में कलंक-कला आकर धँस गयी हो। चौथे में एक आधा पुरुष और आधा सिंह का रूप सोने की शय्यावाले हिरण्यकशिपु दैत्य के काले शरीर को अपने तेज नखों से ऐसे चीरता है जैसे किसी भौंरे को बीच से कोई चीर दे। इनमें हाथों के संचालन पर बल है। इसके बादवाले चरण में पैरों के संचालन पर बल है, जब तीन पग में वामन त्रिभुवन नाप लेते हैं और नापते समय जब विराट् रूप धारण करते हैं तो उनके पद-नखों की धोवन में ही गंगा का प्रवाह उमड़ आता है। पाँचवें में एक दूसरे प्रकार की सत्ता के मद का निराकरण है। उस मद के प्रभाव में लोग जल रहे हैं और भृगुपति रूप धारण करके भगवान् विष्णु सत्ताधीशों के रुधिर जल से उस ताप का शमन करते हैं। इसके बादवाले चरण में रामावतार में वे दस दिशाओं में रावण के दस सिरों की अलग-अलग बलि बाँटते हैं जैसे वे दिशाएँ रावण के मदोन्मत्त अहंकार की प्यासी रही हों। आठवाँ अवतार बलराम हैं जो गौरवर्ण हैं और नीले घने बादल जैसा नीला वस्त्र पहनते हैं। अपने हल की नोक से पूरे हस्तिनापुर को उलटने के लिए यमुना को वह उद्वेलित करते हैं तो लगता है वह भयभीत यमुना ही उनके अंगों से लिपट गयी है। नौवाँ अवतार भावी अवतार है, बुद्ध का, जिसमें एक दूसरा उद्वेलन होता है, वह होता है मन में और बुद्धि में। यज्ञ-विधि के बारे में एक दूसरी समझदारी प्रस्तुत की जाती है। पशु-बलि के प्रति करुणा का उद्वेग उमड़ाया जाता है। अन्तिम अवतार है कल्कि अवतार, जो कलियुग की बर्बर संस्कृति का दलन करते हैं, यकायक चमकते हुए धूमकेतु तारे की तरह सारे भूमण्डल में छा जाते

हैं। इन सभी रूपों में अनेक नाटकीय भाव, जो एक-दूसरे के विरोधी रहते हैं, दर्शाये गये हैं। कहीं अतुलित धैर्य है, कहीं असीम क्रोध। कहीं छल है, कहीं सीधा आक्रोश। कहीं कठोरता है, कहीं करुणा। कहीं लीलाभाव है, तो कहीं प्रयत्न का संकल्प।

श्रीकृष्ण के रूप में सभी गुण किसी-न-किसी तरह एक नया सौन्दर्य पा जाते हैं। इसलिए दशावतार-कीर्तन के व्याज से श्रीकृष्ण का सम्पूर्णत्व ही व्यंजित किया गया है। ऐसे सम्पूर्ण का असम्पूर्ण, खण्डित, व्यष्टि-चित्त राधा के आगे और विशिष्ट हो जाता है। उद्दाम रसवर्षी घनश्याम का क्षणदा सौदामिनी के आगे, भरी हुई प्रकृति का निपात वसन्त के आगे, श्यामरस सम्भार का गौर रस-बिन्दु के आगे समर्पण सार्थक हो जाता है, असीम इसी में अर्थ पाता है, और यही असीम का अपना विशिष्ट स्पृहणीय सौभाग्य है। यहीं से राधायुग का शुभारम्भ होता है। प्रपंचसार में श्री शंकराचार्य ने कहा है, 'पुंनपुंसकयोस्तुल्या चांगनासु विशिष्यते' चैतन्य की लीला पुंस्तत्त्व और नपुंसकतत्त्व में सामान्य होती है, पर अंगनातत्त्व, नारीतत्त्व, में विशिष्ट होती है। श्रीकृष्ण का भाव नारी की भावप्रतिमा राधा में ही रसत्व पाता है, और जब पाता है तो विराट् लघु की ओर अभिमुख हो जाता है, लघु का विराट् के आगे समर्पण कम महत्त्वपूर्ण है, विराट् का समर्पण अधिक महत्त्वपूर्ण और सार्थक है। यह होता है, तभी बिन्दु में सिन्धु को खोजने का नया प्रयत्न शुरू होता है। यह प्रयत्न 'गीतगोविन्द' की रचना से शुरू होता है। यह प्रयत्न 'गीतगोविन्द' की रचना से शुरू हुआ और इसके बाद तो शृंखला ही प्रयत्नों की बढ़ती जा रही है। कला में, संगीत में, काव्य में, दर्शन में, सामाजिक आचार में, सर्वत्र। कैसे बाँध दिये गये हैं श्रीकृष्ण प्रेम के दाम में, कितना सुख मिलता है मुक्तिदाता को बन्धन में पड़ा देखकर।

'गीतगोविन्द' और भागवत में अद्वितीय तादात्म्यभाव है। 'गीतगोविन्द' भागवत का पूरक है, एक तरह से उसकी फलश्रुति है। भागवत का प्रारम्भ सब कामनाओं के श्रीकृष्ण-भाव में विसर्जन से होता है और परिणाम होता है श्रीकृष्ण-भाव से भक्तजन में श्रीकृष्ण के भरने से। भागवत के केन्द्र में श्रीकृष्ण हैं। भागवत एक तरह से श्रीकृष्ण का वाङ्मय विग्रह है। 'गीतगोविन्द' के केन्द्र में श्रीराधा हैं, अतः वह राधा का, श्रीकृष्णमय राधा का गीतमय विग्रह है।

पहली बार पढ़ने पर 'गीतगोविन्द' समझ में नहीं आता। वह रस निर्झर की तरह केवल एक आप्लावित करनेवाले निनाद के रूप में गृहीत होता है।

एक तो इस कारण समझ में नहीं आता कि हमारी समझ के ऊपर एक परदा टँगा हुआ है, 19वीं शताब्दी के पश्चिमी मसीही चिन्तन के अधूरे विचारदर्शन का। हम पूरे शब्दों को नहीं पढ़ते हैं, बीच-बीच में कुछ शब्दों को पढ़ते हैं और इस अधूरे वाचन के कारण 'गीतगोविन्द' को इन्द्रियविलास का काव्य मान लेते हैं, उसी रूप में उसका मूल्यांकन भी करते हैं। हम यह भी नहीं देखते कि अपने ही देश में 'गीतगोविन्द' को दृश्य और श्रव्य रूप में देखने-सुनने की अविच्छिन्न परम्परा रही है और वह परम्परा ही 'गीतगोविन्द' को एक जीवनरस-सृष्टि के रूप में सामने परसे हुए है। मध्ययुग की चित्रकला, मध्ययुग से लेकर अब तक का अभिनय, मध्ययुग की कविता, उन सबके केन्द्र में यदि एक ग्रन्थ है तो वह 'गीतगोविन्द' है।

'गीतगोविन्द' की विशेषता यही है कि वह बहुत ही सीधे शब्दों में लय की वर्तुलता और रूपायमानता की सम्भावनाओं का ऐसा घनीभवन है कि कभी भी उसकी नवीनता चुकती नहीं। केवल ऐन्द्रिय भोग का काव्य इतनी सघनता का भाव कभी नहीं सँभाल सकता था, न वह पूरी भारतीय भावधारा को ऐसा शक्तिशाली मोड़ दे सकता था, जिसमें सिन्धु बिन्दु में समाने के लिए आकुल हो उठे। जयदेव का गीतगोविन्द भारत के सर्जनात्मक इतिहास की ऐसी महत्त्वपूर्ण घटना है जो अभी और आगे भी निरन्तर वर्तमान के रूप में, आवर्तमान के रूप में, विवर्तमान के रूप में प्रत्यक्ष अनुभव की जाती रही है, रहेगी। आवश्यकता है उसे ठीक-ठीक उसके चौखटे में रखकर देखने की, भारतीय विश्वदृष्टि के आलोक में देखने की और अध्यात्म के संसार को इन्द्रियगोचर संसार से अविलग देखने की।

श्रीराधा-तत्त्व

श्रीराधा के नाम के बारे में ऐतिहासिक दृष्टि रखनेवालों के भाँति-भाँति के विचार प्रचलित हैं। कोई कहता है कि 'राधा' नाम और राधाकृष्ण के प्रेम का आख्यान पहली-दूसरी शताब्दी में आभीरों के युग में प्राप्त होता है और वही आभीर-भूमि उत्तरकाल में श्रीकृष्ण की लीलाकेन्द्र बनी। कुछ दूसरे लोग कहते हैं कि यह नाम नक्षत्रवाचक 'अनुराधा' से उद्भूत है। सूर्य का जब 'अनुराधा' नक्षत्र के साथ योग होता है, तो मार्गशीर्ष मास आरम्भ होता है और मार्गशीर्ष मास से तभी वर्ष प्रारम्भ होता था। इसी कारण भगवान् श्रीकृष्ण ने श्रीमद्भगवद्गीता में अपने को मार्गशीर्ष महीना बताया है।

भगवान् श्रीकृष्ण ने अपनी विभूतियों के विभिन्न स्वरूपों का वर्णन करते समय अपने को महीनों में मार्गशीर्ष महीना बताया है। पहले शरद् ऋतु ही वर्षान्त होती थी, इसलिए वेदों में सौ शरद् जियें, सौ शरद् सुनें, जैसी कामनाएँ की गयी हैं।

शरद् सम्पात से वसन्त सम्पात तक आकर वर्ष आरम्भ करना खगोल के परिवर्तन के कारण हुआ है और इसी परिवर्तन में भारतीय ज्योतिषियों के अनुसार कई हजार वर्ष लगे हैं। ऋग्वेद में विशाखा और अनुराधा युग्म नक्षत्रों को आलंकारिक भाषा में सूर्य की क्रिया के रूप में देखा गया है। कुछ लोगों ने यह समझा कि राधा नाम केवल नक्षत्र से जुड़ा हुआ था तथा श्रीमद्भागवत पर्यन्त वैष्णव पुराणों में राधा का नाम उल्लिखित न होने से यह अनुमान किया है कि राधा का महत्त्व भारतीय साहित्य और कला में आठवीं-नौवीं शताब्दी के बाद से दिखाई पड़ने लगता है। जयदेव के गीतगोविन्द से राधा काव्य को नया उत्कर्ष मिलता है और यह उत्कर्ष बाँग्ला, मैथिली, ब्रजभाषा में और गुजराती के काव्यरूपों में निखरता ही चला गया। इन सबसे अलग एक समग्र दृष्टि है, जो श्रीकृष्णतत्त्व और राधातत्त्व को दो नहीं मानती, एक मानती है। श्रीकृष्ण को अपनी समग्र पहचान के लिए अपने ही आत्मीय अंश के रूप में

श्रीराधा की आवश्यकता है। श्रीराधा को अपने समग्र की पहचान के लिए अपने ही आत्मरूप श्रीकृष्ण की आवश्यकता है। यह आवश्यकता शिव के अर्द्धनारीश्वर रूप में इस मायने में विलग है कि शिव का अर्द्धनारीश्वर रूप अविभक्त होता हुआ भी विभक्त है और श्रीराधा-कृष्ण का स्वरूप विभक्त होता हुआ भी अविभक्त है। वृन्दावन में 'बाँकेबिहारी' की मूर्ति के बारे में लोक-श्रद्धा यही है कि उसमें श्रीराधा और श्रीकृष्ण स्वामी हरिदास की दो हथेलियों पर नाचते-नाचते दोनों हथेलियों के मिलने से एक ऐसे रूप में प्रतिष्ठित हुए, जिसे कभी कोई ध्यान से देखता है तो उसमें कभी श्रीराधा की छवि झलकती है तो कभी श्रीकृष्ण की छवि। एक ही क्षण में श्रीराधा और श्रीकृष्ण की छवियों का विनिमय होता रहता है। अनेक देवी-पुराणों में, अनेक कथानकों में श्रीराधा श्रीकृष्ण के प्रति एकनिष्ठ प्यार का विग्रह हैं और वे इस प्यार की साकार प्रतिमा होने के कारण श्रीकृष्ण से नित्य संयुक्त हैं। एकाएक ऐसा लगने पर कि श्रीकृष्ण तो कहीं चले गये, शरीर से या मन के ध्यान से चले गये लेकिन चले गये, यह एक क्षण का विरह ऐसा व्याकुल करनेवाला होता है किं ऐसे अनन्त क्षणों के कारण, ऐसे अनन्त क्षणों के अन्तराल आने के कारण वे नित्य वियुक्त भी हैं। वे नित्य संयोग-वियोगमय श्रीकृष्ण की आकांक्षा ही नहीं करतीं, वह आकांक्षा करती हैं, श्रीकृष्ण के प्यार में, श्रीकृष्ण के भाव में निरन्तर निमज्जन और उन्मज्जन की गाथा में, जो रसखान के शब्दों में केवल चाह बनी रहना चाहती है। यह न श्रीकृष्ण की प्राप्ति है, न अप्राप्ति है, यह दोनों है। श्रीकृष्ण के ध्यान की प्राप्ति की अभिलाषा नहीं है, श्रीकृष्ण के गोलोकधाम की प्राप्ति-अभिलाषा नहीं है, यह सनातन रूप से लीला है जो अतिप्रिय, अतृप्त अभिलाषा है। लीला में भाग लेने की या लीला में भाग न ले सकने की छटपटाहट की व्याकुलता की परिणति है श्रीराधा। श्रीमद्भागवत के बारे में यह भी कहा जाता है कि उसमें श्रीराधा का नाम नहीं है। केवल 'अनयाराधितो नूनं भगवान् हरिरीश्वरः' के द्वारा तो कुछ अन्य संकेतों के द्वारा यह इंगित है कि कोई एक मुख्य गोपी श्रीकृष्ण की प्रीतिभाजन थी, जिसे श्रीकृष्ण ने अपने कन्धों पर चढ़ाया। इसी श्रीकृष्ण ने जब उनके पाँव दुखने लगे, उसमें काँटे गड़ने लगे तो अपने कन्धे पर चढ़ाया और फिर एकाएक उस गोपी के मन में प्रेमाभिमान जागृत हो जाने के कारण उन्हें कन्धे से उतार दिया और अन्तर्धान हो गये। वह गोपी अकेले श्रीकृष्ण के विरह में बिलखती रही। दूसरी गोपियाँ श्रीकृष्ण को खोजती-खोजती आती हैं तो उन्हें यह मुख्य गोपी दिखाई

देती है। रास के (प्रथम) दिन उसी गोपी का नाम लिये बिना संकेत है जिसमें कहा गया है कि "पुलकाङ्गमुपगुह्यास्ते योगीवानन्दसम्प्लुता। सर्वास्ताः केशवालोकपरमोत्सवनिर्वृताः।" (श्रीमद्‌भागवत महापुराण, दशमस्कन्ध पूर्वार्ध, अध्याय—32 श्लोक, 8/9)

अर्थात् जहाँ अन्य गोपियों ने अंगस्पर्श के द्वारा विविध प्रकार से श्रीकृष्ण के साथ सम्बन्ध जोड़ा, वहीं एक गोपी ऐसी है जो आँखों के सम्पुट में उन्हें भरती है और उन्हें हृदय के भीतर पहुँचा देती है और वहीं पर उनसे एकात्म होती है। यही भाव स्थापित करनेवाली श्रीराधा हैं। ऐसा अनुमान किया जा सकता है। श्रीराधा के नाम का उल्लेख श्रीमद्‌भागवत में नहीं है, इसके लिए एक भक्तिभाव का तर्क दिया गया है, श्रीराधा का नाम पूरा लेते ही श्री शुकदेव को छह महीने की समाधि लग जाती थी, उन्हें सात दिन के भीतर श्रीमद्‌भागवत-कथा परीक्षित् को सुनानी थी, इसीलिए उन्होंने श्रीराधा का नाम जानबूझकर नहीं लिया, केवल संकेत किया। ब्रह्माण्ड पुराण की कथा के अनुसार श्रीललिता ने शक्ति के पूर्णभाव का प्रत्यक्षीकरण कराने के लिए रूप धारण किया और शिव श्रीराधा बन गये। आज भी नन्दगाँव की पहाड़ी ब्रह्माजी का रूप, गोवर्धन की पहाड़ी विष्णु का रूप और बरसाने की पहाड़ी शिव का रूप मानी जाती है।

एक दूसरी कथा भी है जिसमें श्रीराधा का ब्रजभूमि में कैसे आविर्भाव हुआ, यह वर्णित है। इस आख्यान में पहले राधा ने गंगा को शाप दिया कि मेरे प्रिय के चरणों में क्यों लिपटी रहती हो, जाओ तुम मर्त्यलोक में जड़ नदी बन जाओ। गंगा ने उलटकर शाप दिया कि मेरी सेवा-भावना भी तुम्हें चुभती है तो तुम भी मर्त्यनारी बनकर संयोग में भी वियोग के दुःख अनुभव करो। इन दोनों के अवतरण से भूमि धन्य हो जाती है और देवता भी इस भूमि से स्पृहा करते हैं। इस प्रकार के अनेकानेक आख्यानों में दो और महत्त्वपूर्ण हैं। पहले में तो यह कहा गया है कि रामावतार में सीता के निर्वासन के बाद अश्वमेध यज्ञ करते समय भगवान् रामचन्द्र को सीता की स्वर्णमूर्ति यजमान-पत्नी के रूप में स्थापित करनी पड़ी, जब यज्ञ सम्पन्न हो गया तो उन्होंने उस मूर्ति का विसर्जन करना चाहा तब उस प्राणप्रतिष्ठित मूर्ति ने विसर्जित होने से इनकार कर दिया और कहा कि मैंने तुम्हारा इतने प्रयोजनों में साथ दिया, तुम मुझे विसर्जित कैसे करोगे? तब रामचन्द्र को उसे तत्काल सन्तुष्ट करने के लिए यह वादा करना पड़ा कि इस जन्म में तो नहीं, लेकिन अगले अवतार में तुम श्रीराधा होगी और

तुम्हारा हमसे नित्य संयोग बना रहेगा। किन्तु हमसे तुमने बड़ा दुराग्रह किया, इसलिए मैं इस वरदान के साथ-साथ यह शाप भी देता हूँ कि तुम नित्य यह समझती रहोगी कि मैं तुमसे बिछुड़ा हुआ हूँ। इस प्रकार नित्य संयोग और वियोग ही राधा की नियति है।

दूसरे आख्यान में श्रीराधा के ललिता के रूप में अलग से स्थापित होने की कहानी है। श्रीराधा ने भगवान् से मिलने के लिए शृंगार किया, भगवान् को प्रिय लगने के लिए शृंगार किया तब दर्पण में देखना चाहा कि मैं कैसी लग रही हूँ? दर्पण की ओर देखते समय उन्हें ऐसा लगा कि कहीं पीछे से भगवान् उनका ही रूप देख रहे हैं। दूसरे शब्दों में उन्हें लगा कि भगवान् मेरा प्रतिबिम्ब निहार रहे हैं और अपने प्रियतम, अपने भगवान् द्वारा निहारे गये प्रतिबिम्ब को देखकर इतनी उल्लसित हुईं कि उन्हें मूर्छा आ गयी, क्योंकि अपने को पहचानना तभी पहचान बनता है, जब अपना प्रिय उसे पहचान ले। प्रिय के द्वारा पहचाना गया, प्रिय की दृष्टि से आलोकित अपना रूप स्पृहा का विषय बन गया, राधा मोहित हो गयीं। वह दर्पण में बस गया और वही रूप श्रीललिता के रूप में प्रतिष्ठित हो गया। यदि इन आख्यानों का आकलन किया जाए तो यही स्पष्ट होता है कि श्रीराधा भारतीय वाङ्मय की अद्वितीय विभूति हैं। वे दूसरी सहचारिणी देवियों से भिन्न हैं। उनमें शुद्ध प्रियातत्त्व है। वे जगन्माता न होकर जगदीश्वर की आह्लादशक्ति होने के कारण, दूसरे शब्दों में आनन्दतत्त्व की आनन्दशक्ति होने के कारण सबसे अलग हैं। वे स्वयं जन्म लेनेवाली हैं और किसी को जन्म देनेवाली नहीं हैं। सनातन प्यार की अधिष्ठात्री हैं और ऐसी अधिष्ठात्री हैं जो लीला के नायक को उसमें से बाहर जाने नहीं देतीं। वे लोक के परे होते हुए भी इस लोक की सनातन नागरिक हैं। श्रीराधा का प्यार ही श्रीकृष्ण के सम्पूर्ण चरित्र का सबसे बड़ा सम्बल है। ऐसा समर्पण, और ऐसा इस तरह से एक-दूसरे का ढूँढ़ना, किसी दूसरे प्रेमाख्यान में दिखाई नहीं पड़ता है।

श्रीकृष्ण और श्रीराधा पृथक् नहीं हैं, जैसे भाव और रस पृथक् नहीं हैं। भाव का उच्छलन ही रस है, श्रीकृष्ण का राधामय होना ही सच्चिदानन्दसागर का ज्वार है। ब्रह्म अतिक्रामी ही नहीं होता, अतिक्राम्य भी होता है, ब्राह्मी स्थिति सबके भीतर होती हुई सबके परे भी जाती है तो ब्राह्मी स्थिति के परे भी एक स्थिति होती है, मोहरूप द्वैत को पार करके अद्वैत की जड़ता तोड़नेवाली भी एक गति होती है, उसी का नाम राधा है।

ध्यान साँवरे के रंग में रँगा है, आँखों में साँवरे का रस आँसू बनकर उमड़ा चला आ रहा है, कहीं नाभि से स्वर उठ रहा है—कृष्ण-कृष्ण, गोविन्द-गोविन्द, दामोदर-दामोदर, माधव-माधव। श्रीकृष्ण को इसी रस की तरस है, अतृप्य तरस है। सबसे अधिक तरस है शिवस्वरूप श्रीराधा के शान्ति-निर्धूम तप के ताप पर खौलाये सात्त्विक वाणी के रस से धैर्य के जेमन से जमाये दही के स्वाद की। सूर की राधा ने कहा—'मेरे दधि को हरि स्वाद न पायौ'। हरण करनेवाले लुटेरे ने मेरे दही का स्वाद कहाँ पाया। वह लूटने से नहीं मिलेगा। वह मिलेगा निःशेष समर्पण से, भूमिका-परिवर्तन से, पीताम्बर देकर नीली ओढ़नी लेने से; वंशी देकर, मोर-मुकुट देकर, बेंदी सिर पर धारण करने से, वास-परिवर्तन से, आगे जाकर चित्त-परिवर्तन से, पुनः स्वभावज नारीरूप में अपना शृंगार कराके और अपने हाथ से शिवरूप राधा को पुरुष में प्रतिष्ठित कराके प्राणों के विनिमय से। श्रीकृष्ण राधा होकर बेचारी राधा के लिए अकुला उठे, उसे बहुत सताया, कैसी होगी, श्रीकृष्ण राधा होकर रूठ जाएँ और मनाये न मानें, कृष्ण हुई राधा थक जाएँ, खीझ जाएँ, क्या अपराध मुझसे हुआ। यह वैचित्त्य, चित्त का अपना चित्त न रह जाना, अपना विशिष्टचित्त हो जाना, सामान्य चित्त की तरह आत्मचित्त न रह जाना, परकीय हो जाना, श्रीकृष्ण-भाव का उच्छलन है। तभी श्रीकृष्ण रस बनते हैं। मैंने उन्हें अन्यत्र भावपुरुष कहा है, उस होने की अधिकारिणी तो केवल उनकी आह्लादिनी शक्ति है, उनका राधामय रूपान्तर है।

राधा न शरीर हैं, न इन्द्रिय, न पत्नी, न पुत्री, वे केवल प्यार हैं। राम में पन्द्रह कलाएँ हैं, सोलहवीं कला तो वह राधा हैं, जिसको अमृता कहें, जिसे राधने का व्यापार कहें, जिसे चाहत कहें, जिसे अपने को मिटाकर विराट् का वरण कहें, या सब अधिकारों को छोड़कर, सुविधाओं, ऐश्वर्यों को छोड़कर केवल आराधिका के अधिकार का वरण कहें, कुछ भी कहें, श्रीकृष्ण के जीवन की जीवनमूरि राधा हैं।

श्रीकृष्ण के श्यामल रूप से पहले उनका वह प्रभामण्डल राधा है। उनके श्याम ललाट पर जो सबसे पहले झलकता है वह है गोरोचन का तिलक, जो राधा है। श्रीकृष्ण के प्राणों की पुकार भी राधा ही है। श्रीकृष्ण के रास की ईश्वरी भी राधा ही है। राधा मानव-मन की आदिम वृत्ति है। जो सम्पूर्ण सत्ता को अपनी तरह से बेचैन पाता है, समरस पाता है, वह छोटे मानस में रससिन्धु को भरने की न पूरी होनेवाली कोशिश है। हाँ, राधा पत्नी नहीं, माँ नहीं, बहन

नहीं, सखी नहीं, बस केवल प्रिया है। भारतीय साहित्य में एकनिष्ठ पातिव्रत की प्रतिमा सीता हैं, रुक्मिणी हैं, सख्य की प्रतिमा द्रौपदी हैं, बहन के दुलार की प्रतिमा हैं सुभद्रा, ऐसी प्रतिमा कि जगन्नाथजी से लक्ष्मी रूठ गयीं, बेचारे भाई बहन के साथ ही काठ होकर विराजमान हैं, लक्ष्मी मन्दिर में हैं पर प्रिया तो केवल राधा हैं। राधा एक सर्वस्वनाशी प्यार का विग्रह हैं, जहाँ कामनाएँ क्षार हो गयी हैं, प्राप्ति ठुकरा दी गयी है। मिलन छोटा हो गया है, बस केवल प्यार रह गया है।

मुझे बराबर यही लगता है कि श्रीकृष्ण का निर्मोही रूप, योगीश्वर रूप, दार्शनिक रूप, मदविनाशक रूप, ये सभी राधा के प्यार से उद्‌भूत हैं। राधा के प्यार की धूपछाँही व्यंजना ही श्रीकृष्ण का दुरवगाह चरित है। इतनी अविचल शक्ति, इतना निरुद्वेग भाव और इतनी निर्मम कर्मसम्पृक्तता बिना किसी बड़े आलम्बन के एक व्यक्ति से, चाहे वह समष्टि का एकीकृत रूप ही क्यों न हो, सध नहीं सकता।

इसे यों भी कह सकते हैं, श्रीकृष्ण के स्मरण का कुसुमित परिणाम है राधा का स्मरण, श्रीकृष्ण-रूप में कोई गन्ध नहीं, पर राधा के अंग के वे जब शृंगार बनते हैं तो काले रंगमात्र नहीं रहते, वे मृगमदरस (कस्तूरी के रस) बन जाते हैं और रस बनकर राधा के रोम-रोम में खिले आकांक्षाओं के असंख्य कुसुम-स्तबकों में रस की तरह आपूरित हो जाते हैं। श्रीकृष्ण का घनश्याम-रूप वसन्त का आभरण पाता है और राधा का मधुमय यौवन श्रीकृष्ण के कस्तूरी-गन्ध का आमोद। पर अकेले श्रीकृष्ण न वर्षा हैं, न राधा वसन्त हैं। अकेले श्रीकृष्ण एक विशाल और उज्ज्वल अन्धकार हैं, राधा के अभिभावकत्व में वे वर्षा हैं, पर राधा कभी अकेली हैं ही नहीं, वे श्रीकृष्ण की असंख्य सुधियों के बीच हैं, वे नित्य वसन्त हैं, नित्य नूतन होने की आकांक्षा हैं, नित्य ताप हैं, नित्य मरण हैं और इसलिए महाकाली के पुरुषावतार श्रीकृष्ण की नित्यलीला का अधिष्ठान हैं।

राधा माधव हो गयी

हमारी शिक्षा ने बचपन में कुछ बड़े ही अस्वस्थ संस्कारों के बीज बोये और मैं तो अपने को भाग्यशाली मानता हूँ कि श्रीमद्‌भागवत पर शोध का कार्य इन संस्कारों की छाया में शुरू तो किया, पर कई कारणों से वह कार्य अधूरा रह गया और जो उस समय मैं लिखता, वह पाप होता, उससे मैं बच गया। उस जमाने में दो भूत बड़े जबर्दस्त थे। एक तो ब्रह्म का, जिसके कारण भागवत में 'बिलकुल ब्रह्मवाद' देखने के लिए आँखें फोकस कर दी गयी थीं, दूसरा था पश्चिमी छूँछी नैतिकता क़े आग्रह का, जिसके कारण सनातनी 'कल्याण' भी यह सफाई देता था कि श्रीकृष्ण तो केवल पाँच-सात वर्ष के थे, उस समय रासलीला में कोई वैसी बात सोची नहीं जा सकती। 'गीतगोविन्द' को भक्ति का ग्रन्थ मानने के लिए पढ़ा-लिखा तर्क-बुद्धि आदमी तैयार नहीं होता था। इसीलिए एक निर्जीव और भावहीन चिन्तन के गुंजलक में हम सभी लोग गिरफ्त थे और गोपी-प्रेम को हम लोग या तो प्रतीक मानकर ही किसी तरह भक्ति का दामन बचा सकते थे या फिर ऐतिहासिक पाण्डित्य का लबादा ओढ़कर आभीर-कृष्णवाली लीलाओं को बाद का क्षेपक मानकर एक शुद्ध गीतावादी कृष्ण को इतिहासपुरुष के रूप में प्रतिष्ठित करके अपना सांस्कृतिक अभिमान सुरक्षित रख सकते थे।

पता नहीं, कैसे इस गुंजलक से मुक्ति मिली, पर आज भक्ति की पात्रता अपने में पाऊँ, न पाऊँ, इतना तो है ही कि चाहे 'गीतगोविन्द' मणिपुरी और ओडिसी नृत्यरूपान्तर का प्रभाव हो, चाहे काँगड़ा गुलेर के चित्रों का, चाहे विदेश में रहकर अपने देश को पहचानने की नयी कोशिश का, अब भयंकर आधि-व्याधि में भागवत का पारायण उस आधि-व्याधि को जीवन के महनीय क्षण में, जीवन के स्पृहणीय क्षण में जरूर रूपान्तरित कर देता है; क्योंकि तब वह क्षण क्षण (उत्सव) बन जाता है। अपनी श्यामलता में अशेष अन्धकार को आकृष्ट करनेवाले मेघमेदुर कृष्ण के साक्षात्कार हों न हों, अपना अन्धकार भी

प्रिय हो जाता है; क्योंकि वह अन्धकार ही प्रकाश का एकमात्र झरोखा मेरे-जैसे साधारण आदमी के लिए हो सकता है; प्रकाश की पूँजी पर जो इतराएँ, उनकी बात अलग है, क्योंकि देखता हूँ, उस कृत्रिम प्रकाश ने जिस जली काली छाया को जन्म दिया है, उससे यह स्निग्ध अन्धकार लाख गुना प्रेय है, और साथ ही साथ श्रेय भी।

अब, जब भागवत पढ़ता हूँ तो उसका पहला स्कन्ध बड़ा सार्थक लगता है। अर्जुन के शोकगीत को पढ़ते-पढ़ते ऐसा लगता है जैसे भगवान् अभी-अभी मुझे ही धोखा देकर चले गये और उनके जाते ही मेरा कहा जा सके, ऐसा कुछ भी नहीं रहा। यह भी लगता है कि राधा नाम भागवत में आया या नहीं, राधाभाव ही भागवत की पराभूमिका है; यह न होता तो भीष्म, शुकदेव, नारद, उद्धव जैसे तत्त्वज्ञानी को भी यह स्पृहा क्यों होती—'राधा की कौन कहे, सामान्य गोपी की भी चरण-धूलि जहाँ लगी हो, उन झाड़ियों, वनौषधियों, लताओं का भी कुछ हो पाता तो भक्ति के परमफल का कुछ स्वाद तो मिल जाता।'

"आसामहो चरणरेणुजुषामहं स्याम्,
वृन्दावने किमपि गुल्मलतौषधीनाम्।
या दुस्त्यजं स्वजनमार्यपथं च हित्वा
भेजुर्मुकुन्दपदवीं श्रुतिभिर्विमृग्याम् ॥"

मैं भागवत धर्म को एक पोथी में बँधा धर्म नहीं मानता, मैं इसे मनुष्य की अनन्त भावयात्रा का प्रक्रिया-धर्म मानता हूँ और यहाँ इसी रूप में इसे प्रस्तुत करने का प्रयत्न कर रहा हूँ।

भागवत का सूत्रपात उचाट से होता है। अठारह पुराण, महाभारत और वेद की संहिताओं के सम्पादन के बाद भी व्यासदेव को लगता है, जो करना चाहिए था, वही नहीं किया है और सरस्वती के किनारे अनमने भाव से सोचते हैं—अपने ही किये से ऐसी उचाट क्यों? नारद समाधान देते हैं—अभी असली बात आपने कही कहाँ? जो वास्तव में वेद्य है, जानने योग्य है और जो शिवप्रद है, जिसमें सहज निष्कपट धर्म भावरूप में लीलायित है, जिसमें जगत् को, मायापाश से बाँधनेवाले को भी बाँधने का विधान है, ऐसी हरिलीला की बात अभी आपने की ही नहीं, जिस निष्काम कर्मयोग की बात आपने की, जिस ज्ञानयोग की बात आपने की, वह कर्मयोग अपनी सार्थकता अच्युत भाव से प्राप्त करता है, और वह ज्ञानयोग श्यामदृगों में अंजित होकर ही निरंजनमल न रहकर ज्योति बन पाता है—

"नैष्कर्म्यमप्यच्युतभाववर्जितं न शोभते ज्ञानमलं निरञ्जनम्।"

आपने अभी तक काकपेय तीर्थों का निर्माण किया, हंसों के एकान्तभाव से रमने के लिए कोई घर आपने बनाया ही नहीं। आपको ऐसी प्यास ही नहीं लगी, जिसके लगते ही सारी तृषाएँ तृप्ति बन जाती हैं पर जो स्वयं तृप्ति होते हुए कभी भी तृप्त नहीं होती। आपने केवल चार पुरुषार्थों को साधने के जतन बताये पर चारों पुरुषार्थ साधने में जहाँ से नया-नया स्वाद आता है, उसे तो आपने अभी तक साधा ही नहीं। जीवन्मुक्त भी जिस बन्धन को मुक्ति से बड़ा मानकर वरण कर सकें और विषयों में फँसे लोग जिसे विषय के रूप में स्वीकार करके विषयी होते हुए भी विषयातीत हो सकें, ऐसी शाश्वत लीला का आख्यान आपने शुरू ही नहीं किया। शायद इसलिए आप एक कुहासे से ढँके द्वीप में अँधियारे में पैदा होकर भी उस उपेक्षा की पीड़ा से वंचित रह गये, जो इस लीला का अर्थ समझने के लिए सबसे जरूरी शर्त है। मैं उस पीड़ा से गुजर चुका हूँ, एक दासी के पेट से जनमा, केवल हर तरह की जूठन बटोरता रहा निरभिमान भाव से, भोजन मुझे जूठन के रूप में ही मिलता रहा, न पेट भरता रहा, न मन भरता रहा। उसी अतृप्ति में मैंने पाया कि पूर्णकाम नारायण भी अतृप्त हैं, वे सगुण-लीला केवल भक्त के लिए नहीं करते, अपने लिए अपनी बेकली दूर करने के लिए सगुण-लीला रचते हैं और उस लीला को फिर समेट नहीं पाते, क्योंकि जो कोई भी उस लीला में अपने को कभी भी, स्मृति में ही सही, कहीं खड़ा कर देता है, लीला उसकी आँखों में बस जाती है और लीलामय उन आँखों में सदा के लिए बस जाते हैं।

भागवत नारद की इस सीख का परिणाम है और भागवत के पहले ग्रहीता इसीलिए जन्म-जात परमहंस शुकदेव हैं, जो सब ओर निराकांक्ष होने के बाद भी भागवत लीला के लिए सतत साकांक्ष हैं और शुकदेव इस लीला को सबसे पहले सुनाते हैं परीक्षित् को, जिनकी मृत्यु सात दिन बाद होनेवाली है, इसलिए इन सात दिनों में अपने उस त्राता की कथा सुन लेना चाहते हैं, जिन्होंने गर्भ में अश्वत्थामा की शक्ति से रक्षा की थी और जिनकी कथा की उत्कण्ठा में मृत्यु जीवन की अतृप्त लालसा बन गयी है।

शौनक ने सूत को यहीं पर टोका—

भगवत्परायण परीक्षित् ने शरीर-त्याग का निश्चय किया कैसे? भगवत्परायण व्यक्ति का शरीर दूसरे के लिए है, उस शरीर पर उसका अपना स्वत्व ही कहाँ, इस भगवदर्पित, इस लोकार्पित शरीर से निर्वेद मोक्षाभिलाषी को हो तो हो, भगवद्भक्त को क्यों हो?

"शिवाय लोकस्य भवाय भूतये य उत्तमश्लोकपरायणा जनाः।
जीवन्ति नात्मार्थमसौ पराश्रयं मुमोच निर्विद्य कुतः कलेवरम्।"

वह शंका ही भागवत-धर्म की दूसरी भूमिका है। उत्तमश्लोक भगवान् में निरन्तर जीने का अर्थ है लोक-कल्याण के लिए जीना, लोक के अभ्युदय के लिए जीना और सबसे अधिक लोक के दुःख की साझेदारी के लिए जीना, जब तक एक भी कोना उल्लसित होने से रह गया है, जब तक एक भी दुःख का कण अपनाने से रह गया है, जब तक जिन्दगी एक निरन्तर बेचैनी की उन्मदान्ध यात्रा है, कभी उद्धारक बनकर, कभी उद्धृत बनकर, कभी मोहन बनकर, कभी मोहित बनकर, कभी माधव बनकर, कभी राधा बनकर और कभी-कभी एक ही राधाशरीर में त्वरित क्रम से राधा और माधव बनकर। इस बेचैनी की भी एक शर्त है, दूसरी बेचैनियाँ इसकी धार में बह चलें, केवल यही एक बेचैनी रहे, जैसे—अनउगे पंखवाले चिरौटे चोंच फैलाये माँ के लिए आकुल हो जाते हैं, माँ चारा लेकर आती होगी, उस समय शीत-घाम, आँधी-पानी कुछ भी मालूम नहीं पड़ता, पास के कोटर में महाव्याल की जीभ लपलपा रही है, इसका भी ध्यान नहीं रहता, बस माँ आ रही होगी, इसी का बेसब्री से इन्तजार रहता है; या जैसे सुबह के बँधे बछड़े को शाम होते ही दूध से भरे हुए थन की याद विह्वल कर देती है, कब हुमच-हुमच कर वह अमृत पीने को मिलेगा, दिन कितना लम्बा खिंचेगा, कब मेरी आतुरता देखते ही दूर से रँभाती हुई माँ के थन मेरे मुँह लगाने के पहले ही पेन्हा उठेंगे; या जैसे दूर अवधि देकर गये प्रियतम के लिए अवधि समीप आते ही आशा-निराशा का निविड संघर्ष छिड़ जाता है, एक छन होता है, दो दिन बाकी हैं तो क्या आज शाम आ जाएँगे, सवेरे कागा उचरा था, फिर दूसरे छन ही डर लगता है कहीं बिलम तो नहीं गये, कहीं बिंध तो नहीं गये और विषाद साँझ की प्रतीक्षा किये बिना गहरा हो जाता है। वैसी बेचैनी हो, तब जिसे दर्शन देना है, जिसे प्यास मिटानी है, जिसे उपासी आँख को रूप का पारण देना है, वह स्वयं बेचैन हो जाएगा, वह 'दीर्घ-दर्शन बनकर आएगा', पर शर्त है—आकुलता ऐसी हो—

"अजातपक्षा इव मातरं खगाः,
स्तन्यं यथा वत्सतराः क्षुधार्त्ताः।
प्रियं प्रियेव व्युषितं विषण्णा,
मनोऽरविन्दाक्ष दिदृक्षते त्वाम् ।।"

वैसी बेचैनी के बारे में लोगों का खयाल आजकल सम्भव नहीं, उस आदिम जमाने में जब संचार-साधन नहीं थे, तब यह आकुलता कुछ माने रखती थी, आज तो दुनिया सिकुड़ गयी है, दर्शन-श्रवण का सुख लाखों-लाखों कोस की दूरी से भी सुलभ है; पर दर्शन की लालसा का क्या अर्थ? पर सच तो यह है कि अर्थ आज ही सबसे ज्यादा रखता है; क्योंकि देखना-सुनना सिर्फ आँख-कान से नहीं होता, ऐसा होता तो एक ही साथ लोग रहते हैं, दिन-रात एक-दूसरे को देखते-सुनते रहते हैं, पर न वह देखना होता है, न सुनना होता है। एक ही घर में लगता है लोग एक-दूसरे के लिए प्रवासी हो गये हों, परिचय ही दीवार बन गया हो और आँख से देखना, कान से सुनना हो भी, पर सर्वात्मभाव से देखना-सुनना दूभर हो गया है, क्योंकि बेचैनियाँ इतने प्रकार की इतनी सारी बढ़ गयी हैं कि हर नयी बेचैनी पहलीवाली बेचैनी को काटती चलती है, पता ही नहीं लगता, कौन बेचैनी सचमुच की बेचैनी है। बेचैनियों की इसी अनवच्छिन्न शृंखला में तो एक दिन ऐसी बेचैनी जुड़ेगी, जिसके आगे कोई बेचैनी न रह पाएगी, रह जाएगा एक कगार और कगार के नीचे एक खड्ढ—काला और डरावना खड्ढ। तब बेचैनी जो भी शक्ल लेगी, बेचैनी के जो सबसे बड़े सौदागर हैं, बेचैनी खरीदना और बेचना ही जिनका धन्धा है वे बनजारे दरवाजे पर अपने-आप आ जाएँगे। वे बेचने की बेबसी भर देखते हैं, और जान जाएँ कि मन की कलौंस बेचने की लाचारी आ गयी है तो उसे भी खरीद लेंगे और उस कलौंस को अपनी कलौंस बना लेंगे। पर बेबसी ऐसी हो कि कुछ सूझे नहीं, किसी भी कीमत पर दे देने की, यहाँ तक कि एक दृष्टिपात पर ही बिक जाने की बेबसी हो। बिकने का सौदा पूरा होने के पहले ही मन से बिककर तैयार हो जाय, ऐसी उन्मदान्धता हो, ऐसी बेखबरी हो, ऐसी बेसुधी हो कि खरीदनेवाला आए तो बेचने की सुधि न रह जाए।

बेचनेवाला रहा ही नहीं, वह तो बेच-खरीद की लीला करते-करते खुद खरीदार हो गया है। ऐसी बेसुधी ही जीवन की सबसे बड़ी साध है, अपनी इच्छा से मृत्यु को रोक रखनेवाले भीष्म भी मृत्यु के क्षण एक ओर श्रीकृष्ण के धूलि-सने, अस्तव्यस्त, क्षुब्ध और रोषाकुल रूप का ध्यान करते हैं, पैताने सौम्य प्रसन्न मुद्रा में वे ही श्रीकृष्ण खड़े हैं, पर वह रूप मृत्यु की वेला में ध्यान में क्यों लाया जाए, ध्यान में वह रूप लाया जाए कि वे अकुला उठे हों मारने के लिए और ऐसे मरते हुए मेरी अकुलाहट सब शान्त हो गयी हो और अन्त में जब स्वयं अकुला उठे हों प्रभु की अकुलाहट से, तो अकुलाहट की उस चरम साधना का ध्यान करते हैं—

"ललितगतिविलासवल्गुहास-प्रणयनिरीक्षणकल्पितोरुमानाः।
कृतमनुकृतवत्य उन्मदान्धाः प्रकृतिमगन् किल यस्य गोपवध्वः।।"

प्रिय सामने हैं, उनके आगे उनके साथ ललित गति से नाचना, उनकी ओर देख-देखकर सहज भाव से मुसकराना, उन्हें प्रेम से निहारना, उनको जरा भी इधर-उधर मुड़ते देखकर रूठ जाना और फिर मान जाना, क्योंकि अभी फिर उन्होंने मनाने के लिए हाथ भी जोड़ लिये, जैसे-जैसे वे विहरें, वैसे-वैसे उनकी छाया बनकर विहरना, होश खो देना कि कोई और सत्ता है, कोई देश है, कोई काल है, बस वे हैं और अलग-अलग 'मैं' बनी हम हैं, ऐसी उन्मदान्धता में ही पूरा तादात्म्य सम्भव है। ज्ञान, प्रकाश, अच्छाई तो हर एक दे सकता है और बड़े सच्चे भाव से दे सकता है, पर अपना मोह, अपना अन्धकार और अपने भीतर की बुराई अपने प्रिय को देने का साहस नहीं होता, प्रिय से भी कुछ चीजों का दुराव रह ही जाता है। कितनी भी इच्छा क्यों न हो कि प्रिय मेरे हृदय में छिपे रहें पर यह मन से नहीं जाता कि मेरे कोने-अँतरे में छिपे पुराने पाप की पूँजी कहीं टटोलने न लगें। पर अपने को बिलकुल पराया मानकर और उनको अपना मानकर जब दिया जाएगा तो फिर उससे दुराव नहीं रह पाएगा, दुराव तो उससे होता है जिसके लिए एकदम अपनी होने का अभिमान हो, जिसके लिए परायी हैं उससे क्या छिपाना, वह हमारा भीतर-बाहर सब देख सकता है; क्योंकि भीतर तो वही-वही है, बाहर कोई भी तो उसी के रंग में सराबोर होकर है। इसीलिए भागवत धर्म ने सबसे ऊँचा आसन इस मोहान्ध घोर तामस प्रेम के मार्ग से प्रभु की प्राप्ति को दिया है।

इसका भी चरम उत्कर्ष है—'राधा भेलि मधाई' वाला भाव। अनुखन माधव-माधव रटते-रटते राधा माधव हो गयी और माधव के रूप में अपने को स्थापित करते ही बेचैनी कम होने के बजाय और बढ़ गयी, बेचैनी राधा के लिए, जो अब वह नहीं रही और फिर माधव बनी राधा राधा बनकर माधव को सान्त्वना का सन्देश भेजती है, सन्देश पहुँचा नहीं कि विह्वल होकर पुनः माधव बन जाती है और एक ही विजड़ित चित्त के दो पाट चिर जाते हैं : एक राधा दूसरा माधव, दोनों ओर आग पकड़ चुकी है, बीच में प्राण एक कीड़े की तरह फँसा हुआ अकुला रहा है, वही प्राण तो इस विजड़ित काष्ठीभूत द्विभक्त चित्त का संयोजक है, नगण्य चाहे कितना हो, पर वह दोनों पाटों की जलन का साक्षी है, चित्त बेखबर है, प्राण जाग रहा है—

दुहुँ दिसि दारु दहन जइसे, दगधद् आकुल कीट परान ।।

आज की दुरन्त मानवीय द्विभक्तता की स्थिति में बस आग की कमी है और अकुला उठनेवाले 'कीट परान' की कमी है, नहीं तो उस बेकली के लिए जैसी तैयारी आज है, वैसी कभी नहीं थी।

मनुष्य के हाथ ने जिसे छुआ वह सोना हो गया, मनुष्य का हाथ पारस पत्थर है न! पर अपने स्पन्दन, अपने स्नेह, अपनी ममता, अपनी वेदना, अपनी हुलास को भी छूकर उसने सोना बना दिया, एकदम ठोस। हाथ से छूते ही जीती-जागती लड़की सोना हो गयी, हाथ में लगा जैसे बिजली की करेण्ट मार गयी हो। अब हाथ उठने से डरता है। अपनी छुवन से सिरजाये सुनहले वैभव के बीच मनुष्य एकाएक काठ हो गया है, उसका लोभ उसे खाने दौड़ रहा है और उसे बचानेवाला कोई प्राण नजर नहीं आता। इसी डर में कहीं भीतर से प्राण छटपटा उठेगा और कहीं बाहर का भय भीतर देनेवाले और लेनेवाले के बीच एक भूमिका की अदला-बदली की जरूरत महसूस कराएगा। बाहर कोई लेनेवाला नहीं रहेगा तो भीतर का लेनेवाला अकुला कर देनेवाले की भूमिका ले लेगा और गुहार लगाएगा कि ओ लेनेवाले मन, लो कितना लोगे, लो मेरा लो, मेरा अभिमान, मेरा कर्तृत्व, मेरा भोक्तृत्व लो, इनकी गाँठें एक के ऊपर दूसरी पटी हुई हैं। ले जाओ, मेरा गोदाम खाली करो और जब कोई मन उस भूमिका में उतरने को तैयार नहीं होगा, और जल्दी-जल्दी में आगेवाला पर्दा डालने की उपहसनीय स्थिति आ जाएगी, तभी नाटक का सूत्रधार आएगा। माधव-माधव रटते रहो, माधव होना, राधा के शरीर से माधव होना कठिन साधना है। राधा सुख दे दे, सरबस दे दे, पर अपना राधात्व, अपना दुरन्त अकेलापन, अपना चिरन्तन विरह कैसे दे? वही तो मूलधन है, उसी के कारण राधा का अस्तित्व है। पर राधात्व देने की भी एक बेचैनी की जबर्दस्त बहिया आती है, अपने सँजोये निपट अकेलेपन को उसमें विसर्जित करके माधव की धारा बनने का भी क्षण आता है। वह क्षण चाहे ज्यादा देर तक न ठहर पाए पर वह क्षण आते ही विरह की साधना दुखी होने के कारण तीव्रतर भूमिका में पहुँच जाती है, ऐसी भूमिका जो अब तक सुनने में न आयी हो, देखने में न आयी हो, उस 'श्रुतिभिर्विमृग्याम्' भूमिका की कामना ही भागवत धर्म की चरम कामना है।

श्रीकृष्ण का जन्म भाद्रपद के कृष्णपक्ष की अष्टमी को होता है, समस्त जगत् का अन्धकार पीकर आधी रात में कृष्णचन्द्र का उदय होता है और राधा का जन्म भाद्रपद की शुक्लपक्ष की अष्टमी को होता है, अपनी समस्त उज्ज्वलता, अपनी पूरी प्रभा श्यामल रंग में घोल देने के लिए।

राधा माधव के केलिनिकुंज के अन्धकार में घटित होकर उतनी सार्थक नहीं जितनी राधा के मनोमन्दिर में एक राधाचित्त के दो राधा-माधव भावों की एक-दूसरे को पाने की उत्कट विह्वलता में भावित होकर सार्थक है। भागवत धर्म की चरम सार्थकता परपीड़ा की ज्वाला के वरण से शुरू करके अपनी पीड़ा की ज्वाला को प्रिय की ओर मोड़ने के बजाय पुनः अपनी ओर मोड़ देने में है। यही उसका आज के पर्याकुल सन्दर्भ में सबसे बड़ा अवदान हो सकता है, बशर्ते कि इस पराभूमिका को ग्रहण करनेवाले हम जो सोंठियाये शुद्धिवादी अधूरे और अश्लील संस्कारों के शिकार हो गये हैं, पहले अपने को इस खोखली शिक्षा द्वारा नैतिकता के नाम पर फैलाये गये विषाक्त अनैतिकता के नागपाश से मुक्त कर सकें।

श्रीजयदेवकविविरचितम्

।। गीतगोविन्दम् ।।

॥ प्रथमः सर्गः ॥

सामोददामोदरः

मेघैर्मेदुरमम्बरं वनभुवः श्यामास्तमालद्रुमैर्
नक्तं भीरुरयं त्वमेव तदिमं राधे गृहं प्रापय।
इत्थं नन्दनिदेशतश्चलितयोः प्रत्यध्वकुञ्जद्रुमं
राधामाधवयोर्जयन्ति यमुनाकूले रहःकेलयः ॥1॥

वाग्देवताचरितचित्रितचित्तसद्मा
पद्मावतीचरणचारणचक्रवर्ती।
श्रीवासुदेवरतिकेलिकथासमेतम्
एतं करोति जयदेवकविः प्रबन्धम् ॥2॥

वाचः पल्लवयत्युमापतिधरः सन्दर्भशुद्धिं गिरां
जानीते जयदेव एव शरणः श्लाघ्यो दुरुहद्रुतेः।
शृङ्गारोत्तरसत्प्रमेयरचनैराचार्यगोवर्धन-
स्पर्धी कोऽपि न विश्रुतः श्रुतिधरो धोयी कविक्ष्मापतिः ॥3॥

यदि हरिस्मरणे सरसं मनो यदि विलासकलासु कुतूहलम्।
मधुरकोमलकान्तपदावलीं शृणु तदा जयदेवसरस्वतीम् ॥4॥

जयदेव का गीतगोविन्द बासन्तीरास का काव्य है और मंगल-वर्षा का। यह अपने-आप में कोई कम विडम्बना नहीं है। पर यह इस काव्य के लिए आवश्यक है। यह साधारण प्रबन्धकाव्य नहीं है। इसमें सब-कुछ अटपटा है, सब-कुछ अद्वितीय है। इसका मंगल उसी अद्वितीयता का संकेत देता है। मंगल के रूप में पहला एक श्लोक ग्रन्थ के प्रतिपाद्य श्रीराधा और श्रीकृष्ण को इस रूप में

प्रस्तुत करता है कि श्रीकृष्ण नायक नहीं हैं, श्रीकृष्ण ले जानेवाले नहीं हैं। श्रीराधा ही श्रीकृष्ण को उनके घर ले जानेवाली हैं। समय भी कैसा है, जिसमें सब कुछ श्याम हो गया है। आकाश में घने बादल, आकाश एकदम घना काला हो गया है और स्थिति जमीन पर भी वैसी ही है। तमाल के घने पत्रजाल से पृथ्वी ऐसी ढँकी हुई है कि वह और भी घनी काली हो गयी है। यही काफी नहीं समझा गया है। रात आती है। श्यामता के ऐसे विपुल विस्तार में श्याम खो गये। उन्हें अपनी ही श्यामता से भय होने लगा। मैं अपने को अपनी श्यामता में कहाँ ढूँढ़ूँ? कहाँ पाऊँ? नन्द ने इसे समझा। और कौन उपयुक्त पात्र है, जो उन्हें उनके स्वरूप का विमर्श कराए, उसी को उन्होंने आदेश दिया। वह पात्र श्रीराधा हैं। घने मेघों के बीच में बिजली जब कड़कती है तो बादल भी साफ-साफ दिखता है। श्रीराधा इस सभी श्यामता को ओढ़कर उसे नीलवसन बनाकर जब आगे-आगे चलती हैं तो श्रीकृष्ण के सामने राहें खुल जाती हैं और उन्हें दिखने लगता है कि हमारा मार्ग इधर है, हमारा मार्ग ऊपर आकाश में नहीं है। इस साधारण मानवलोक पर है। मानव-उद्वेलन के प्रतिक्षण की उत्सुकता में है, वर्षा को वसन्त में परिवर्तित करने में है, प्रत्येक झुरमुट में, यमुना की बालू में रस की सम्भावना का विस्तार करने में है। रस की सम्भावना एक ऐसे मानवचित्त में ही सम्भव होती है, जो चित्त रस की आकांक्षा से इतना परिप्लुत हो गया हो, इतना उमंगित हो गया हो कि चित्त नाम का पदार्थ उस ताप में, उस आकांक्षा के ताप में गलकर वही रूप ले चुका हो अर्थात् चित्त स्वयं परात्पर प्रकाश की धारा का रूप ले रहा हो। एक प्रकार से श्रीराधा केवल नीलवसन ही नहीं पहनतीं, ऊपर से ही केवल श्यामता धारण नहीं करतीं, भीतर भी श्यामता का ही अनन्त प्रसार भरती हैं। दूसरे शब्दों में राधा सम्पूर्ण श्यामता को अपने भीतर-बाहर समेट लेती हैं। इस कारण वे श्याम को अपने में ले लेती हैं, अपने में भर लेती हैं और अपने में भरकर उन्हें रस के विस्तार रास में ले जाती हैं। वर्षा से वसन्त की यह छलाँग समझ में नहीं आती, एकदम उसी प्रकार जैसे घनी रात से दिन के प्रकाश पर एकाएक अवतरण भी समझ में नहीं आता और अन्त में तमाल का घना पत्रजाल फिर से इतनी जल्दी सब पतझड़ में झड़ जाता है। उसमें केवल शाखाएँ रह जाती हैं और शाखाओं के ऊपर झीने-झीने पीले-पीले फूल खिल जाते हैं। श्याम तमाल स्वर्ण तमाल बन जाता है और स्वर्ण तमाल से मकरन्द का द्रव ऐसे झरने लगता है, जैसे उस वृक्ष की उत्कण्ठा, श्याम से स्वर्ण होने की उत्कण्ठा ही झर रही हो। मैंने तमाल

का वृक्ष वर्षों अपने दरवाजे पर देखा है, उसको काटने से बचाया है। आज के घोर उपयोगितावादी जमाने में लोग ऐसे पेड़ अपने पास नहीं रखना चाहते क्योंकि ऐसे पेड़ की डालें नीचे जमीन तक आ जाती हैं और अपने-आप एक नहीं अनेक कुंज अपनी छाया में रच देती हैं। पत्तियाँ एक-दूसरे से ऐसी सटी होती हैं और इतनी घनी हरी होती हैं कि उस छाया में कुछ भी नहीं दिखता। वर्षा भी वहाँ नहीं पहुँच पाती। जो भी वर्षा होती है, पत्तियों में ही टँगी रह जाती है, जैसे पेड़ अपने ही ऊपर सारी वर्षा ले लेता है। वही पेड़ पतझड़ में निरा वृक्ष हो जाता है, एक भी पत्ती नहीं रह जाती। काली डालें, एकदम काली डालें और भयावह लगती हैं, जैसे कोई काली रेखाओं का एक चित्र सामने खड़ा हो, आशंकाओं पर आशंकाएँ पैदा कर रहा हो। एकाएक नाटकीय परिवर्तन है। एक-एक शाखा में हर रोम जैसे पुलकित हो जाता है और यह पुलक मृगगन्धवाली कली बन जाती है। इस गन्ध की उपमा सही ही जयदेव ने मृग के मद से, कस्तूरी से दी है। कस्तूरी मृग की भीतरी गन्ध है और मृग के वयस्क होने का प्रमाण है। जब मृग वयस्क हो जाता है तो एकाएक लगता है कि एक गन्ध आ रही है। वह इस गन्ध की तलाश में भटकने लगता है और बाहर तो गन्ध नहीं है, गन्ध तो उसके भीतर है और अपने भीतर को वह नहीं देखता, भटकता है। कुछ ऐसी ही गन्ध तमाल की कलियों की होती है और जब असंख्य अनगिनत कलियाँ एक साथ खिल उठती हैं, तब समीप आप जाएँ तो ऐसा लगता है कि कहीं जैसे सुगन्ध एकदम पागल हो गयी हो। जयदेव ने तीसरी अष्टपदी में सही कहा है कि कस्तूरी की गन्ध को भी इस तमाल ने वश में कर लिया है। कस्तूरी की गन्ध इसके आगे कुछ नहीं है, कस्तूरी का मद कुछ नहीं है। असली मद तो इस काले श्याम के रस में तन्मय हो जाने में है। यही मृगमद, यही कस्तूरी, इस काव्य के आरम्भ में है और यही कस्तूरी—मृगमद श्रीराधा के ललाट पर तिलक बन करके इस काव्य के अन्त में है। ये दो बिम्ब कस्तूरी और तमाल और इनके रूपान्तरण में है। कस्तूरी का रूपान्तरण तिलक में और तमाल का रूपान्तरण पत्रिल से पुष्पिल होने में है। उसी प्रकार एक दूसरा रूपान्तरण इस काव्य में घटित होता है, वह रूपान्तरण श्रीराधा का श्रीकृष्णमय होने का रूपान्तरण और श्रीकृष्णमय हो करके श्रीकृष्ण को वश में करके श्रीकृष्णमय होने का है।

इस पहले मंगल-श्लोक के कई अर्थ किये गये हैं। उनमें एक अर्थ तो यह किया गया है कि नन्द का अर्थ है आनन्द या आनन्द का पूर्ण रूप और यह

मंगल परात्पर ब्रह्म को, सच्चिदानन्द परात्पर ब्रह्म को केवल आनन्द होने के लिए, सत्-चित् कुछ न रहकर केवल आनन्द होने के लिए निमन्त्रण है और वह निमन्त्रण सीधे उनको नहीं है, क्योंकि वे तो आत्ममुग्ध हैं, अपने में खोये हुए हैं, अपने में ही डूबे हुए हैं या यूँ कहें कि अपने से अपने में उलझे हुए हैं, अपने से निरन्तर भाग रहे हैं। उन्हें अपने भीतर-बाहर का विस्तार दिखता है परन्तु भीतर उनमें सिमट करके कहीं-न-कहीं हैं, यह नहीं दिखता। श्रीराधा शिवतत्त्व हैं, जो उनके विस्तार की आन्तरिक अभिव्यक्ति हैं, जो उनकी परम सत्ता की, उनके ब्रह्म होने की सार्थकता हैं। अब हम विचार करें कि श्रीकृष्ण को ब्रह्म मान करके लिखा गया एक दूसरा काव्य भी है, जिसका नाम है—श्रीमद्भागवत। श्रीमद्भागवत के नायक श्रीकृष्ण हैं और पहले मंगल में श्रीकृष्ण का नाम न लेते हुए भी परम सत्य का ध्यान किया गया है। ऐसे परम सत्य का ध्यान किया गया है, जो स्वयं अजन्मा है, पर उन्हीं से सृष्टि, स्थिति और प्रलय क्रियाएँ होती हैं। वे न हों तो सृष्टि, स्थिति, प्रलय न हो। उन्हीं से कुछ होता है, उन्हीं से कुछ रहता है, उन्हीं में फिर सब कुछ सिमट जाता है। वही ऐसे हैं, जो सबको संचालित करते हुए स्वतन्त्र हैं, सभी विषयों को अभिव्यक्त करते हुए उनसे असम्पृक्त हैं। वे ही आत्म-कवि ब्रह्मा को, आदिस्रष्टा को आत्मस्रष्टा के भीतर हृदय-संवाद के द्वारा ब्रह्मा का अर्थ अभिव्यक्त करते हैं। वेदों को आविर्भूत करते हैं। वे ही प्रकाशात्मक ज्ञान के प्रसार करनेवाले हैं। दूसरी ओर सत्य का ऐसा प्रकाश करनेवाले हैं, जिस प्रकाश के द्वारा ऐसा कुछ करते हैं, जिसमें झूठ भी सच दिखने लगता है। मृगजल भी, मृग को भटकानेवाली जेठ की जलराशि, पानी का लहराता हुआ सचमुच का जल दिखने लगता है और उस ओर एक बार और दौड़ पड़ने की इच्छा जाग्रत हो जाती है। संसार में एक और ललक पैदा हो जाती है। ऐसा है यह सच, जो झूठ को सच इसलिए नहीं बनाता कि वह कहीं सच ही न हो जाए, इसलिए बनाता है कि उस झूठ को सही सच बनने का व्यसन लग जाए। इस संसार में रहते हुए, इस संसार के सम्बन्धों में आत्मीयता का जो तत्त्व है, उस आत्मीयता को अधिक तत्त्व के रूप में जानने का उदग्र संकल्प जाग उठे। इस संसार का राग, इस संसार की आसक्ति, महाराग और महासक्ति में परिवर्तित हो जाए। यह कितना विचित्र है कि वही झूठ ऐसे समेटता है जैसे सूर्य की किरणें कोहरे को समेटती हैं। वही यह कुहक, मायाजाल पैदा करता है और वही उसे समेट देता है। ऐसे परात्पर सत्य का ध्यान श्रीमद्भागवत में किया

गया है। महाभारत में भी इसी प्रकार की एक वन्दना श्रीकृष्ण की की गयी है, जिसमें उन्हें सत्यात्म के रूप में देखा गया है और कहा गया है कि धर्म और अर्थ के व्यवहार के द्वारा, धर्म और अर्थ से प्रेरित सांसारिक कर्तव्यों के द्वारा वह परम सत्य धर्मों के धर्म से अमृत के स्रोतरूपी धर्म से एक सेतु बनाता है, भिन्न-भिन्न सत्ताओं को जोड़नेवाला सेतु। यह सेतु बाहर जाने के लिए तो है और लौटने के लिए जब आते हैं तो यह सेतु तिरोहित हो जाता है। इस सेतु से उस पार जा सकते हैं, इस सेतु से इस पार लौट नहीं सकते। इस पार की गतिविधि को बड़ी ललक से, बड़ी मोहासक्ति से देख जरूर सकते हैं, लेकिन तब लौटना नहीं होता है। बड़े-बड़े परमहंस इस सेतु के ऊपर चढ़कर उस पार चले जाते हैं। वे जब देखते हैं कि परली पार ऐसा कुछ हो रहा है, जिसमें मनुष्य की उत्कण्ठा के, साधारण जीव की उत्कण्ठा के पाश में स्वयं वह परम सत्य ही ऐसा बँध गया है और ऐसा बँधे-बँधे वह नाच रहा है, तब उस नाच में शामिल होने का मन करता है, लेकिन शामिल होने का सौभाग्य नहीं। देवता इसीलिए श्रीमद्भागवत में तरसते हैं, क्या पुण्य इन्होंने किया है कि इन्हें भारत-भूमि में जन्म मिला और मनुष्य के रूप में अवतार लेनेवाले भगवान् के साथ लीला में सम्मिलित होने का अवसर मिला। उस प्रकार की सेवा करने की तो हमारे मन में ललक ही रह जाती है। हमें तो ऐसी सेवा का अवसर नहीं है। यह मनुष्य के चित्त के द्वारा सम्भव है। मनुष्य का चित्त मनुष्य के शरीर से असम्पृक्त नहीं होता, क्योंकि उसी शरीर में उस चित्त के सारे विकार, चाहे तामसिक हों, चाहे राजस हों, चाहे सात्त्विक हों, व्यक्त होते हैं। शरीर के अलावा कोई दूसरा प्रमाण चित्त के उद्वेलन का है नहीं। वह शरीर देवता को दुर्लभ है, वह शरीर विदेह को दुर्लभ है। श्रीमद्भागवत में इस मंगल की पुष्टि में एक दूसरे श्लोक में यह भी कहा गया है कि गोपियाँ अपनी उस उन्मादी हँसी से श्रीकृष्ण को विचलित करने में समर्थ नहीं होती हैं। उन गोपियों के उस हास से आकांक्षा के देवता काम के हाथ से धनुष छूट जाता है। वह उनको क्या मोहित करे, वह स्वयं मोहित हो जाता है। पर श्रीकृष्ण हैं कि रंचमात्र भी विचलित नहीं होते। सागर में तो तरंगें उठती हैं पर वे ऐसे अनुद्वेलित सागर हैं, जिसमें एक छोटा-सा बुलबुला भी नहीं उठता। जयदेव ने उन्हीं श्रीकृष्ण को ढाई दिनों में उद्वेग का रस-सिन्धु बना दिया है। इस प्रकार जब श्रीमद्भागवत और गीतगोविन्द, दोनों के मंगलश्लोकों की तुलना के द्वारा निष्कर्ष पर पहुँचना चाहते हैं, तो यह लगता है कि श्रीकृष्ण-काव्य का मंगल श्रीकृष्ण-रस में सबको

सराबोर करता है, उनके लिए आकांक्षा जगाता है, जबकि गीतगोविन्द का राधा-काव्य न कृष्ण के लिए और न राधा के लिए, श्रीकृष्ण-राधा के प्यार की रसवर्षा के किंचित् कण के लिए एक तरस जगाता है, एक प्यास जगाता है, जहाँ तृप्ति नहीं माँगी जाती, केवल अतृप्ति माँगी जाती है। तृप्ति या प्राप्ति में कुछ नहीं, अतृप्ति में ही सब कुछ है और सनातन प्रयास में है। और ऐसे बड़े रास की (रस के विस्तार की) आयोजना शरद् काल की तृप्ति में नहीं होती, शरद् के प्रसन्न, निर्मल आकाश में रस से छलकते हुए चन्द्रमा की चाँदनी में नहीं होती, वह यमुना के छायाहीन बलुहे तट को महामण्डप बनाकर महाविलय में नहीं होती। उसके लिए आवश्यकता होती है, वसन्त की उत्कण्ठा की। वसन्त का सबसे सही प्रमाण चित्त की उत्कण्ठा में है, न आमों में बौर आने में है, न कोयल के कूकने में है, उसकी सही पहचान चित्त के अकारण उत्कण्ठित होने में है। किसके लिए उत्कण्ठित है, यही नहीं पता रहता है। क्यों उत्कण्ठित है, यही नहीं पता रहता है, बस उत्कण्ठित है। इस उत्कण्ठा में इतनी आकुलता है कि समय से रास में पहुँचा भी नहीं जाता है और रास में न पहुँच पाने पर यह होता है कि रास हुआ क्यों, मेरे बिना रास हुआ क्यों? और रास रचनेवाले के प्रति एक ओर क्रोध होता है, दूसरी ओर उनसे मिलने की उत्कण्ठा और भी तीव्र हो जाती है। पूरा एक दिन, पूरी रात और फिर दूसरे दिन इसी उत्कण्ठा में, इसके चढ़ाव-उतार में बीत जाता है और मिलन दूसरी रात के अन्तिम प्रहर में होता भी है, तो वह मिलन जैसा नहीं है। वह अपने को सदा के लिए पराया बनानेवाला मिलन है। वह अपने से ही बिछोह है। श्रीराधा श्रीकृष्ण को ले जाती हैं, रास में पहुँचाती हैं, और स्वयं रास में नहीं पहुँचतीं। श्रीकृष्ण पहुँचते हैं तो उन्हें झिड़क देती हैं, जाओ-जाओ। मेरे पास न आओ। और फिर उनसे नहीं रहा जाता। श्रीकृष्ण स्वयं उनके पास आते हैं और राधा देखती हैं कि श्रीकृष्ण तो राधामय हो गये हैं। अंग-अंग में श्रीराधा का उज्ज्वल गौरवर्ण कहीं-न-कहीं से झाँकता है। श्रीराधा उनके मस्तक पर केसर-तिलक बन करके विराजमान हैं। राधा का पूरा अंग ऐसा लग रहा है जैसे यमुना नदी में ज्वार आया हो और यमुना की घनी नीलिमा सफेद फेन में परिवर्तित होकर पूरा-का-पूरा पीताम्बर बनकर श्रीकृष्ण के ऊपर छा गयी हो। राधा अष्टपदी में श्रीकृष्ण से मिलती हैं। मिलना तो खैर अष्टपदी में नहीं होता है, उससे पूर्व होता है, पर अष्टपदी में मिलन के बाद की याचना है कि प्यारे यदुनन्दन! मुझे तुम राधा होकर जाने न दो, मुझे अपने हाथों से श्रीकृष्ण बना दो। तुम मेरी आँखों में

काजल बनकर अँजो, तुम मेरे माथे पर कस्तूरी की तिलक बन करके रचो, तुम मेरे नील वसन बनकर मुझे चारों ओर से आवृत कर लो और तब मुझे यहाँ से लौटाओ। ऐसा पागलपन केवल वसन्त में सम्भव है, वर्षा में नहीं। वसन्त में रास की इच्छा पूरी होती है। भरपूर पूरी होती है। और वर्षा में इच्छा इच्छा ही रह जाती है, कुछ भी पूरा नहीं होता, अधूरा ही बने रहने की चाह रह जाती है, क्योंकि अधूरेपन में सम्भावना है, पूरेपन में सम्भावना कहाँ?

मंगल की स्थापना अभी नहीं हुई, अभी कवि को अपना परिचय देना है, अपने समय का परिचय देना है और अपने श्रोता का परिचय देना है। गीतगोविन्द के मंगल के बाद के तीन श्लोकों में यह बात कही गयी है। अपना परिचय जयदेव ने इस प्रकार दिया है कि मेरे चित्त का भवन वाग्देवता के अनेक प्रकार की यात्राओं और लीलाओं की चित्रशाला है, अर्थात् इस चित्र में वाणी है जिसे गाकर चित्रलिखी-सी रह जाती है, ठगी-सी रह जाती है। यह कवि ऐसा है जिसने निरन्तर ऐसे काव्य का अनुसन्धान किया है, जो कविता की चरम सार्थकता की खोज में लिखा गया है अर्थात् श्रीमद्भागवत के शब्दों में जो लीला के वर्णन के लिए लिखा गया है, जो वाग् विसर्ग नहीं है, जो केवल चित्रपट नहीं है, शब्दों में सजावट नहीं है, जो निष्काम कर्मयोग की प्रशंसा नहीं है, जो निरे ज्ञानयोग की स्थापना नहीं है, जो इस प्रकार के भक्ति-भाव और भक्तिभाव के द्वारा एक चुनौती भरा आमन्त्रण है कि हे प्रभु! यदि तुम्हें अपनी सार्थकता पानी है, तो इस क्षुद्र जीव में पाओ। ऐसे काव्यों का अभ्यास करनेवाला यह कवि है। वाग्देवता के ऐसे काव्य सजीव चित्र के रूप में उसके चित्तभवन में सजे पड़े हैं। उसका चित्त जैसे लीला-काव्य की चित्रशाला हो और भगवान् जगन्नाथ की उत्कण्ठित पत्नी पद्मावती के चरणों की वन्दना करनेवाले लोगों में सबसे ऊपर यह उल्लेखनीय है कि भगवान् जगन्नाथ अपने भाई और बहन के साथ मन्दिर में विराजते हैं और बालरूप में ही सदा रहते हैं। उसी रूप में वे तरह-तरह की लीला करते हैं। कभी वे गोचारण के लिए निकलते हैं और सवेरे-सवेरे माखन-मिश्री के लिए पुकारते हैं और कभी माँ के प्रेम से पेट नहीं भरता तो अपनी मौसी के यहाँ चले जाते हैं। कभी उन्हें ज्वर हो जाता है तो उन्हें आयुर्वेद की दवा दी जाती है और केवल खिचड़ी खाने को मिलती है, कभी उन्हें छप्पन भोग मिलते हैं। मजे की बात यह है कि वे स्वयं अधूरे हैं, काठ का जो शिल्प बना, वह पूरा नहीं हो सका, केवल पूरा-पूरा मुँह बन पाया है और सब कुछ अनभिव्यक्त रह गया है। ऐसे अधूरे व्यक्ति के साथ भला

पद्मावती कहाँ रहनेवाली हैं। वे अलग मन्दिर में विराजमान हैं। उन्हें एक दिन प्रभुत्व का अवसर मिलता है। भगवान् अपनी मौसी के यहाँ से लौटते हैं, तो मन्दिर का द्वार भीतर से बन्द हो जाता है। पद्मावती कहती हैं–'जाओ। तुम अभी नाबालिग हो, अभी जंगल में विचरो।' बहुत मनाने पर कहीं कपाट खुलते हैं और प्रभु को अपने भाई-बहन के साथ पुनः प्रवेश मिलता है। ऐसी चिर उत्कण्ठिता लक्ष्मी के चरणों के उपासकों में जयदेव का स्थान सबसे ऊपर बनता है। इसका तात्पर्य यह है कि वे ऐसी लक्ष्मी की आकांक्षा का ही तो काव्य रच रहे हैं, इसलिए उन्हीं की कृपा उनके ऊपर है, अन्यथा ऐसे परम रहस्य की बात कहाँ से वे दे पाते। ऐसे जयदेव प्रबन्ध रच रहे हैं, यह प्रबन्ध सर्वात्मा भगवान् वासुदेव की रतिकेलि की कथा है। इसका अर्थ यह भी निकाला जा सकता है कि यह सब कहानी है। श्रीराधा के मन में उठी हुई कल्पनाओं का आकलन है। कल्पनाओं का अर्थ न वसन्त है, न रास है, न मिलना है, न बिछुड़ना है। सब कुछ श्रीराधा के मन में रचा गया उत्कण्ठा का रूपायन है। वसन्त ऋतु की अधीर रातों का और उससे भी अधिक उन्मादी व्याकुलतावाले दिनों का जागता हुआ सपना है। वसन्त का रास वृन्दावन में नहीं हुआ, वसन्त का रास या तो जयदेव के काव्य में हुआ या फिर भगवान् जगन्नाथ के भीतर समायी हुई और अलग होकर उनके लिए छटपटानेवाली श्रीराधा के चित्त में हुआ; पर यह किसी घटित घटना से कम सच नहीं है। किसी लौकिक जगत् में घटित घटना से अधिक सच घटना है। ऐसी घटना को भीतर घटाने की क्षमता जिसमें हो, वह इस काव्य को पढ़े, वह इस काव्य का आस्वाद ले। इसलिए तीसरे श्लोक में जयदेव ने कहा कि मेरी कोमलकान्तपदावली, श्रीराधा के नूपुर की तरह रुनझुन बजती पदावली को सुनना चाहते हो तो अपने भीतर जाँचो कि कहीं हरि के इस स्मरण के लिए मन में रस है भी तुम्हारे भीतर या नहीं? हरि का स्मरण करते हुए तुम्हें स्वाद मिलता है या नहीं? केवल यान्त्रिक रूप से हरि का स्मरण करते हो या हरि का स्मरण करते-करते कहीं भीगते भी हो? और यही काफी नहीं है। तुम हरि का स्मरण करो और मन से स्मरण करो। तुम्हारे भीतर संसार में प्यार के कितने रूप होते हैं–ईर्ष्या, मोह, खीझ, उत्कण्ठा, प्रतीक्षा, मिलना और एकदम लय हो जाना, लय हो जाने के बाद भी ऐसा लगना कि मिलना हुआ नहीं, फिर कब ऐसा मिलना होगा, या ऐसा मिलना नहीं होगा, इस प्रकार की चिन्ताओं की अनन्त शृंखला को जानने, समझने के लिए मन में तुम्हारे कुछ कुतूहल हैं, कुछ उत्सुकता है, कुछ अपने को ऐसी

निरन्तर चलनेवाली लीला में झोंक देने की तैयारी है कि जहाँ इसका जोखिम बना हुआ है, वहाँ तुम न रहोगे। यदि ये दोनों तैयारियाँ तुम्हारे मन में हों, तो यह काव्य तुम्हारा ही है।

तीसरे श्लोक में जयदेव ने अपने समय का वर्णन किया है। अपने समकालीन कवि-समाज का वर्णन किया है और उनकी खूबियों का वर्णन किया है। उन्होंने कहा है कि मेरे समय में उमापतिधर हैं, जो जानते हैं कि वाणी में कैसे नयी-नयी कोंपलें आती हैं, जो वाणी के वसन्तावतार के मर्मज्ञ हैं, नयी उद्भावनाओं के आचार्य हैं। एक दूसरे कवि हैं, उन्हीं के साथ मैं हूँ, जिसे वाणी को शुद्ध करने का सन्दर्भ आता है, सामान्य प्यार को, लौकिक प्यार के व्यापार को बड़ा सन्दर्भ देना आता है। मैं इस ऐन्द्रिय अनुभव को इतना मथना जानता हूँ कि उसके भीतर से अतीन्द्रिय का माखन झलक आए। मेरे साथी हैं—शरण। मुझे बड़ी स्पृहा होती है कि कैसे वे दुरूह रचना को भी ऐसा बना देते हैं कि वह रचना प्रवाहमयी हो जाती है और उसके प्रवाह में दुरूहता खप जाती है। मेरे वरेण्य मित्र हैं—आचार्य गोवर्धन, जिनके साधारण श्रृंगार के परे भी प्रेम का कोई अस्तित्व है, इसकी रचना करने में वे बेमिसाल हैं, उनका कोई प्रतिस्पर्धी नहीं है और कविराज धोयी भी कम नहीं हैं। वे जो भी उत्कण्ठा का स्वर सुनते हैं, उसे तत्काल ग्रहण कर लेते हैं। वे वास्तविकता के अंकन में अप्रतिम हैं। मैं उन्हीं जैसे लोगों का साथी हूँ, ऐसे लोगों के बीच में रहता हूँ, लेकिन मैं नहीं रहता हूँ, क्योंकि मुझे शुद्ध सन्दर्भ की तलाश है। वह शुद्ध सन्दर्भ इन सबकी परिधि से बिलकुल बाहर है। इसी भूमिका के साथ चौथे श्लोक में जयदेव पाठक से अपेक्षा करते हैं।

चार मंगल श्लोकों के बाद प्रथम दो अष्टपदियों में क्रमशः दशावतार वर्णन और विष्णु के राभ और कृष्ण के रूप में अवतरण का वर्णन है। समझ में नहीं आता कि इन दोनों का उद्देश्य क्या है? दशावतारों में श्रीकृष्ण नहीं हैं, परन्तु अष्टपदी के अन्त में जो श्लोक सबको समेटनेवाला है, उसमें कृष्ण को ही नमस्कार किया गया है और कहा गया है कि उन्हीं के ये दस रूप हैं। इसका तात्पर्य यह है कि कृष्ण सर्वांगपूर्ण हैं और दश अवतार उनकी अभिव्यक्तियाँ हैं। श्रीमद्भागवत में श्रीकृष्ण को पूर्णावतार कहा गया है, षोडश कलाओं से सम्पन्न अवतार कहा गया है। षोडश कलाएँ चन्द्रमा की सोलह कलाओं के समानान्तर कलाएँ हैं। प्रतिपदा से पूर्णिमा तक पन्द्रह कलाएँ और अमावस्या की एक अतिरिक्त कला। चन्द्रमा बढ़ते-बढ़ते पूर्ण होता है, पुनः क्रमशः घटते-घटते बिलकुल निष्कल हो जाता है। निष्कल कला अमृता कला कही जाती है। अमृता

का एकत्व प्रत्यक्ष है—सुधा, लेकिन उसमें दूसरा गहरा अर्थ भी समाविष्ट है, न मरने का भाव, मर करके भी जीने की क्षमता। अमावस्या में लगता है कि चन्द्रमा आकाश से विदा हो गया। पुनः वह ऊपर नयी ऊर्जा लेकर उदित होता है, इसलिए उस नव उदित चन्द्रमा का बड़ा महत्त्व है। उसकी आराधना विश्व के अनेक कोनों में होती है, पर अमावस्या में सूर्य के प्रकाश में पूरी तरह अपने को डुबा देना और फिर ऊर्जा लेकर पुनः उदित होना, यही अमृता कला का तात्पर्य है, अमृता कला की शक्ति है। श्रीमद्भागवत में श्रीकृष्ण में अमृता कला इस रूप में है कि वे सबको छोड़ते ही रहते हैं। उनके पास राज्य नहीं, राज्य देने-दिलाने की क्षमता है, पर वे स्वयं राज्य नहीं भोगते। वे स्वयं छोटी भूमिका में ही अपने को रखना चाहते हैं। साधारण जनों के बीच में रखना चाहते हैं, साधारण से साधारण कार्य करना चाहते हैं, गौओं की सेवा जैसे कार्य की बात तो छोड़ दीजिए, वे यज्ञ में पाँव पखारने का और जूठी पत्तल बटोरने का काम भी करते हैं। अपने को इस प्रकार शून्य या रिक्त बनानेवाले प्रभु ही इतने पूर्ण हैं। उनके दश अवतारों के वर्णन का उद्देश्य उनकी विभिन्न छटाओं को सामने रखना है, उनके विक्रम का परिचय देना है। ऐसे श्रीकृष्ण को वश में करना, वश में करनेवाली राधा का महत्त्व होगा। साधारण प्रेमी को वश में किया तो क्या किया? राधा ने तो इतने रूपों में सृष्टि के भीतर खेल-खेल में इतना पराक्रम दिखलानेवाले महापुरुष को जब अपने वश में कर लिया हो, तब उस शक्ति का, आनन्दमय शक्ति का कुछ महत्त्व होगा।

॥ मालवरागेण गीयते ॥ गीतम् 1 ॥

प्रलयपयोधिजले धृतवानसि वेदम्।
विहितवहित्रचरित्रमखेदम् ॥
केशव धृतमीनशरीर जय जगदीश हरे ॥5॥

क्षितिरतिविपुलतरे तव तिष्ठति पृष्ठे।
धरणिधरणकिणचक्रगरिष्ठे ॥
केशव धृतकच्छपरूप जय जगदीश हरे ॥6॥

वसति दशनशिखरे धरणी तव लग्ना।
शशिनि कलङ्ककलेव निमग्ना ॥
केशव धृतशूकररूप जय जगदीश हरे ॥7॥

तव करकमलवरे नखमद्भुतशृङ्गम्।
दलितहिरण्यकशिपुतनुभृङ्गम् ॥
केशव धृतनरहरिरूप जय जगदीश हरे ॥8॥

छलयसि विक्रमणे बलिमद्भुतवामन।
पदनखनीरजनितजनपावन ॥
केशव धृतवामनरूप जय जगदीश हरे ॥9॥

क्षत्रियरुधिरमये जगदपगतपापम्।
स्नपयसि पयसि शमितभवतापम् ॥
केशव धृतभृगुपतिरूप जय जगदीश हरे ॥10॥

वितरसि दिक्षु रणे दिक्पतिकमनीयम्।
दशमुखमौलिबलिं रमणीयम् ॥
केशव धृतरामशरीर जय जगदीश हरे ॥11॥

वहसि वपुषि विशदे वसनं जलदाभम्।
हलहतिभीतिमिलितयमुनाभम् ॥
केशव धृतहलधररूप जय जगदीश हरे ॥12॥

निन्दसि यज्ञविधेरहह श्रुतिजातम्।
सदयहृदयदर्शितपशुघातम् ॥
केशव धृतबुद्धशरीर जय जगदीश हरे ॥13॥

म्लेच्छनिवहनिधने कलयसि करवालम्।
धूमकेतुमिव किमपि करालम् ॥
केशव धृतकल्किशरीर जय जगदीश हरे ॥14॥

श्रीजयदेवकवेरिदमुदितमुदारम्।
शृणु सुखदं शुभदं भवसारम् ॥
केशव धृतदशविधरूप जय जगदीश हरे ॥15॥

वेदानुद्धरते जगन्निवहते भूगोलमुद्बिभ्रते
दैत्यं दारयते बलिं छलयते क्षत्रक्षयं कुर्वते।
पौलस्त्यं जयते हलं कलयते कारुण्यमातन्वते
म्लेच्छान्मूर्च्छयते दशाकृतिकृते कृष्णाय तुभ्यं नमः ॥16॥

पहली अष्टपदी मत्स्यावतार से प्रारम्भ होती है। इस अवतार की कथा यह है कि ऋषि के एक कमण्डलु में नदी से एक छोटी-सी मछली चली आयी। उन्होंने उसे एक अलग छोटे-से पात्र में रख दिया। मछली बढ़ी, आकार में बढ़ी और फिर उसे दूसरे और बड़े पात्र में रखा, फिर उसे छोटे-से गड्ढे में रखा, फिर तालाब में रखा, किन्तु मछली बढ़ती चली गयी। उसे नदी में रखा, नदी भी उसके लिए छोटी पड़ गयी। अन्त में उसने आज्ञा माँगी कि अब मैं समुद्र में जा रही हूँ, जब प्रलय उमड़ेगा और प्रलय का सागर लहराएगा, तब मैं तुम्हारी पुकार पर आ जाऊँगी और तुम एक नौका मेरे मोटे-मोटे केशों में बाँध देना, उसी में सृष्टि के बीज रख देना, उसी में वेद रख देना और प्रलय समाप्त होने पर मैं तुम्हें कहीं ठिकाने पर पहुँचा दूँगी। इसकी कहानी विभिन्न रूपों में, विभिन्न कथारूपों में मिलती है। एक प्रकार से सृष्टि का आरम्भ जल में होता है। यह जल व्यक्त रूप में भी है, अव्यक्त रूप में भी है। अव्यक्त रूप में जल भी ब्रह्माण्ड का रूप है, जिसमें सारा प्रकाश एक निराकार पिण्ड के रूप में रहता है। उसी में एक क्षणिक उद्वेलन होता है, एक क्षणिक स्पन्दन होता है, वह स्पन्दन भी सृष्टि का मूल है। स्पन्दन इतना चंचल होता है, इतना प्रसारशील होता है कि उसकी उपमा बड़े मत्स्य से दी जाए तो वह उचित ही है। उसी के द्वारा सृष्टि का वितान सम्भव होता है। व्यक्ति-रूप में भी जल-जन्तुओं की उत्पत्ति पहले होती है। उसमें मछली भी है। स्वर्गीय रामंदास गौड़ ने अपने 'हिन्दुत्व' नामक मोटे ग्रन्थ में दशावतारों के विकास की दस सीढ़ियाँ मानी हैं, पर मैं उसमें कोई विशेष तत्त्व नहीं देखता। मुझे यह लगता है कि पुराणकथाओं के अनुसार सृष्टि का बीज वहन करनेवाला यह महामत्स्य, परात्पर ब्रह्म का एक अवधारणात्मक रूप है। उसी के द्वारा समस्त सृष्टि का मूल पूर्वसंचित अनुभवों की राशि बीजरूप में प्रलय के समुद्र के एक छोर से दूसरे छोर तक पहुँचायी जाती है। वह राशि वेद ही तो है। वेद का अर्थ मन्त्रराशि भी है और अलौकिक ज्ञानराशि भी है। साथ-ही-साथ ज्ञान की प्रक्रिया भी है, ज्ञान की निरन्तरता भी है। प्रलय-समुद्र की लहरों की चपेट में कुशलता से महामत्स्य ने नौका

किनारे लगायी है और उसी के द्वारा सम्भव हुआ है कि परमतत्त्व मनुष्य को थाती में पुनः मिल गया है, वह लुप्त भी नहीं होने पाया। मनुष्य का लक्षण है सोचना, सोचने का कहीं तार टूटने नहीं पाया।

दूसरा अवतार है कच्छप-अवतार या कूर्म-अवतार, इसमें धरती कहीं टिकती नहीं है, इधर-उधर पिण्ड के रूप में दौड़ती रहती है। उसको कच्छप बनकर भगवान् पीठ पर धारण करते हैं। इतनी बड़ी पृथ्वी को कहीं पीठ में टिकाते हैं तो निश्चय ही उसका कोई-न-कोई निशान हमेशा के लिए पड़ जाता है। पृथ्वी के चंचल स्वभाव के कारण वह निशान चक्र के रूप में दिखाई पड़ता है। भगवान् श्रीकृष्ण कच्छप-रूप में चंचल को स्थिर करते हैं, मनुष्य के लिए ही नहीं, समस्त जीवों के लिए एक आधार देते हैं, पर प्रतिलोम शक्तियाँ भी काम करती रहती हैं, फिर हिरण्याक्ष नाम का असुर उस पृथ्वी को चुरा करके ले जाता है और फिर सागर में ले जाकर अपनी कैद में एक तरह से रख लेता है।

भगवान् तीसरा अवतार वराह-रूप लेते हैं और अपने दाँतों से पहले ढूँढ़ लेते हैं, हिरण्याक्ष से युद्ध करके उसका वध करते हैं और फिर उसके कब्जे में गयी पृथ्वी को अपनी दाँत की नोक पर ऐसे उठाते हैं, जैसे एक छोटा-सा फूल हो, जैसे चन्द्रमा के अपने बीच में टँका हुआ कोई कलंक हो। ऐसे वराह का पराक्रम इस रूप में भी उल्लेखनीय है कि वे पंक से, कीचड़ से शस्यसम्पत्ति वहन करने में समर्थ पृथ्वी का उद्धार करते हैं और सोने की आँखवाले असुर की उपभोगी कुदृष्टि से उसका उद्धार करते हैं। इसलिए वह उद्धरित पृथ्वी भगवान् की श्री हो जाती है। वह भूदेवी और श्री हमारी कला में एक ही हैं। भगवान् इसीलिए समुद्र और पृथ्वी के पति के रूप में माने जाते हैं। पृथ्वी का दूसरा नाम ही विष्णु-पत्नी है। रूपक की भाषा थोड़ा हटा दें, तो वास्तविकता यही है कि पंक को, दलदल को कृषियोग्य उर्वरता देने का कार्य भगवान् ने किया है और ऐसे किया है जैसे उन्हें कुछ परिश्रम ही नहीं हुआ हो, न हिरण्याक्ष को मारने में हुआ और न पृथ्वी को दाँतों की नोक पर टिकाने में हुआ।

भगवान् का चौथा अवतार है—नृसिंह-अवतार। हिरण्याक्ष का ही दूसरा भाई था हिरण्यकशिपु, सोने की सेज पर सोनेवाला। उसने पृथ्वी पर अनेक उत्पात शुरू किये, सामंजस्य स्थापित करनेवाली यज्ञ की प्रक्रिया बन्द कर दी, ऋषि और देवताओं को सताने लगा, ज्ञान की प्रक्रिया बन्द कर दी और अपने को सबसे बड़ी शक्ति के रूप में पुजवाने लगा। उसके पुत्र थे प्रह्लाद। प्रह्लाद पुत्र ही नहीं थे, उसके लिए चुनौती भी थे। वे पिता के आदेश के बावजूद

भगवद्भक्ति में स्वयं लगे रहे, दूसरों को लगाते रहे। पिता को क्रोध आया, उनको तरह-तरह के दण्ड दिये, किन्तु प्रह्लाद को कुछ नहीं हुआ। अन्त में प्रह्लाद से कहा, 'बुलाओ अपने भगवान् को, कहाँ है तुम्हारा भगवान्?' उन्होंने कहा, 'सामने खम्भे में है' और खम्भे को तोड़ करके भगवान् नृसिंह अवतीर्ण हुए, शरीर मनुष्य का और मुख सिंह का। उन्होंने अपने नखों से हिरण्यकशिपु को अपनी गोद में लिया, क्योंकि उसकी मृत्यु न तो पृथ्वी में होनी थी, न आकाश में और उसे अपने नखों से चीर दिया। सोना जब शक्ति बनकर आता है, तो ऐसा ही अहंकार होता है। इस अहंकार का ही विदारण भगवान् ने किया। सोने की सम्पत्ति हमेशा लोगों को विभक्त करती है और भक्ति लोगों की साझेदारी सुनिश्चित करती है, लोगों का भाव सुरक्षित रखती है और अपने को आराध्य देवता के भाव के रूप में ही देखती है। इस प्रकार नृसिंह-अवतार के उग्र रूप में, भक्त के भावक के रूप में एक ऐसी कृपा और करुणा दिखाई पड़ती है, जो भगवान् का स्वभाव है।

पाँचवाँ अवतार है—वामन का। प्रह्लाद के पौत्र बलि ने अपने सत्कर्मों से इन्द्र को जीत लिया और जिस लोक में रहता था, उसी को स्वर्ग बना दिया। उसको उग्र रूप धारण करके वश में नहीं किया जा सकता था। उससे त्रिभुवन का राज्य, याचक बनकर ले लिया जा सकता था और भगवान् याचक बनकर गये। जब याचक बनकर जाना होता है, तो छोटा होना ही पड़ता है। बिलकुल बौने होकर गये। बलि के परदादा को सोने की सम्पत्ति का घमण्ड था, तो बलि के भीतर भी एक अभिमान जाग गया था कि मैं इतने यज्ञ कर रहा हूँ और मैं इतना लुटा रहा हूँ, सम्पत्ति बाँट रहा हूँ। भगवान् अहंकार पुण्य का भी नहीं सहते। इस अहंकार को दूर करने के लिए वे बस इतना माँगते हैं कि हमें तीन पग जमीन दे दो, तीन पग माप की जमीन दे दो। बलि हँसता है कि क्या छोटी चीज माँगी है और भगवान् तीन पग के माप की पृथ्वी बताने के लिए विराट् हो जाते हैं और विराट् रूप में सारा त्रिभुवन नाप लेते हैं। अभी एक पग बाकी है, बलि अपनी पीठ सामने कर देते हैं—'मेरी पीठ नाप लीजिए।' भगवान् उनके इस विनय से प्रसन्न होते हैं और उन्हें वरदान देते हैं कि आनेवाले मन्वन्तर के तुम्हीं इन्द्र होगे और तुम्हारे परिवार में भक्ति अचल रहेगी। भगवान् अपने भक्त को भी छलते हैं और उसके हित में उसे छलते हैं, सात्त्विक रूप के द्वारा छलते हैं, क्योंकि सात्त्विक रूप से ही सात्त्विक अभिमान दूर किया जा सकता है और इस रूप के द्वारा वे कई बातें दिखलाते हैं। एक तो यह कि छोटे-से-छोटे

में एक बहुत बड़ी शक्ति कहीं रहती है और दूसरी बात यह कि छोटी याचना का उपहास महँगा पड़ता है। उस उपहास की दवा छल है। इसलिए यह छल बलि का कल्याण करता है और जो सन्तुलन सृष्टि में बिगड़ गया था, उसे पुनः स्थापित करता है।

भगवान् का छठा अवतार, परशुराम अवतार है। अब तक जिस प्रभुत्व के मद को भगवान् ने चुनौती दी, वे सभी मद आसुरी मद थे, लेकिन मनुष्य के भीतर भी प्रभुता का मद हो सकता है और ऐसा मद हो सकता है कि ऋषि की गाय पर भी लोभ हो जाए और वह उसे जबर्दस्ती छीन ले जाए और विरोध करने पर आश्रम को तहस-नहस कर दे, तपस्या के वातावरण को नष्ट कर दे, एक तरह से पर्यावरण को ही नष्ट कर दे, पर्यावरण को शुद्ध करनेवाले उपाय को ही नष्ट कर दे। भगवान् हाथ में फरसा लेकर परशुराम अवतार लेते हैं और फरसे से क्षात्रमद का नाश करते हैं। वे ऐसे दुर्मद राजाओं से छीनकर सारी पृथ्वी बाँट देते हैं। अपने लिए, अपने रहने के लिए भी कोई ठौर नहीं रखते तो समुद्रतट से छीनकर एक कोना निकालते हैं। वही कोना आज केरल कहा जाता है। सह्याद्रि के पश्चिम का भाग ही सागर से छीना हुआ पृथ्वी का टुकड़ा है। जिस जगह महाभारत का युद्ध हुआ था, उस कुरुक्षेत्र में परशुराम के द्वारा फरसे से काटे गये दुर्मद राजाओं के रुधिर का कुण्ड है, जिसे समन्तपंचक तीर्थ कहा जाता है। मनुष्य के रूप में भगवान् का एक तरह से यह पहला अवतार है। वामन तो देवसन्तति हैं, देवरूप हैं और परशुराम ऋषि-सन्तान हैं, क्षत्रिय माता और ऋषि पिता की सन्तान हैं। उस रूप में भगवान् का अवतरण क्रोध की अंकुश-शक्ति का प्रदर्शन है।

सातवाँ अवतार, जिसे हमारी परम्परा पूर्णावतार मानती है, श्रीराम का है। उनका वर्णन इस रूप में किया गया है कि वे दसों दिक्पालों को, दसों दिशाओं के अधिपतियों को रावण के दस सिरों की बलि दे रहे हैं। दसों दिशाओं के प्राणी रावण के बारे में भयाक्रान्त थे। जब रावण मारा जाता है, तो उसके सिर दसों दिशाओं में पहुँचते हैं तथा लोगों को भीतर-भीतर बड़ी राहत मालूम होती है, आतंक से और सन्त्रास देनेवाले के अहंकार से बहुत शान्ति मिलती है।

आठवाँ अवतार, कृष्ण के बड़े भाई हलधर बलराम का है। यहाँ इनका अस्त्र है हल और मूसल। यह गोरे हैं। इनकी देह पर नीला वस्त्र खिलता है। ये यमुना के ऊपर एक बार क्रुद्ध हुए थे। हल की नोक इन्होंने घुसायी और

भय से यमुना काँप उठीं। ऐसा अवतार है भगवान् का—एक अपार बलशाली। ऐसे अवतार का नाम ही बलराम है।

नौवाँ अवतार भगवान् बुद्ध का है, जो उन श्रुतियों की निन्दा करते हैं, जो यज्ञ में पशुमेध का विधान करती हैं और इसके द्वारा दयाशील हृदय में पशुघात, पशु को मारने के प्रति, पशु को मारते समय करुणा की सृष्टि करते हैं और वे करुणामय हैं। दूसरी ओर वे एक लम्बी परम्परा का विखण्डन करने वाले और तोड़नेवाले भी हैं।

अन्तिम अवतार, जो अभी होनेवाला है, को कल्कि कहा है, जो लम्पटों को मारने के लिए, उनकी सफाई के लिए तलवार रखते हैं। ऐसा लगता है कि कई धूमकेतु भयंकर रूप लेकर आये हैं।...इस प्रकार उनके दस अवतार हैं, जिसका गायन श्री जयदेव ने किया है। सीखने को सीख देते हैं, शुभ है और इस जन्म-मृत्यु के संसार का सार है क्योंकि इस संसार में उत्पन्न होकर ही यह लीला हुई है। यह लीला ही इस नश्वर होनेवाले संसार की सहभागी है। इस अष्टपदी के अन्त में एक श्लोक दिया है, जिसमें सबको समाहार करते हुए कहा गया है कि ऐसे कृष्ण, जिन्होंने वेदों का उद्धार किया है, जगत् को अपनी पीठ पर ढोया है, जिन्होंने पृथ्वी को फूल-से निकालकर पुनः स्थापित किया, इस कृष्ण ने अनेक दैत्यों का दमन किया, बलि को छला, क्षात्रमद को चूर-चूर किया, बलिष्ठ, बलशाली रावण के ऊपर विजय पायी, हल चलाकर एक नयी संस्कृति का बीज बोया, बुद्ध होकर करुणा का प्रसार किया, करुणा का सन्देश दिया और अन्त में जो म्लेच्छों के विनाश का कारण बननेवाले हैं, ऐसे दस प्रकार के रूप धारण करनेवाले श्रीकृष्ण को हमारा नमस्कार।

॥ गुर्जरीरागेण गीयते ॥ गीतम् 2॥

श्रितकमलाकुचमण्डल धृतकुण्डल ए।
कलितललितवनमाल जय जयदेव हरे ॥17॥

दिनमणिमण्डलमण्डन भवखण्डन ए।
मुनिजनमानसहंस जय जयदेव हरे ॥18॥

कालियविषधरगञ्जन जनरञ्जन ए।
यदुकुलनलिनदिनेश जय जयदेव हरे ॥19॥

मधुमुरनरकविनाशन गरुडासन ए।
सुरकुलकेलिनिदान जय जयदेव हरे ॥20॥

अमलकमलदललोचन भवमोचन ए।
त्रिभुवनभवननिधान जय जयदेव हरे ॥21॥

जनकसुताकृतभूषण जितदूषण ए।
समरशमितदशकण्ठ जय जयदेव हरे ॥22॥

अभिनवजलधरसुन्दर धृतमन्दर ए।
श्रीमुखचन्द्रचकोर जय जयदेव हरे ॥23॥

श्रीजयदेवकवेरिदं कुरुते मुदम् ए।
मङ्गलमुज्ज्वलगीतं जय जयदेव हरे ॥24॥

पद्मापयोधरतटीपरिरम्भलग्न-
काश्मीरमुद्रितमुरो मधुसूदनस्य।
व्यक्तानुरागमिव खेलदनङ्गखेद-
स्वेदाम्बुपूरमनुपूरयतु प्रियं वः ॥25॥

वसन्ते वासन्तीकुसुमसुकुमारैरवयवैर्
भ्रमन्तीं कान्तारे बहुविहितकृष्णानुसरणाम्।
अमन्दं कन्दर्पज्वरजनितचिन्ताकुलतया
वलद्बाधां राधां सरसमिदमूचे सहचरी ॥26॥

इस अष्टपदी का आशय वह है जो पहले लिखा जा चुका है। जिसमें ऐसे भिन्न-भिन्न रूपों को धारण करने की क्षमता है, उसे अपनी लीला में ले जाना और उसे विवश करना कितना कठिन होगा और वही कठिन काम श्रीराधा के प्यार से सम्भव होता है। श्रीकृष्ण श्रीराधा के अनुवर्ती होते हैं। दूसरी अष्टपदी में विष्णु का स्मरण करते हुए श्रीराम का विशेष स्मरण किया गया है। यह पूर्व अष्टपदी का पूरक है। विष्णु के रूप में स्मरण इस टेक के रूप में है कि

वे लक्ष्मी के स्तनों पर अपने को टिकाये हुए हैं, कानों में कुण्डल बाँधे हुए हैं और गले में सुन्दर वनमाला धारण किये हुए हैं। अगर हम यहाँ लक्ष्मी से पृथ्वी का, लक्ष्मी से भूदेवी का तात्पर्य लें और कल्पना करें कि पर्वत-रूप में स्तनों पर जो विष्णुरूप सूर्य की सीधी किरणें पड़ती हैं, तो ऐसा लगता है कि सूर्य का प्रकाश-बिम्ब पर्वतों की चोटियों पर ही टिका हुआ है, आराम से पड़ा हुआ है और उनके कानों के दोनों कुण्डल हिमालय के बायें और दायें बाजू से सुनहरी चोटियों का आकार ले रहे हैं, तो इसका अर्थ विशेष रूप से मनोरम और व्यापक हो जाता है। एक दूसरा अर्थ यह भी है कि लक्ष्मी स्वयं अपनी देह का भार उनके ऊपर डाल कर लेटी हुई हैं। भगवान् के वक्षःस्थल पर लक्ष्मी ही तो रहती हैं। तीसरा अर्थ यह भी लिख सकते हैं कि विश्व की शोभा, विश्व की सुन्दरता का जो घनीभूत तत्त्व है, उसी पर भगवान् आश्रित हैं। उनके समस्त कार्यकलापों में निस्संग सुन्दरता है। सूर्य के व्यापक रूप में जो विष्णु की आराधना होती है अर्थात् जो रूप प्रातः से सन्ध्या तक छानेवाला है, व्याप्त करने वाला है, वह प्रकाश और ताप के द्वारा सृष्टि को आगे बढ़ानेवाला है, पौधों को, प्राणियों को ऊपर की ओर बढ़ने के लिए प्रेरित करनेवाला है। वह रूप श्रीकृष्ण ही है। इसमें सूर्यमण्डल श्रृंगार बन जाता है और इसमें मुनियों के मन के मानसरोवर में तैरनेवाले हंस बन जाते हैं। सूर्य भी हंस ही है और वह भी प्रकाश के आराधकों का आराध्य है। इसी सूर्य-स्वभाववाले श्रीकृष्ण का कार्य है– कमलों को खिलाना, अन्धकार के बीज को दूर करना, आसुरी वातावरण को स्वच्छ करना और इनके द्वारा लोगों को प्रसन्न करना। इसी रूप में वे यमुना में घुसे हुए हैं। कालिय को यमुना से निकालने के लिए उसके सिर पर पैर रखकर नाचते हैं और उसके सौ-सौ फन चोट खाते-खाते झुक जाते हैं। वह दीन-हीन होकर प्रार्थना करता है कि मैं स्वयं यहाँ से चला जाऊँगा। उसके जाने से यमुना का जल पुनः स्वच्छ और पेय हो जाता है। खेल-खेल में भगवान् ऐसा बड़ा काम करते हैं कि इससे बड़ा कौतुक होता है और पूरे यदुकुल में हार्दिक प्रसन्नता उसी प्रकार होती है, जिस प्रकार सूर्य के उदित होने पर कमल को होती है। श्रीकृष्ण-रूप में भी जब कभी उन्हें आवश्यकता होती है, वे गरुड़ को सवारी के लिए बुलाते हैं और इसी सवारी पर चढ़कर वे मधु, मुर और नरक जैसे तीन बड़े राक्षसों का विनाश करते हैं। एक मधु, जो मधु और कैटभ की जोड़ी में एक है, दूसरा मुर नाम का असुर भी ऐसे विश्व को व्याकुल करने वाला है और नरक तो प्रसिद्ध ही है। उसने सोलह हजार राजाओं को बन्दी

किया था, उनकी पत्नियों का अपहरण किया था, उनसे बलात् विवाह किया था। भगवान् ने उसे भूमि के गर्भ से पैदा किया था और वह भूमि का ही शत्रु हो गया था। उस नरक का विनाश करके उन्होंने राजाओं को मुक्ति दी और राजकन्याओं को भी, जिन्हें बन्दी बना लिया था। श्रीकृष्ण ने उस राक्षस को मार कर सोलह हजार राजाओं को मुक्ति दिलायी और सोलह हजार राजकन्याओं को अपनी पत्नियों के रूप में स्वीकार किया। यही श्रीकृष्ण श्रीराम के रूप में जानकीजी के आभूषण या यूँ कहें कि खरदूषण—दो भाइयों को मारनेवाले और यही दूषण हरनेवाले हैं। यही दस शीशवाले रावण को युद्ध में मारकर विजयी हुए। ऐसे कृष्ण का सौन्दर्य पावस के बादल की तरह हमेशा नया रहता है और यही श्रीकृष्ण कभी मन्दराचल को मथानी बनाने के लिए, कभी समुद्र-मन्थन में मथानी के रूप में अपने ऊपर धारण करते हैं, टिकाते हैं कि मथानी खिसकती नहीं और असंख्य-असंख्य साँपों को रस्सी बनाकर देवता और असुर उस समुद्र का मन्थन करते हैं। यही पुनः श्रीकृष्ण बन करके एक दूसरे पर्वत गोवर्धन को और हल्के तरीके से अपनी उँगलियों के ऊपर उठा लेते हैं। हमारी आँखें सीधे मुखचन्द्र पर पड़ती हैं।

समुद्र-मन्थन के बाद यही श्रीकृष्ण वामनावतार के विराट् रूप को धारण करके तीनों लोकों को तीन पग में नाप लेते हैं। जिनकी आँखें ताजा खिले हुए कमल के दल की तरह हैं, चमकती हुई आँखोंवाले वे स्वयं इतने रूप बदलते हैं कि उनका स्मरण करते ही अनेक जन्मों में आने-जाने का व्यापार समाप्त हो जाता है। उन्हीं में ध्यान लगता है, तो यह विवशता नहीं रहती कि हम कभी यह सोचकर नाचें, कभी वह सोचकर नाचें। हमें मुक्ति मिल जाती है।

श्री जयदेव ने श्रीकृष्ण को इस रूप में स्मरण करते हुए कहा कि वे ऐसे प्रभुत्वशाली होते हुए भी श्रीलक्ष्मी के मुखचन्द्र के लिए चकोर ही बने रहते हैं, निरन्तर लक्ष्मी का मुख जोहा करते हैं। कभी उनके सौन्दर्य से उनकी आँखें तृप्त नहीं होतीं। इस प्रकार दूसरों को छकानेवाले कैसे एक छोटे से सुन्दर मुखड़े के प्रवाह में आ जाते हैं। यही गीत जयदेव गाकर अपने प्रबन्ध का मंगल स्थापित कर रहे हैं।

इस अष्टपदी के अन्तिम दो श्लोकों में से पहले में तो उनका मधुर रूप इस रूप में व्यंजित है कि श्रीकृष्ण का वह वक्षःस्थल जो लक्ष्मी के स्तनों के चन्दनचर्चित तटों के आलिंगन से केसर के रंग में रँग गया है और उस वक्षःस्थल पर खिलते हुए जो कामदेवता पसीना-पसीना हो गया हो, उस पसीने के

झिलमिलाते कणों से ही उनका अनुरागी रूप व्यक्त हो रहा है। ऐसा वक्षःस्थल हमारे प्रिय की पूर्ति करे। इस श्लोक का तात्पर्य यह जान पड़ता है कि श्रीकृष्ण स्वभाव से ही मधुर हैं। उनकी लीला में जो कुछ पौरुष व्यापार आये हैं, इस माधुर्य के ही कारण हैं। ऐसे वज्र की तरह कठोर छाती के भीतर ही मधुर हृदय रहता है। ऐसे हृदयवाला व्यक्ति जितना तपता है, जितना प्रकाशित होता है, उतना ही द्रवित होता है, उतना ही कहीं भीतर प्रवेश करके बस जाता है। जितना ही वह सूर्य है, उतना ही वह चन्द्र है। बल्कि यूँ कहें कि सूर्य-चन्द्र दोनों है और दोनों से कुछ अधिक है। वह एक ऐसी अवस्था है, जिसमें इन दोनों में विरोध नहीं रहता। इसमें सूर्य या ताप का प्रकाश ही चाँदनी का रस-प्रवाह बन जाता है। ऐसे रस-प्रवाह की पहली अभिव्यक्ति श्रीराधा के रूप में है, जिसमें विश्व की समष्टि-शोभा का अवतरण हुआ है। उसके प्यार में स्वेद के द्रवों के रूप में ऐसे प्रभावशाली व्यक्तित्व का अनुराग प्रवाह बन करके निकल पड़ता है। उस प्रवाह के ही द्वारा प्रिय का साधन होगा, इस आशा से जयदेव अपने काव्य का प्रारम्भ करते हैं और कथायोजक के रूप में वसन्तरास के सन्दर्भ की अवतारणा करते हैं। इस अष्टपदी के अन्तिम श्लोक में वही अवतारणा है।

वसन्त के फूलों की तरह कोमल अवयवोंवाली श्रीराधा श्रीकृष्ण की खोज में वन-वन घूमती हैं, कभी यहाँ कभी वहाँ झाँकती हैं, कभी दूर किसी स्वर पर चौंक कर दौड़ती हैं। उनके अंग-अंग इस दौड़-धूप में शिथिल हो जाते हैं—जैसे वसन्त के फूल मलय-पवन के चलने पर इधर-उधर अस्त-व्यस्त हो जाते हैं। इस दौड़-धूप में काम और तीव्र हो उठता है, इच्छा और बलवती होती है, उत्कण्ठा और उत्तप्त होती है और अंग-अंग में व्यथा अँगड़ाई लेने लगती है। ऐसी राधा को उनकी सखी, उनके साथ-साथ चलनेवाली सखी बड़े रस के साथ यह सूचना देती है, बड़े रस के साथ उन्हें रास का दर्शन कराती है।

यह 'रास' शब्द बड़ा महत्त्वपूर्ण है। जैसा कि पहले संकेत दिया जा चुका है, 'रास' शब्द रस का ही विस्तार है। यह 'रास' शब्द बड़ा अद्भुत है। पहले यह स्थापना की गयी थी कि जब चित्त हरिस्मरण में सरस हो, तभी व्यक्ति 'गीतगोविन्द' का आस्वादक हो सकता है, यह रस का चाव है। दूसरा अर्थ रस का है—चित्त की द्रुति। अगर चित्त श्रीकृष्ण-लीला में आस्वादित नहीं होता तो वह इस लीला का आस्वादक नहीं बन सकता। तीसरा अर्थ है—'चित्त का विस्तार'। यदि इस लीला को एक विस्तृत परिप्रेक्ष्य में आदमी नहीं देख सकता, इसे त्रिभुवनमोहन की लीला के रूप में नहीं देख सकता, तो न देखे तभी अच्छा

है, क्योंकि उसका चित्त छोटे प्यार में और उसके साथ जुड़ी छोटी ईर्ष्या में, छोटे भय में और उसके कारण छोटे कलुष में ही निरन्तर घूमता रहेगा, वह बड़े प्यार की भूमिका समझ ही नहीं सकता। इस रस का एक चौथा अर्थ है—सार। सिर्फ भगवान् का स्मरण, सृष्टि के सार का स्मरण है, सृष्टि के रस-बीज का स्मरण है। रस, सृष्टि का बीज इस रूप में है कि परब्रह्म के रूप में परमतत्त्व अकेला नहीं रह सका, उसे इच्छा हुई कि दूसरा भी हो। दूसरे के द्वारा, दूसरे की पहचान के द्वारा अपने को पूरी तरह पहचानने, अपने को स्वयं देखने से बहुत कुछ दिखाई नहीं देता, अपनी आँखें ही नहीं दिखाई देतीं, एक प्रतिबिम्ब ही सही दिखाई देता है। जब कोई दर्पण सामने रखता है, तो उससे भी अधिक दिखाई देता है। जब कोई दूसरा व्यक्ति होता है और ऐसे परमतत्त्व को प्यार करता है, उस पर न्यौछावर होता है, उसके न्यौछावर होने से परमतत्त्व को अपनी पूरी पहचान मिलती है। इसी रस का प्रयोग रास में है, इसी रस का विस्तार रास में है। रास एक समूहनृत्य, एक समस्त चेतना का एक-दूसरे में मिलना-जुलना है। इस नृत्य में एक-एक के साथ श्रीकृष्ण अलग-अलग होकर नाचते हैं और बीच केन्द्र में सभी नाचनेवाले श्रीकृष्ण को राधा के साथ नाचते हुए देखते रहते हैं। श्रीराधा-कृष्ण का नृत्य इस समस्त नृत्य का केन्द्र है या उसका विस्तार है, जो चाहे कह लें, पर इस नृत्य में अकेलापन नहीं है, अकेले में वह ऐसा भाव नहीं है। सबको यही लगता है कि वे मेरे हैं और यह भी लगता है कि हम सबके हैं और उसका मूल कारण यह है कि वे श्रीराधा के हैं। दूसरी बार जब श्री जयदेव सरस शब्द का प्रयोग करते हैं, तो सन्दर्भ यही है कि सखी जो बात कहने जा रही है, उसमें रस ही रस है, रस की अभिव्यंजना, मन्मथतत्त्व से मन्थन में है। इसमें इन्द्रियाँ नहीं रह जातीं। वे इतनी मथी जाती हैं कि वे रस बन जाती हैं, वे रसिक नहीं रह जातीं। श्रीकृष्ण के प्रति जब प्यार होता है, तो सारी मनोवृत्तियाँ श्रीकृष्ण का आकार ग्रहण कर लेती हैं। राग, द्वेष, मोह, मद, मान—ये सभी रस की केलि बन जाते हैं, जैसा कि ऊपर वाक्य में संकेत है कि कहाँ घूम रही हो। प्यारी सखी! प्रवेश करो, उस रंगभूमि में, जहाँ यह रास हो रहा है।

॥ वसन्तरागेण गीयते ॥ गीतम् 3 ॥

ललितलवङ्गलतापरिशीलनकोमलमलयसमीरे।
मधुकरनिकरकरम्बितकोकिलकूजितकुञ्जकुटीरे ॥

विहरति हरिरिह सरसवसन्ते
नृत्यति युवतिजनेन समं सखि विरहिजनस्य दुरन्ते ॥ ध्रुवम् ॥27॥

उन्मदमदनमनोरथपथिकवधूजनजनितविलापे।
अलिकुलसंकुलकुसुमसमूहनिराकुलबकुलकलापे ॥ विह. ॥28॥

मृगमदसौरभरभसवशंवदनवदलमालतमाले।
युवजनहृदयविदारणमनसिजनखरुचिकिंशुकजाले ॥ विह. ॥29॥

मदनमहीपतिकनकदण्डरुचिकेशरकुसुमविकासे।
मिलितशिलीमुखपाटलिपटलकृतस्मरतूणविलासे ॥ विह. ॥30॥

विगलितलज्जितजगदवलोकनतरुणकरुणकृतहासे।
विरहिनिकृन्तनकुन्तमुखाकृतिकेतकदन्तुरिताशे ॥ विह. ॥31॥

माधविकापरिमलललिते नवमालिकजातिसुगन्धौ।
मुनिमनसामपि मोहनकारिणि तरुणाकारणबन्धौ ॥ विह. ॥32॥

स्फुरदतिमुक्तलतापरिरम्भणमुकुलितपुलकितचूते।
वृन्दावनविपिने परिसरपरिगतयमुनाजलपूते ॥ विह. ॥33॥

श्रीजयदेवभणितमिदमुदयति हरिचरणस्मृतिसारम्।
सरसवसन्तसमयवनवर्णनमनुगतमदनविकारम् ॥ विह. ॥34॥

इस उद्घोषणा के साथ तीसरी अष्टपदी शुरू होती है और उसमें भी 'रस' शब्द आता है कि सरस वसन्त आ गया है, उत्कण्ठाओं को जन्म देनेवाला वसन्त आ गया है, कामनाओं को व्यग्र करनेवाला वसन्त आ गया है, प्रेम का तत्त्व पाने की प्रबल इच्छाओं का वसन्त आ गया है और स्वयं रस बन करके उमड़ आने का वसन्त आ गया है। ऐसा वसन्त आ गया है, जिसमें कोई अप्रेय नहीं रहता है, कोई अपने ठौर में नहीं रहता, सबका, प्रत्येक व्यक्ति का विस्थापन हो जाता है। ऐसे सरस वसन्त में हरि यहीं पर, स्वर्ग में नहीं, इसी

भूतल पर विचरण कर रहे हैं, युवतियों के साथ नृत्य कर रहे हैं और जो उनके साथ नहीं हैं, उनके लिए यह वसन्त भारी पड़ रहा है। इस वसन्त का प्रवेश होता है, मलयसमीर के झोंकों से। इसका काम ही यही है कि सुन्दर लवंग की लताओं को बार-बार झुकाना और लताओं के भीतर के लवंग के फूल खिलाना। ऐसे मलयपवन, ऐसी दखिनई बयार का स्पर्श ही वसन्त का पहला स्पर्श होता है, वसन्त की सिहरन होता है। इस वसन्त में एकाएक स्वर भी फूटते हैं, केवल कलियाँ ही नहीं। और वह स्वर समवेत गान का स्वर होता है, चाहे वह स्वर भौंरों की गुंजार बनकर आये या कोयल की कूक की अनुगूँज बनकर आये। इस वसन्त में अंग-अंग अपने-आप आकांक्षाओं की दुस्सह व्यथा से आकुल हो जाता है, अपने-आप नाचने लगता है और जब श्रीकृष्ण नाचनेवाले हैं, तब सब कुछ आपा खो देता है, बस उनके साथ एक बड़े नृत्य के चक्र में घूमते रहना है, विराम नहीं है।

यह वसन्त बिलकुल पागल है, न स्वयं कभी रुकता है, ठहरता है और न किसी को रुकने देता है, ठहरने देता है। जो लोग बाहर परदेस चले गये हैं, उनकी पत्नियाँ अपनी कामनाओं के पंख लगाकर उनके पास पहुँचना चाहती हैं, पहुँच नहीं पातीं, बिलखती हैं। उनके बिलखने से वसन्त का वातावरण, जो पहले से ही व्याकुल करनेवाला था, और अधिक ताप बढ़ा देता है। भौंरे मँडराने लगते हैं, जैसे उनकी बिलख ही डाल-डाल, पात-पात पर मँडरा रही हो। रस की चाह, अर्द्धचेतन प्राणियों को भी जगा गयी हो। वे झौर-झौर भौंरे मौलिश्री की डाली पर आते हैं और झौर-झौर फलों के रस लेते हैं, चकराने लगते हैं। इस फूल के गुच्छे में रस नहीं है, पूरे वृक्ष में है। वसन्त बकुल के वृक्ष को, निराकुल वृक्ष को, भाववृक्ष को चंचल कर देता है। वह सोचने लगता है कि भौंरों के रूप में यह क्या है? अंग-अंग में यह क्या हुआ? कितने भौंरे आ गये। ऐसे वसन्त में हरि नाच रहे हैं और नचा रहे हैं, असंख्य-असंख्य युवतियों को, जो नृत्य के वश में हैं, अपने वश में नहीं। और यह नाच उनके ऊपर भारी पड़ रहा है, जिनको कोई नचानेवाला नहीं है, नचानेवाला भी बड़े भाग्य से ही मिलता है और श्रीकृष्ण जैसा नचानेवाला तो जन्म-जन्म के अर्जित तप से मिलता है। वे मिलते हैं श्रुतियों को, जो उनसे सीधे उनका अर्थ पाना चाहती हैं, उनके साथ लय-ताल मिलाकर अपना अर्थ पाना चाहती हैं। श्रीकृष्ण के साथ सोलह की संख्या बराबर लगी हुई है। सोलह कलाएँ, सोलह हजार गोपियाँ, सोलह हजार पत्नियाँ उनकी पटरानियों के रूप में आठ और राधा की सखियों

के रूप में आठ ऐसी, कुल सोलह सखियाँ, इस सोलह हजार के ऊपर अधिष्ठित हैं। श्रीकृष्ण एक हैं, श्रीराधा एक हैं। इसका अर्थ क्या है? सोलह प्रकार की चन्द्रमा की कलाओं की चर्चा तो कर चुके हैं। हम अपने दूसरे अनुष्ठानों में देखते हैं, तो सोलह श्राद्ध के पिण्ड करने से ही मृत व्यक्ति का नया सूक्ष्म शरीर पुनः निर्मित होता है। यह पूरा पिण्ड पंचमहाभूत, पंचज्ञानेन्द्रियों, पंचकर्मेन्द्रियों और मन के साथ जुड़ करके ही एक होता है, एक इकाई होता है। शृंगार भी सोलह होते हैं। पूजन के उपचार भी सोलह होते हैं। सोलह एक पूरी करने वाली संख्या है, जो वैदिक गणित में महत्त्वपूर्ण है, वैदिक यज्ञ में चतुष्क महत्त्वपूर्ण है और चार-चार चौकों का संवाह्य होने के कारण महत्त्वपूर्ण है। चार आश्रम, चार वर्ण, चार ऋण, चार पुरुषार्थ, चार चौकों का योग ही सोलह है, इसलिए श्रीकृष्ण के साथ यह लगता है कि वे सोलह को एक कर देते हैं। वे सोलह को अलग-अलग दिखने नहीं देते, सोलह में निहित भेद विचार देते हैं, सब गड़बड़ कर देते हैं, सब सारे अनुमानों से मुक्त होकर, सारी भूमिकाओं से मुक्त होकर केवल श्रीकृष्ण की पुकार बन जाते हैं। जयदेव ने भी अपने सर्ग में चार अष्टपदियाँ रखी हैं। प्रत्येक अष्टपदी में चार-चार पंक्तियाँ हैं, इस प्रकार की चौबीस अष्टपदियों से यह आकार बनता है। इस प्रकार से चार, आठ, सोलह छाये हुए हैं और वह अभिनयशास्त्र छाया हुआ है, जिसमें संगीत, नृत्य और वाद्य के साथ रस जुड़े रहते हैं। ऐसे चौकड़ी भरनेवाले वसन्त में यह रास हो रहा है। इस रास का कौन-सा रूप भला सबसे अधिक व्यक्त होता है। कस्तूरीमृग की नाभि में कस्तूरी पकती है, उसकी व्याकुलता में या जब सारे पत्ते झाड़ लेने के बाद तमाल के एक-एक छिद्र से ज्यों चम्पई रंग के फूल खिलते हैं, चम्पई रंग की कलियाँ फूटती हैं, तब उस निहंग तमाल की अपनी इस समृद्धता पर हर्ष की आकुलता में यह कस्तूरीमृग की आकुलता से भी बड़ी है। कस्तूरीमृग तो स्वयं पागल होता है अपनी गन्ध से और तमाल की गन्ध से दूसरे लोग उसका लुत्फ पाकर पागल हो जाते हैं। सोचने लगते हैं कि हवा में क्या हो गया है, यह क्यों इतनी मदमाती बह रही है? किसके ऊपर इतरा रही है? जब उसमें, प्राणियों में जो लोग सचेत हैं, वे देखते हैं, तो उन्हें लगता है कि कुछ नहीं, एक उत्कण्ठित करनेवाला व्यापार है और उस गन्ध से भ्रम में नहीं पड़ना चाहिए। लाल-लाल नग सरीखे टेसू के फूल, सेमल के फूल भी उसी समय फूले हैं। ऐसा लगता है उस व्यापार का देवता ऊपर से मधुर, भीतर से करुण इधर से उधर नाच रहा है। इस चित्त को किसी युगल चित्त में दो भागों में विभक्त कर दें, ऐसे कि एक चित्त की शान्ति भंग हो। कैसे कोई दो

होने की आकांक्षा से और दूसरे से जुड़ने की प्रबल आकांक्षा से आविद्ध हो। ऐसे पागल समय में हरि एक पागल रास रचा रहे हैं। बड़ा भारी पड़ता है सखी, यह रास हमारे लिए कि तुम वहाँ नहीं हो और मेरे लिए तुम कृष्ण को नचा नहीं रहीं। और अब तो ऐसा लगता है कि मदन, कामनाओं का देवता पूरी फौज लेकर आ गया है। वसन्त ही तो उसका सेनापति है। वसन्त ने पूरी शक्ति झोंक दी है, मदन के अभियान में। विश्व-विजय के अभियान में ऐसा बेशर्म है यह वसन्त कि काम भस्म हो गया है शिव के क्रोध की अग्नि में और अशरीरी हो गया, अनंग हो गया, तब भी इसे लाज नहीं आती कि हारे हुए राजा की नयी विश्व-विजय में हम फिर हाथ दे रहे हैं, जबकि हमारे सभी अस्त्र-शस्त्र कहीं-न-कहीं बेकार हो जाएँगे। हमारे शस्त्र परात्पर ब्रह्म के ऊपर कहाँ चलेंगे, यह उसे विस्मरण हो जाता है। मदन महीपति ने सुनहरा राजदण्ड हाथ में ले लिया है। केसर के खड़े-खड़े पराग के दण्ड के रूप में वह तैयार हो जाता है, शासन करने के लिए और वसन्त असंख्य-असंख्य गुलाब के फूलों में घुसे हुए भावों को अक्षय तूणीर बनाकर राजा के हाथों में दे देता है। विरही के चित्त के टूक-टूक करने वाले भाले की तरह से नोकदार केवड़े के फूल को हरा बना देता है, भाले की तरह दँतैला बना देता है। वसन्त, जैसा कहा जा चुका है, निर्लज्ज है, उसने सब लाज धोकर रख दिया है। वसन्त के प्रभाव में लोग उपहास के पात्र होते हैं। उपहास से चित्त दुखी भी होता है, परन्तु उसका दुःख कोई जानता नहीं। संसार देख-देखकर जो कुछ कहता है, कहे, परन्तु चित्त उनके वश में नहीं है। कौन भला अपना हित चाहेगा, जो प्यार की मार सहने के लिए अपने को वेध्य बनाएगा, छेद्य बनाएगा, विच्छेद्य बनाएगा। वसन्त में लताएँ भी अपने आलम्बन वृक्षों को अपनी आकांक्षाओं की, अपनी उमंगों की कलियों से आकुल करने से पीछे नहीं रहती हैं। वसन्त में माधवी लता की गन्ध, वृक्ष में नहीं, पूरे वातावरण में नशा छा देती है। उसके ऊपर नवमालिका अपनी गन्ध का पहरा लगाती है और ध्यान में स्थित मुनियों का चित्त भी विक्षुब्ध हो उठता है। वसन्त जो इतना परिमल बिखेरता है और हवा उस परिमल को लिये श्वास के द्वारा भीतर तक पहुँचती है, वह किससे सहा जाएगा। जन भी उस गन्ध के साथ हो लेते हैं। उनका चित्त भी गर्वित हो उठता है। कहाँ से आ रही है यह गन्ध? समझनेवाला यह समझता है कि सभी गन्धों की गन्ध तो श्रीकृष्ण हैं और श्रीकृष्ण के भीतर भी गन्ध लानेवाली राधा हैं। ऐसे मौसम को श्रीकृष्ण ने चुना है, ऐसे मथनेवाले मौसम को चुना है, जिसमें सिखाना नहीं पड़ता, लोग अपने-आप थिरकने लगते हैं और जिनका

जितना ही सहज चित्त होगा, वे उतना ही थिरक उठेंगे। सखि! तुम्हारा चित्त भी थिरक रहा होगा और मेरा चित्त भी थिरक रहा है। यह तो इस विश्व-थिरकन के साथ में ही है। इस सारे वातावरण के ऊपर सबसे अधिक भारी पड़नेवाला वातावरण रचा जाता है आम्रमंजरियों से, जिसकी अरघान दूर-दूर तक जाती है। और यह गन्ध कहाँ से आती है, उसमें लिपटी हुई अतिमसृणता के रोम-रोम के फूटने से एक-एक अंगुल के भार पर फूल फूलने से आती है। इतना उच्छल प्यार पाकर आम भी बौरा जाता है और उसके बौर में ऐसी मादक गन्ध होती है कि बयार उसे ले जाते समय, दूर-दूर तक ले जाते समय बौरा जाती है।

ऐसे अपूर्व वसन्त के रास में वृन्दावन का कुसुमित और खिला-खिला वन, एक-दूसरे से बँधा-बँधा और यमुना की पवित्र धारा से, पवित्र धारा के छींटों से निरन्तर सिहरा-सिहरा, ऐसे वन के भीतर, ऐसे वसन्त में हरि नाच रहे हैं और नचा रहे हैं। सखि! कैसे सह रही हो? जयदेव ने इस अष्टपदी के द्वारा जिस हरि का स्मरण किया है वही हरि का तात्त्विक रूप है। स्वयं गतिशील, दूसरों को गतिशील करनेवाला, स्वयं सरस, दूसरों को सरस बनानेवाला और दूसरों के सरस बनने में अपनी तत्त्ववत्ता पानेवाला रूप ही स्मरण किया जाता है। तो व्यक्ति में रस बनने की आकांक्षा उत्पन्न होती है हरिस्मरण सें, क्योंकि यह वसन्त-स्मरण, सरस वसन्त और सरस वसन्त के कारण सरस हुए वृक्ष, वल्लरी, नदी, आकाश, पृथ्वी और वायु के बीच में यह रास घटता है, इसलिए इसका स्मरण मन में वही आमोद भरता है, वही परिमल भरता है और उस परिमल की वही बेसुधी भरता है, यही बेसुधी ही तो इस रास का चरम चरितार्थ है। इस अष्टपदी के बाद दो श्लोकों में वसन्त की बयार का और वसन्त के उस दिन का, जिसमें रास की अवतारणा हुई है, वर्णन है—

॥ रामकरीरागेण गीयते ॥ गीतम् 4 ॥

दरविदलितमल्लीवल्लिचञ्चत्पराग-
प्रकटितपटवासैर्वासयन् काननानि।
इह हि दहति चेतः केतकीगन्धबन्धुः
प्रसरदसमबाणप्राणवद्गन्धवाहः ॥35॥

उन्मीलन्मधुगन्धलुब्धमधुपव्याधूतचूताङ्कर-
क्रीडत्कोकिलकाकलीकलकलैरुद्गीर्णकर्णज्वराः।

नीयन्ते पथिकैः कथंकथमपि ध्यानावधानक्षण-
प्राप्तप्राणसमासमागमरसोल्लासैरमी वासराः ॥36॥

बयार कैसी है? जिसने आतंकित करके मुकुलित मल्लिका को अपने पटल खोलने को, पट खोलने को विवश किया है और प्रेमलीला पूरी तरह खिल उठी है, डरते-डरते खिली है, धीरे-धीरे खिली है और इसीलिए उसके भीतर का पराग भी काँपता रहता है और वह पराग हवा में उड़-उड़कर सारे वन में बगरा देती है। यही पर्याप्त कारण नहीं था केवड़े की बेधक गन्ध का, जो सबकी सहायता ले करके वसन्ती बयार विचित्र-सा दाहक चित्र पैदा करती है। ऐसा लगता है कि यह बयार पाँच बाणोंवाले कामदेव का प्राण हो। यह बयार नहीं बहे, तो काम सजीव न हो और यह बयार भी ऐसी है जो कामनाओं का, कामना के विस्तार का और विस्तार से जरा-सी चिनगारी को दावानल बनाने का व्यापार रचती है। ऐसी बयार बह रही है और उसकी लहक पाकर श्रीराधा का चित्त दहक उठता है।

ऐसे दिन आये हैं, जिनमें वृक्षों के पुष्पों ने अपना अनुभव उँड़ेल दिया है। उसकी गन्ध पाकर लोलुप भौंरों ने सब विवेक छोड़ दिया है और उन्हें गन्ध की तलाश है, आम के बौरों की। आम में बौर भी आये हैं। यदि उसमें एक अंकुर भी बौर का आया है, तो उसे वे झकझोर रहे हैं। इन बौरों के उत्पात से मन में वैसे ही ज्वर हो रहा था, उसके ऊपर आम के बौरों पर कुहकनेवाले कोकिल की कूक एक शोर बन जाती है और कान कहने लगते हैं कि तुम्हारी पुकार नहीं सही जा सकती है। जो लोग दूर परदेस गये हुए हैं, वे लौटना चाहते हैं पर पैर बढ़ते नहीं; जैसे वहीं ये दिन ही उन्हें खींचते हैं और उन्हें विवश करते हैं कि चलो, ऐसे नहीं पहुँच पाते हो, तो एकचित्त ध्यान करके अपनी प्रिया का मन और तुमने, जो प्राणों के रहने की आशा छोड़ दी है, वे प्राण, प्राणप्रिया के समागम में ध्यान-बल से सामने प्रत्यक्ष जैसे स्फुट हो जाने से लौट आये हों और उनमें रस का उल्लास, रस का भी एक आप्लावन, एक महारास उपस्थित हो जाएगा। आशा रखो, व्यथा ही निश्चित है, दुरन्त व्यथा ही नहीं है, अपितु वह दुर्निवार आशा भी है कि वसन्त का दिन उत्कण्ठा का दिन है और उत्कण्ठा के साथ-साथ दुर्दम्य आशा के दिन हैं।

अनेकनारीपरिरम्भसम्भ्रम-
स्फुरन्मनोहारिविलासलालसम्।

मुरारिमारादुपदर्शयन्त्यसौ
सखी समक्षं पुनराह राधिकाम् ॥37॥

॥ रामकरीरागेण गीयते ॥ गीतम् 5॥

चन्दनचर्चितनीलकलेवरपीतवसनवनमाली।
केलिचलन्मणिकुण्डलमण्डितगण्डयुगस्मितशाली ॥
हरिरिह मुग्धवधूनिकरे विलासिनि विलसति केलिपरे ॥ ध्रुवम् ॥38॥

पीनपयोधरभारभरेण हरिं परिरभ्य सरागम्।
गोपवधूरनुगायति काचिदुदञ्चितपञ्चमरागम् ॥ हरिरिह. ॥39॥

कापि विलासविलोलविलोचनखेलनजनितमनोजम्।
ध्यायति मुग्धवधूरधिकं मधुसूदनवदनसरोजम् ॥ हरिरिह. ॥40॥

कापि कपोलतले मिलिता लपितुं किमपि श्रुतिमूले।
चारु चुचुम्ब नितम्बवती दयितं पुलकैरनुकूले ॥ हरिरिह. ॥41॥

केलिकलाकुतुकेन च काचिदमुं यमुनाजलकूले।
मञ्जुलवञ्जुलकुञ्जगतं विचकर्ष करेण दुकूले ॥ हरिरिह. ॥42॥

करतलतालतरलवलयावलिकलितकलस्वनवंशे।
रासरसे सहनृत्यपरा हरिणा युवतिः प्रशशंसे ॥हरिरिह.॥43॥

श्लिष्यति कामपि चुम्बति कामपि कामपि रमयति रामाम्।
पश्यति सस्मितचारुतरामपरामनुगच्छति वामाम् ॥ हरिरिह. ॥44॥

श्रीजयदेवकवेरिदमद्भुतकेशवकेलिरहस्यम्।
वृन्दावनविपिने ललितं वितनोतु शुभानि यशस्यम् ॥ हरिरिह. ॥45॥

विश्वेषामनुरञ्जनेन जनयन्नानन्दमिन्दीवर-
श्रेणीश्यामलकोमलैरुपनयन्नङ्गैरनङ्गोत्सवम्।

स्वच्छन्दं व्रजसुन्दरीभिरभितः प्रत्यङ्गमालिङ्गितः
शृङ्गारः सखि मूर्तिमानिव मधौ मुग्धो हरिः क्रीडति ॥46॥

अद्योत्सङ्गवसद्भुजङ्गकवलक्लेशादिवेशाचलं
प्रालेयप्लवनेच्छयानुसरति श्रीखण्डशैलानिलः।
किं च स्निग्धरसालमौलिमुकुलान्यालोक्य हर्षोदयाद्
उन्मीलन्ति कुहूः कुहूरिति कलोत्तालाः पिकानां गिरः ॥47॥

अन्तिम श्लोक में आगे की अष्टपदी की कड़ी जोड़नेवाली उद्घोषणा है। अब सखी घूमते-घूमते उस जगह आ पहुँची है, जहाँ से कृष्ण साफ-साफ दिख रहे हैं। इतनी असंख्य नारियों के इतने प्रकार के आलिंगनों से श्रीकृष्ण घबरा गये हैं। वे अपने भीतर-ही-भीतर एक अतृप्त लालसा का अनुभव करते हैं। जिस आलिंगन से सम्बन्ध था, वह तो मिला ही नहीं। अभी विलसने की लालसा पूरी ही नहीं हुई। ऐसे निर्बल श्रीकृष्ण की ओर निर्देश करती हुई सखी फिर श्रीराधिका को सम्बोधित करती है और उनके तरह-तरह के विलास का सजीव चित्र उपस्थित करती है। ऐसे हैं वनमाली। वन ही जिनकी माला है, वे वन के ही स्वभाव के तो होंगे। वे कृष्ण ही तो होंगे, तभी तो अपने नीलकलेवर पर चन्दन का लेप लगाये हुए हैं। भला चन्दन का लेप करने से कहाँ से वे अपनी नीलिमा धोएँगे। चन्दन से सन्तोष नहीं होता तो पीताम्बर से अपने को ढँक लेते हैं। पीताम्बर भी नीलिमा को ढँकने में कहीं समर्थ हुआ है? श्रीकृष्ण तो कृष्ण ही रहते हैं, ऐसे कृष्ण सहज और भोली-भाली गोपवधुओं के बीच में विलस रहे हैं, इसलिए कि इस विलसने से उनका विलास सम्पन्न हो रहा है और तरह-तरह की केलि कर रहे हैं। उस केलि में, उस क्रीड़ा में जो मणि का कुण्डल है, वह हिलता रहता है, एक दीप्ति पैदा करता है, नीलाभ गालों पर एक कौंध पैदा करता है। उस कौंध के साथ श्रीकृष्ण की जादुई मुस्कान अलग कौंधती है। पूरा वातावरण एक विशाल रूपान्तरण का चित्र उपस्थित करता है। इसमें सब सुधि खो देते हैं और यह बेसुधी अलग-अलग रूपों में व्यक्त होती है। कोई तो प्रेमवश उन्हें अपने बाहुपाश में कसती है और इस परिरम्भण में ही अपने को कृतार्थ बना लेती है। एक दूसरी है, जो उनके साथ-साथ पंचम राग की तान उठाकर गाती है, वह कोयल की विह्वल पुकार बनना चाहती है।

कोई केवल श्रीकृष्ण के मुखचन्द्र को ही निरखती रह जाती है, अपलक भाव से निहारती रह जाती है। विशेषकर ऐसी आँखों से देखती है, जो स्थिर नहीं रह पातीं, तरह-तरह के विलास के लिए आतुर हो जाती हैं। ऐसा लगता है कि उन आँखों में ही काम का देवता तरह-तरह के खेल खेल रहा हो। आँखें ही जैसे कामना की भाषा बोल रही हों। ऐसे विलस रहे हैं हरि, सब कुछ हरने वाले हरि, सब कुछ ले लेनेवाले हरि और इस विलास में भोली-भाली चित्तभूमि को विलसा रहे हैं। एक दूसरी युवती भी है जो उनके गाल से सट जाती है मानो उनके कान में कुछ रहस्य कहना चाहती है। इसी बहाने वह उनके गाल को छूते समय जब देखती है कि वहाँ रोमांच छाया है, तो अनुकूल अवसर पाकर उन्हें भरपूर चूम लेती है, भले ही चूमते समय उसका पृष्ठ भाग तक हिला जा रहा हो, जैसे चूमते समय वह स्वयं अपना भार सँभाल न पा रही हो। एक दूसरी है, जो और ढीठ है। वह कुछ और तरह के खेल करना चाहती है और उन्हें खींच ले जाना चाहती है, यमुना के बलुहे झुरमुट में, जिसमें कोई साझीदार नहीं हो और वह उनके रेशमी पीताम्बर को हाथ में खींचती है। चलो, मेरे साथ। श्रीकृष्ण ऐसी उत्कण्ठा के साथ खिंचे चले जाते हैं, यह सोचते हुए कि इसको क्या पता कि मैं खिंच रहा हूँ या यह अपने ही चित्त के क्षोभ से खिंची चली जा रही है। मुझे एकान्त में पाना चाहती है, मेरा एकान्त है कहाँ? मेरा प्यार एक निर्बाध खुला प्यार है। इसमें एकान्त कहाँ? अनेक प्रकार के तो विलास कर रहा हूँ, इसमें एकान्त कहाँ? पर एकान्त का यह भ्रम पालती है। इन सबसे आगे निकली वह गोपी, जो बाँसुरी की ताल मिलाती हुई बाँसुरी के साथ हाथ से ताल देती है और ताल देते समय अपने-आप चूड़ियाँ हिलती हैं और फिर उसी ताल को दूसरा स्वर देने लगती है। ऐसे सधे तालवाली गोपी जब साथ-साथ नाचती है, तो वह रास में रस की सृष्टि करती है, रस में नयी उत्कण्ठा की सृष्टि करती है, रास के एक मूल तत्त्व की ओर संकेत करती है। ताल मिलाओ, स्वर मिलाओ, समवादी बनो, संवादी न बनो। इसलिए नटवर हरि उसकी भूरि-भूरि प्रशंसा करते हैं। ऐसे हैं वनमाली और अनेक-अनेक युवतियों के साथ ऐसा है उनका सधा हुआ नृत्य। युवतियाँ बेसुध हैं, नृत्य बेसुध नहीं है। ऐसे रास में श्रीकृष्ण भी गोपियों की भिन्न-भिन्न चित्ताकृतियों के अनुकूल भिन्न-भिन्न प्रकार की चेष्टा में लग जाते हैं। कोई आलिंगन के लिए उत्कण्ठित है, उसका आलिंगन करते हैं। कोई चूमना चाहती है, उसे चूमते हैं, कोई रमना चाहती है, तो उसके साथ रमण करते हैं। जो भर दीठ देख रही

है, उसे भर दीठ देखते हैं और जो उन्हें ले जा रही है, उसके पीछे-पीछे जाते हैं। सबका मन भरते हैं। सबको पहले खाली कर देते हैं, दूसरी आकांक्षाओं से, दूसरे सन्दर्भों से, दूसरे वातावरण से अलग कर देते हैं और फिर भर देते हैं। श्री जयदेव की इस अष्टपदी में हरि के अनन्त रूपों में हरने का ही व्यापार करनेवाले रहस्य का उन्मीलन है। यह रहस्य है क्या? हरि की केलि उन्हीं भक्तों में विभक्त करना, अपने को अपने प्रेमियों में बाँटना और बाँट करके पूरा होना। यही है इस केलि का रहस्य। इस रहस्य को जो गाएगा, जो इसका अभिनय करेगा, वृंदावन के इस रहस्य को, लालित्य भरे रहस्य को, जो रूपायित करेगा, मुखरित करेगा, उसका सब कुछ शुभ होगा, सब कुछ यश बढ़ानेवाला होगा, क्योंकि यश की भी तो सार्थकता यही है कि सुख-सीमाओं का अतिक्रमण कर जाए, देश और काल को लाँघ जाए। अपने देशकाल में जो यश मिलता है वह यश है कहाँ? इस अष्टपदी के बाद दो और श्लोक हैं, जिनमें पूरी लीला को, नाट्य-प्रबन्ध को जोड़नेवाली टिप्पणी है। अब तक की अष्टपदियों में नाचनेवाली गोपवधुएँ मुग्धा थीं, पर उन मुग्धाओं में बढ़ते-बढ़ते श्रीकृष्ण भी मुग्ध हो जाते हैं, श्रीकृष्ण भी भोले बन जाते हैं। चतुर नागर श्रीकृष्ण की सब चतुराई चली जाती है। इस नाच से वह स्वयं भोले-भाले विह्वल किशोर बन जाते हैं। वे साक्षात् शृंगाररस बन जाते हैं और शृंगाररस तो भोला होता ही है, उसमें छल कहाँ? कहाँ दुराव? भोले न होते तो ऐसी क्रीड़ा को सारे संसार में प्रकटित क्यों कर देते, इतना खुला क्यों कर देते? वे तो चाहते हैं कि इस केलि के रहस्य को समझो, इसे वासना के कलुष के रूप में न लो, इसे विश्वव्यापी महारास के रूप में लो। इसमें इसका उद्देश्य सबको आनन्द देना है, किसी एक को नहीं। श्रीकृष्ण इसी भाव से ऐसा उत्सव रचते हैं। वसन्त में ऐसा मदनोत्सव रचते हैं, जो दूसरे मदनोत्सवों से बिलकुल भिन्न है, क्योंकि इसमें विभिन्न मनोवृत्तियाँ एक हो गयी हैं, एक की ओर ही अभिमुख हो गयी हैं, एक के ही वश में हो गयी हैं और यह तो सम्भव हुआ है, श्रीकृष्ण के नीलकमल जैसे शुद्ध और श्यामल, नीलकमल की पंक्तियों जैसे स्निग्ध श्यामल अंगों की तरह-तरह की गति से। इसी कारण वे एक ही समय चारों ओर सुन्दरियों से घिरे हुए हैं और चारों ओर अंग-अंग से उनका आलिंगन करते हैं। इसे हम मूर्तिमान् शृंगार नहीं कह सकते। कैसे कहेंगे? सबको अपने में भरने वाला और सबके द्वारा भरा जानेवाला जो भाव है वह शृंगार का सार है, शृंगार का परमतत्त्व है। ऐसे परमतत्त्व के साकार रूप श्रीकृष्ण ने एक खेल खेला है।

श्रीकृष्ण के इस रास के कारण श्रीकृष्ण में निहित परम प्रेमतत्त्व, परम पुरुषार्थ के इस प्रकार के खुले प्रकाश के कारण मलयाचल से चन्दनवन में आनेवाली बयार कृतार्थ हो गयी है। ऐसा लगता है कि कहाँ तो चन्दनवन में अंग-अंग में साँप लिपटे रहते थे और कहाँ उस चन्दन के कानन से निकलने को मन? उस चन्दन की गन्ध को, उन भुजंगों के विष से चन्दन की छटपटाती हुई गन्ध को, भुजंगों के विशद जाल से मुक्त करने का एक अवसर मिला है। चलो, उत्तर की ओर जहाँ हिमालय की छाया है, जहाँ ताप भी ठण्डा हो जाता है। यहाँ वृन्दावन में उसी शीतलता की ऐसी बयार आती है, तो रस को आत्मसात् करनेवाले रसाल के शिखर पर रसाल का मुकुट आम की मंजरी की कलियों से रचने लगता है। कोयल उसे देखते ही हर्ष से भर कर कुहू-कुहू करने लगती है। बुलाने लगती है कि वसन्त, अब तुम कितनी दूर रहोगे? वसन्त है क्या? प्राणों की विह्वल पुकार है।

॥ द्वितीयः सर्गः ॥

अक्लेशकेशवः

विहरति वने राधा साधारणप्रणये हरौ
विगलितनिजोत्कर्षादीर्ष्यावशेन गतान्यतः।
क्वचिदपि लताकुञ्जे गुञ्जन्मधुव्रतमण्डली-
मुखरशिखरे लीना दीनाप्युवाच रहः सखीम् ॥1॥

॥ गुर्जरीरागेण गीयते ॥ गीतम् 5॥

सञ्चरदधरसुधामधुरध्वनिमुखरितमोहनवंशम्।
चलितदृगंचलचञ्चलमौलिकपोलविलोलवतंसम् ॥
रासे हरिमिह विहितविलासं स्मरति मनो मम कृतपरिहासम् ॥
ध्रुवम् ॥2॥

चन्द्रकचारुमयूरशिखण्डकमण्डलवलयितकेशम्।
प्रचुरपुरन्दरधनुरनुरञ्जितमेदुरमुदिरसुवेशम् ॥ रासे. ॥3॥

गोपकदम्बनितम्बवतीमुखचुम्बनलम्भितलोभम्।
बन्धुजीवमधुराधरपल्लवमुल्लसितस्मितशोभम् ॥रासे. ॥4॥

विपुलपुलकभुजपल्लववलयितवल्लवयुवतिसहस्रम्।
करचरणोरसि मणिगणभूषणकिरणविभिन्नतमिस्रम् ॥ रासे. ॥5॥

जलदपटलवलदिन्दुविनिन्दकचन्दनतिलकललाटम्।
पीनघनस्तनमण्डलमर्दननिर्दयहृदयकपाटम् ॥ रासे.॥6॥

मणिमयमकरमनोहरकुण्डलमण्डितगण्डमुदारम्।
पीतवसनमनुगतमुनिमनुजसुरासुरवरपरिवारम् ॥ रासे. ॥7॥

विशदकदम्बतले मिलितं कलिकलुषभयं शमयन्तम्।
मामपि किमपि तरङ्गदनङ्गदृशा मनसा रमयन्तम् ॥ रासे. ॥8॥

श्रीजयदेवभणितमतिसुन्दरमोहनमधुरिपुरूपम्।
हरिचरणस्मरणं प्रति सम्प्रति पुण्यवतामनुरूपम्॥ रासे. ॥9॥

गणयति गुणग्रामं भामं भ्रमादपि नेहते
वहति च परीतोषं दोषं विमुञ्चति दूरतः।
युवतिषु वलत्तृष्णे कृष्णे विहारिणि मां विना
पुनरपि मनो वामं कामं करोति करोमि किम् ॥10॥

: ॥ मालवगौडरागेण गीतये ॥ गीतम् 6 ॥

निभृतनिकुञ्जगृहं गतया निशि रहसि निलीय वसन्तम्।
चकितविलोकितसकलदिशा रतिरभसरसेन हसन्तम् ॥
सखि हे केशिमथनमुदारं
रमय मया सह मदनमनोरथभावितया सविकारम् ॥ ध्रुवम् ॥11॥

प्रथमसमागमलज्जितया पटुचाटुशतैरनुकूलम्।
मृदुमधुरस्मितभाषितया शिथिलीकृतजघनदुकूलम् ॥ सखि. ॥12॥

किसलयशयननिवेशितया चिरमुरसि ममैव शयानम्।
कृतपरिरम्भणचुम्बनया परिरभ्य कृताधरपानम् ॥ सखि. ॥13॥

अलसनिमीलितलोचनया पुलकावलिललितकपोलम्।
श्रमजलसकलकलेवरया वरमदनमदादतिलोलम् ॥ सखि. ॥14॥

कोकिलकलरवकूजितया जितमनसिजतन्त्रविचारम्।
श्लथकुसुमाकुलकुन्तलया नखलिखितघनस्तनभारम् ॥ सखि. ॥15॥

चरणरणितमणिनूपुरया परिपूरितसुरतवितानम्।
मुखरविशृङ्खलमेखलया सकचग्रहचुम्बनदानम् ॥ सखि. ॥16॥

रतिसुखसमयरसालसया दरमुकुलितनयनसरोजम्।
निःसहनिपतिततनुलतया मधुसूदनमुदितमनोजम् ॥ सखि. ॥17॥

श्रीजयदेवभणितमिदमतिशयमधुरिपुनिधुवनशीलम्।
सुखमुत्कण्ठितगोपवधूकथितं वितनोतु सलीलम् ॥ सखि. ॥18॥

हस्तस्रस्तविलासवंशमनृजुभ्रूवल्लिमद्बल्लवी-
वृन्दोत्सारिदृगन्तवीक्षितमतिस्वेदार्द्रगण्डस्थलम्।
मामुद्वीक्ष्य विलक्षितं स्मितसुधामुग्धाननं कानने
गोविन्दं व्रजसुन्दरीगणवृतं पश्यामि हृष्यामि च ॥19॥

दुरालोकस्तोकस्तबकनवकाशोकलतिका-
विकासः कासारोपवनपवनोऽपि व्यथयति।
अपि भ्राम्यद्भृङ्गीरणितरमणीया न मुकुल-
प्रसूतिश्चूतानां सखि शिखरिणीयं सुखयति ॥20॥

श्रीकृष्ण के आमोद-प्रमोद से और उसकी चर्चा से श्रीराधा मन में और अधिक कातर हो गयीं—मेरे अनन्य प्रेमी हरि ऐसे कैसे हो गये? ऐसे मेरे बिना कैसे विहार में उनका मन लग रहा है? कैसे उन्होंने मेरे प्रेम को साधारण मान लिया है? कैसे उन्होंने साधारण में ही अपनी रुचि जगा ली है? मेरे रहते हुए मेरी प्रतीक्षा उनसे नहीं हुई और उन्होंने रास शुरू कर दिया। मेरा तो सब कुछ-मान ही घट गया। यह सब सोचते-सोचते राधा ईर्ष्या से जल उठीं और उस स्थान से खिसक गयीं। 'मुझे नहीं देखना है यह सब कुछ। मुझे नहीं सुनना है गोपियों से श्रीकृष्ण के विहार की चर्चा और कहीं किसी दूसरे लतामण्डप में जहाँ पर चारों ओर से भँवरे मँडरा रहे हैं और गुनगुना रहे हैं, उनकी गुनगुनाहट से लताकुंज की चोटी मुखरित हो उठी है। उसके भीतर छिपे रहने में बड़ी राहत है। बाहर के शोर से बचेंगे, बाहर की चर्चा से बचेंगे', पर चर्चा से बचा भी कैसे जाए? श्रीकृष्ण के ध्यान से कैसे बचा जा सकता है? उनके ध्यान से बचने की कोई जगह है ही नहीं। सबसे छिपा जा सकता है, श्रीकृष्ण से नहीं। श्रीकृष्ण तो उपस्थित ही हो जाते हैं और वे सीधे उपस्थित न हों तो उनके लिए प्यार तो उस अनुपस्थिति में और अधिक उमड़ने लगता है। ऐसी

कतरायी हुई राधा एक अत्यन्त गोपन रूप में सखी से कहती है कि किसी से कहना मत, मेरी हँसी उड़ेगी, पर तुम ही कुछ उपाय करना कि यह सब कुछ देखा, सब कुछ सुना, सब कुछ दूसरा था, पर मेरा मन यही कहता है कि मैं भी उनके साथ रमूँ। सखि! ऐसा कर। भले ही यह रास रचा कर प्रियतम ने मेरे हृदय का उपहास किया है, पर ईर्ष्या से मेरा मन यही कहता है, जैसे भी हो, तुम ऐसी जुगत लगाओ कि वे मेरे साथ वैसे ही रमें जैसे रमते थे। श्रीकृष्ण का स्मरण करते हुए तो मुझे यह लगता है–अधर फरक रहे हैं, उनका अमृत बाँसुरी में ढलता जा रहा है और मधुर ध्वनि बनकर बजता जा रहा है, विश्व को मोहित करता जा रहा है। बाँसुरी बजाते समय आँखें भी उनकी नाचती रहती हैं। इसके साथ-साथ सिर भी हिलता रहता है और सिर के हिलने से उनके कान में खुसा हुआ आभूषण उनके गालों पर हिलता रहता है। ऐसे श्रीकृष्ण से मुझे मिलाओ। मुझे उनके साथ रमाओ। मुझसे रहा नहीं जाता। श्रीकृष्ण मोर का पंख अपने सिर में मुकुट बनाकर धारण किये हुए हैं और उनके केश, मोरपंख में जो गोल-गोल, बीच-बीच में छिटका हुआ रहता है, उसे कवि चन्द्रक कहते हैं–छोटा चन्द्रमा कहते हैं। ऐसे असंख्य चन्द्रमा उनके केशों को घेरे हुए हैं। बड़ी तरस और आंशा से घेरे हुए हैं कि कुछ मिल जाए। इस मोरपंख के कारण और इसकी आभा पीत वसन पर पड़ने के कारण ऐसा लगता है कि जैसे हजारों इन्द्रधनुष श्रीकृष्ण के लिए नील कलेवर के आकाश में उग आये हों और श्रीकृष्ण इन्द्रधनुष का वेश पहने खड़े हों। ऐसे श्रीकृष्ण ने मेरे बिना रास किया है, तो भी मुझे उन्हीं के साथ रमना है। कुछ उपाय करो। वह जानती हैं कि हजारों-हजार श्रोणीभारवाली, अलस गतिवाली, गोपललनाएँ उन्हें चूम रही हैं और चूमने का उनका लोभ कम ही नहीं होता। मुझे उन्हीं अधरों के चुम्बन का लोभ हो जाता है। बन्धूक पुष्प की तरह से लाल-लाल रसीले अधरों के कारण ही तो श्रीकृष्ण ऐसे आकर्षक हैं। इन्हीं अधरों से उनकी कुटिल मुस्कान बीच-बीच में दीप्त रहती है। बन्धूक का एक नाम बन्धुजीव भी है। उसका सीधा-सादा अर्थ होता है, अपने बन्धु को जीवन देनेवाला। इन अधरों में अपने साथ बँधे हुए एक विशेष व्यक्ति से हमारी जैसी जीवन की प्यासी नारियों को या कहें उन्हीं की चित्तवृत्तियों को प्राणरस मिलता है। कई प्रकार से मिलता है। इन अधरों के रस से सिंचित वंशी के स्वर से मिलता है। इन अधरों के साक्षात् रस से मिलता है। ऐसा होता है रस। जैसा रस नये लाल आम के पल्लवों का होता है, कुछ-कुछ खट्टा-सा, कुछ कसैला, कुछ पी लेने पर मुँह

में मीठा-मीठा-सा होता है और कुछ केवल आँखों से उनके अधरों पर खिलती हुई मुस्कान के निरखने से होता है। सखि! मुझे वह रस इस वसन्त में नहीं मिला, मेरा तो जन्म व्यर्थ है। मैं देख रही हूँ श्रीकृष्ण की बाँहें हजार-हजार युवतियों को अपने घेरे में लिये हुए हटतीं नहीं और पुलकित होती रहती हैं। उनके हाथों में, पैरों में, छाती पर तमाम मणिमय आभूषण हैं। इन मणियों की कान्ति छिटकती है तो सारा अन्धकार दूर हो जाता है, बाहर का और भीतर का भी। मैं उनके इस चंचल, बलशाली रूप का स्मरण करती हूँ और विलोपित हो जाती हूँ। सखि! मुझे उनके साथ रमाओ। मुझे यहीं से दिख रहा है कि उनके ललाट पर चन्दन का तिलक ऐसे लगा है जैसे बादलों के बीच में चन्द्रमा टाँक दिया गया हो। शायद चन्द्रमा भी इतना सुन्दर कहाँ होगा, बादल भी इतने सुन्दर कहाँ होंगे जैसा इस काले ललाट पर चन्दन का तिलक है और उनका वक्षःस्थल कैसा कठोर है, कैसा निर्दय है। इतनी-इतनी युवतियों को आलिंगन में ले रहा है और उनके वक्षःस्थल मसल कर रख देता है। हरि के वक्ष का तो कुछ बनता-बिगड़ता ही नहीं। वह कठोर को भी मृदु बना देता है और स्वयं कठोर बना रहता है। ऐसे कृष्ण के साथ जुड़ने का मन होता है, उनसे अपनी कठोरता को मृदु कराने का मन होता है।

श्रीकृष्ण के कानों में मकर की आकृति के मणिमय कुण्डल हैं। मकर तो काम के ध्वज में रहता है। ऐसे लगता है जैसे काम की ध्वजा ही उनके कानों में फहरती है और वह उनके गालों तक लहराती है। उनका यह कुण्डल मुझे बुला रहा है। उनका पीताम्बर मुझे बुला रहा है। इस पीताम्बर के पीछे न जाने कितने लोग मोहित हैं। देवता, असुर, मनुष्य, ऋषि-मुनि,. कोई तो ऐसा नहीं जो इस पीताम्बर की एक झलक पाने के लिए पागल न हो। विचित्र तो यह है कि मित्र भी पागल रहते हैं, शत्रु भी पागल रहते हैं। मैं यह जानती हूँ कि वे पीताम्बर क्यों पहनते हैं। पीताम्बर के द्वारा वह मुझे पहनते हैं और अनुभव करना चाहते हैं कि राधा मुझे लपेटे हुए हैं। मुझे उस पीताम्बर बनी राधा के ऊपर और ईर्ष्या होती है। मैं पीताम्बर बनकर सन्तुष्ट नहीं हूँ। मैं उनमें बिलकुल ही लीन होना चाहती हूँ, जैसे सकोरे में पानी जज्ब हो जाता है। मैं अपना सारा रस इस नीलकान्ति में एक बार जज्ब कर देना चाहती हूँ। मुझे मिलाओ, मुझे लग रहा है कि वह मुझे बड़ी प्रेमदृष्टि से देख रहे हैं, बुला रहे हैं, उसी जगह बुला रहे हैं जहाँ पहले मिलते थे। उस कदम्ब के पेड़ के नीचे उसकी घनी छाँह में हमारी भेंट हुई थी, वहीं संकेत देकर बुला रहे हैं। वे बुलाते

हैं तो भीतर के सहज प्यार से बुलाते हैं और दूसरे भाव को शान्त कर देते हैं। एक हल्की-सी मुस्काती दृष्टि से वे मुझे बुलाते हैं। मन में पाप का कोई भाव नहीं रहता कि उनसे मिलने जाना है, कोई लोक का भय नहीं रहता, क्योंकि उनका बुलाना एक ऐसा आह्वान है कि अपने ही भीतर से कोई पुकारने लगता हो, तुम कहाँ भटक रही हो, इधर आओ, तब कहाँ का भय, कहाँ की चिन्ता, कहाँ की कातरता। निर्भय भाव से, शुद्ध भाव से, सहज भाव से उनसे मिलना है, मिलाने का उपाय करो। उन्होंने किया तो बहुत बड़ा अपकार, लेकिन सखि! मैं विवश हूँ, उनके बिना रहा भी तो नहीं जाता है। आग घर में लगती है, सब कुछ जला देती है, लेकिन उसी आग से घर में सुबह-शाम काम पड़ता है। उस आग के बिना कुछ नहीं होता। वे तो मेरे लिए आग से भी अधिक हैं, वे तो मेरे लिए शरीर की ऊष्मा हैं, मेरे जन्म-जन्म के तप की आँच हैं। सब कुछ जल जाए तो भी उनके बिना काम कैसे चलेगा। सखि! उस आग का बड़ा आकर्षण है, उससे झुलसने का भी आकर्षण है और झुलसकर, जलकर, दहककर, अपने को परीक्षित करने का भी आकर्षण है।

श्री जयदेव ने इस अष्टपदी में मधुरिपु के मोहक रूप का वर्णन किया है। मधु असुर के वे शत्रु तो हैं ही, हर प्रकार के मद के भी वे शत्रु हैं। वे मद नहीं रहने देते। वे हर प्रकार के मधुसंचय के शत्रु हैं, क्योंकि वह अधिकार उनका एक ऐकान्तिक है, कोई दूसरा कैसे मधुसंचय कर सकता है। वे सारी मिठास, सारा व्यसन अपने से बाहर जाने देना नहीं चाहते हैं। इसलिए उनकी ओर सहज आकर्षण हो जाता है। वे सारी मधुराई के केन्द्र हैं। वे एक बार मिल जाएँ, तो जीवन भर के व्यसन बन जाते हैं, ऐसे व्यसन जिनके बिना रहा न जा सके। उनका यह रूप उनके चरणों में झुकने का मन बनाता है, पर यह मन केवल पुण्यवान् लोगों का बनता है। बड़े पुण्य से बनता है। श्रीराधा अपने मन से लाचार हैं, यही सोचती रहती हैं। ऐसा है यह मन जो केवल श्रीकृष्ण के गुण देखता है। कभी सपने में भी उनके दोष नहीं देखता। इतना अपकार किया, इसकी कोई गिनती ही नहीं करता। कैसा बावला है मन। उनकी एक दृष्टि मात्र से परम सन्तोष पा जाता है और इतना अधिक सताने पर भी, उस दुःख को दूर से ही भगा देता है। मेरे बिना उन्होंने विहार किया और उनकी तृष्णा इन गँवार गोपियों के लिए हो गयी। लेकिन मैं करूँ क्या? बार-बार यह मेरे प्रतिकूल जानेवाला मन, मेरी बात न सुननेवाला मन उन्हीं की चाह करता है, उसे कोई दूसरी चाह ही नहीं है। उनसे वह अलग ही नहीं हो पाता।

फिर राधा अपनी सखी से आग्रह करती हैं। सखी भी भीतर-भीतर सोचती है कि यह प्यार है ही ऐसा सर्वनाशी, सत्यानाशी, जो 'स्व' नहीं रहने देता, कोई निजता नहीं रहने देता, अपने मन तक को भी अपना नहीं रहने देता, तन की तो बात ही क्या है। राधा सखी से फिर कहती हैं, 'सखि! मैं अपने प्रथम मिलन की याद करती हूँ। उस समय मैं क्या थी और मेरे प्रिय कैसे-कैसे थे। मुझे उसी प्रथम समागम के प्रिय से फिर मिलाओ, फिर रमाओ, क्योंकि यह रमना ही जीवन का सब कुछ है। मैं एकदम निपट एकान्त कुंज में उनसे मिलने गयी और रात में वे छुपे हुए थे। मैं चारों ओर चौंक-चौंककर देखती रही। वे दिख नहीं रहे थे, अन्धे अन्धकार के साथ एकात्म हो रहे थे। वे प्यार के आवेग के रस से, प्यार के रस से हँस पड़े और तब मैंने उन्हें लखा। मैं अपने प्यार की आपूर्ति के लिए इतनी तन्मय हो गयी थी कि अपने को भूल गयी थी और वे भी प्यार से कहीं-न-कहीं अस्थिर हो गये थे। मैंने अपना स्वरूप खो दिया था, उन्होंने भी अपना स्वरूप खोना शुरू किया था। सखि! मुझे उस प्रियतम से मिलाओ। उस कृपालु उदार मनवाले प्रियतम से मिलाओ जो केशी असुर का मथन करनेवाले हैं। केशी घोड़े का आकार लेकर आया था, इन्द्रियाँ भी तो घोड़ा ही हैं। वे इन्द्रियों का भी तो मथन करनेवाले हैं। जैसे दुष्ट घोड़े को सवार तरह-तरह की चाल में दौड़ा कर तोड़ देता है, वैसे ही वे इन्द्रियों को तोड़ते हैं।'

इसमें भगवान् का एक नाम केशिमथन दिया गया है। केशी असुर को थका-थकाकर मारनेवाले हैं। कृष्ण को केशिमथन कहना उपयुक्त है, पर यहाँ और सन्दर्भ भी हैं, केशी घोड़े का रूप लेकर आया था और भगवान् ने ही इन्द्रियों को घोड़ा कहा है। उन्होंने केशी के भीतर के असुर को तो मारा ही, असंख्य-असंख्य युवतियों के इन्द्रिय-परिवार को पूरी तरह मथा, इन्द्रियाँ श्लथ हो गयीं। इन्द्रियाँ चली थीं श्रीकृष्ण को चलाने और उनसे नहीं चला जा रहा है। श्रीकृष्ण ही उन्हें चलाएँ, तो उनसे चला जाएगा। श्रीकृष्ण उन्हें चलाएँगे, तो अपना स्वार्थ साधेंगे अर्थात् उन्हें चलाएँगे तो दूसरे सारे विषयों से उन्हें दूर कर देंगे, केवल अपनी ओर मोड़ देंगे और इन्द्रियाँ ही श्रीकृष्ण का स्पर्श करेंगी, उसमें श्रीकृष्ण का ही भाव रहेगा। श्रीकृष्ण का ही पान करेंगी या जो कुछ भी पान करेंगी उसमें श्रीकृष्ण का ही पान रहेगा। श्रीकृष्ण का ही रस रहेगा। श्रीकृष्ण को ही सूँघेंगी। अपनी घ्राणेन्द्रिय में कोई दूसरी गन्ध महसूस नहीं करेंगी, सिवाय श्रीकृष्ण की गन्ध के। श्रीकृष्ण की गन्ध-तुलसी की माला की

गन्ध से जुड़ी हुई है, तुलसी की माला सनातन प्रीति से जुड़ी हुई है। ये इन्द्रियाँ जो कुछ भी देखेंगी वह श्रीकृष्ण होगा या जिसे भी देखेंगी उसमें श्रीकृष्ण का ही भाव होगा, जो भी सुनेंगी वह श्रीकृष्ण होगा, उनकी वंशी का स्वर होगा, उनके मधुर आलाप का स्वर होगा या जो कुछ सुनेंगी, उसमें यही भान होगा कि श्रीकृष्ण बाँसुरी बजा रहे हैं। इसीलिए केशिमथन के रूप में उनका स्मरण करना बड़ा सार्थक है। श्रीराधा की तैयारी हो चुकी है। इस रास के बाद अब इन इन्द्रियों का मनोरथ ऐसा पूरा हो, ऐसा पूरा हो कि फिर कोई मनोरथ अधूरा न रह जाए, इन्द्रिय-व्यापार ही समाप्त हो जाए। वह व्यापार ही ऐसा शिथिल हो जाए, ऐसा निष्प्राण हो जाए कि अपने-आप झुक जाए, रह जाए केवल इन्द्रियों के अणु-अणु में व्याप्त श्रीकृष्ण के लिए चाह। प्रथम समागम में तो लजा रही थी, लाज से मरी जा रही थी और श्रीकृष्ण ऐसे कि वे एक-से-एक मीठी बातें करते जा रहे थे और ऐसा लगता था कि वे मेरे लिए आकुल हैं। मैं उनसे कुछ सँभलकर मीठी-मीठी मुस्कान के साथ कुछ बोली, तो वे ढीठ हो गये। उन्होंने मेरे वस्त्र शिथिल करने शुरू कर दिये। मुझे अवश कर दिया। मुझे तो उन्होंने नये-नये पल्लवों की सेज पर लिटा दिया और स्वयं मेरे ही वक्षःस्थल पर लेटे रहे। मैं कुछ और ढीठ हुई। मैंने उन्हें बाँहों में कसा और चूमा और उन्होंने मेरे अधरों का पान करते हुए और कस लिया। मेरी आँखें इस अप्रत्याशित सुख से मुँद गयीं, अलसा गयीं। श्रीकृष्ण के गालों पर रोमांच प्रकट हो गया। मैं प्यार की इस लीला में थककर पसीने-पसीने हो गयी, सारा शरीर स्वेद का समुद्र हो गया। श्रीकृष्ण भी इस शरीर के साथ खेलने के लिए प्यार के नशे में और चंचल हो उठे। मैं कोयल की तरह कुहुक उठी और उन्होंने काम की सारी विधियों को प्रयोग में लाना शुरू किया, बड़े सिद्ध कामतत्त्व के जानकार के रूप में। मेरे केशपाश ढीले हो गये, उसमें से फूल झरने लगे, उसमें गुँथे हुए फूल इधर-उधर छितरा गये और उन्हें अवसर मिला। मेरे वक्ष पर उन्होंने नख से जाने क्या-क्या लिख दिया। मेरे नूपुर पैरों के ऊपर उठने से बज उठे। उन्होंने रति की लीला पूरी कर ली। मेरी करधनी चंचल हो उठी और वह भी जैसे कुछ माँगने लगी हो, छोड़ो-छोड़ो। लेकिन वे और अधिक निर्दय हो उठे और उन्होंने मेरे केश हाथों में कसे। वे उन्हें लेकर चूमने लगे। मैं रति के सुख से एकदम अलसा कर पड़ गयी। उसका रस गहते-गहते जैसे लगा सब कुछ उसी में समा गया। उनके भी नयन-कमल थोड़े से मुँदने लगे। आँखें पूरी खुली नहीं रह सकीं, मैं निढाल होकर गिर पड़ी और मधुसूदन का प्यार कृतार्थ

हो गया। श्री जयदेव ने मधुसूदन के प्यार की लीला का जो गीत गाया वह गीत सुख हो जाएगा, ऐसा सुख जो लीला का सुख होगा, एक बड़े महारास का उत्सव होगा। साधारण सुख नहीं होगा, इस प्रथम समागम की चर्चा से जो एक दूसरी लीला की भूमिका उपस्थित होती है, उसके लिए मन को तैयार करेगा। यह दूसरी लीला काव्यलोक की लीला है। यह साधारण लोक की लीला नहीं है। इसमें चित्त की एक दूसरी भूमि होती है। यहाँ पर देह, देह नहीं रहती, देह लीला बन जाती है, देह पदावली बन जाती है।

छठी अष्टपदी के बाद दो श्लोक हैं, दोनों श्लोक सूत्र-संयोजक हैं। रासलीला तो अभिनय के लिए है। श्लोक केवल नेपथ्य में अभिनय की वस्तु को समेटने के अथवा आगे के प्रबन्धसूत्र को संयोजित करने के लिए होता है। इन दोनों श्लोकों का भाव यह है—सखी ने जरा-सा उचककर श्रीकृष्ण को दूर से झाँका तो देखा एकदम से उदास हो गये, हाथ से बाँसुरी खिसक गयी और उन्होंने कटाक्ष के साथ भौंहें टेढ़ी करके गोपियों के समूह को हटा दिया और चारों दिशाओं में देखते-देखते पसीने की बूँदें उनके गालों पर झलक आयीं। ऐसे कृष्ण के हल्की-सी खीस की या लज्जा की मुस्कान से भोले लगनेवाले मुँह को देख रही हों। चारों ओर से घिरे हुए हैं सुन्दरियों से और वहाँ नहीं हैं। एकदम अन्यत्र विस्थापित हो गये हैं। इस कृष्ण, इस गोविन्द के नेत्र इन्द्रियों और गौवों की तलाश में वन-वन घूमनेवाले गोविन्द को देखते हैं, बड़ा अच्छा लगता है। अच्छा तो इसलिए लगता है कि शीघ्र अगर मिलते नहीं, भर मन मिलते नहीं, तो यह वसन्त अच्छा नहीं लगता। यह अशोक की नयी लतिका में इतने फूल आ गये हैं, गुच्छे-के-गुच्छे का खिलना अच्छा नहीं लगता और इस तालाब के पास के बगीचे से जो बयार आ रही है वह भी अंग-अंग दुखा रही है। इधर-उधर भ्रमण करते हुए भौंरों की सुन्दर गूँज भी अच्छी नहीं लगती। आमों के नये-नये बौर अच्छे नहीं लगते और न अब शिखरिणी की छोटी-सी टोलियाँ सुख देती हैं, जहाँ मैं खड़ी हूँ, जहाँ से बैठे-बैठे यह सब देख रही हूँ।

॥ तृतीयः सर्गः ॥

मुग्धमधुसूदनः

कंसारिरपि संसारवासनाबन्धशृङ्खलाम्।
राधामाधाय हृदये तत्याज व्रजसुन्दरीः ॥1॥

इतस्ततस्तामनुसृत्य राधिकामनङ्गबाणव्रणखिन्नमानसः।
कृतानुतापः स कलिन्दनन्दिनीतटान्तकुञ्जे विषसाद माधवः ॥2॥

॥ गुर्जरीरागेण गीयते ॥ गीतम् 7 ॥

मामियं चलिता विलोक्य वृतं वधूनिचयेन।
सापराधतया मयापि न वारितातिभयेन ॥
हरिहरि हतादरतया गता सा कुपितेव ॥ ध्रुवम् ॥3॥

किं करिष्यति किं वदिष्यति सा चिरं विरहेण।
किं धनेन जनेन किं मम जीवितेन गृहेण ॥ हरिहरि. ॥4॥

चिन्तयामि तदाननं कुटिलभ्रु कोपभरेण।
शोणपद्ममिवोपरि भ्रमताकुलं भ्रमरेण ॥ हरिहरि. ॥5॥

तामहं हृदि संगतामनिशं भृशं रमयामि।
किं वनेऽनुसरामि तामिह किं वृथा विलपामि ॥ हरिहरि. ॥6॥

तन्वि खिन्नमसूयया हृदयं तवाकलयामि।
तन्न वेद्मि कुतो गतासि न तेन तेऽनुनयामि ॥ हरिहरि. ॥7॥

दृश्यसे पुरतो गतागतमेव मे विदधासि।
किं पुरेव ससम्भ्रमं परिरम्भणं न ददासि ॥ हरिहरि. ॥8॥

क्षम्यतामपरं कदापि तवेदृशं न करोमि।
देहि सुन्दरि दर्शनं मम मन्मथेन दुनोमि ॥ हरिहरि. ॥9॥

वर्णितं जयदेवकेन हरेरिदं प्रवणेन।
किन्दुबिल्वसमुद्रसम्भवरोहिणीरमणेन ॥ हरिहरि. ॥10॥

हृदि बिसलताहारो नायं भुजङ्गमनायकः
कुवलयदलश्रेणी कण्ठे न सा गरलद्युतिः।
मलयजरजो नेदं भस्म प्रियारहिते मयि
प्रहर न हरभ्रान्त्यानङ्ग क्रुधा किमु धावसि ॥11॥

पाणौ मा कुरु चूतसायकममुं मा चापमारोपय
क्रीडानिर्जितविश्व मूर्छितजनाघातेन किं पौरुषम्।
तस्या एव मृगीदृशो मनसिजप्रेङ्खत्कटाक्षाशुग-
श्रेणीजर्जरितं मनागपि मनो नाद्यापि सन्धुक्षते ॥12॥

भ्रूचापे निहितः कटाक्षविशिखो निर्मातु मर्मव्यथां
श्यामात्मा कुटिलः करोतु कबरीभारोऽपि मारोद्यमम्।
मोहं तावदयं च तन्वि तनुतां बिम्बाधरो रागवान्
सद्वृत्तस्तनमण्डलस्तव कथं प्राणैर्मम क्रीडति ॥ ॥13॥

तानि स्पर्शसुखानि ते च तरलाः स्निग्धा दृशोर्विभ्रमास्
तद्वक्त्राम्बुजसौरभं स च सुधास्यन्दी गिरां वक्रिमा।
सा बिम्बाधरमाधुरीति विषयासङ्गेऽपि चेन्मानसं
तस्यां लग्नसमाधि हन्त विरहव्याधिः कथं वर्धते ॥14॥

भ्रूपल्लवं धनुरपाङ्गतरङ्गितानि
बाणा गुणः श्रवणपालिरिति स्मरेण।
तस्यामनङ्गजयजङ्गमदेवतायाम्
अस्त्राणि निर्जितजगन्ति किमर्पितानि ॥15॥

श्रीकृष्ण ने जब राधा को इतनी दूर देखा और रास से राधा को मुड़ते हुए देखा, तो फिर उनका वहाँ रहना दुस्सह हो गया। राधा तो संसार की वासना

के बन्धन की शृंखला से मुक्ति है। कहाँ वे दिखते! एकदम जहाँ थे, वहाँ से जैसे संसार से पहले सर्ग से एकदम उखड़ गये। अब वे सुन्दरियों को वहीं इस रूप में छोड़कर कहीं चले गये। चले नहीं गये, वे राधा की खोज करते रहे और खोज करते-करते ऐसा उन्हें लगा कि काम के बाणों के आघात और तीखे पड़ रहे हैं। मन में पहले पछतावा हुआ। राधा नहीं मिलीं, वे यमुना के किनारे के पहले के एक ऐसे परिचित कुंज में चले गये, जहाँ उनसे राधा से भेंट हुआ करती थी। माधव, ऐसे माधव भीतर-भीतर विषाद से भर उठे–'मुझसे बड़ी भूल हुई।'

'हाय, मन नहीं मिला। वह नाराज-सी कहीं चली गयी। मुझे उसने यहाँ देखा, गोप-वधुओं के समूह से घिरा हुआ हूँ और मुझसे गलती हो ही गयी थी, चूक हो गयी थी। मैं इतना सहम गया था कि मैं उसे रोक नहीं सका। उसी समय वह नाराज होकर चली गयी।'

'वह इस क्रोध में क्या कर बैठेगी, क्या खाएगी? इतना भारी पड़ेगा उसे यह विरह। इसलिए प्रणयकोप के कारण भी असह्य है, और यह एक दोहरा विरह है–अपने ही मन की तरंगों से प्रेरित होकर मोल लिया हुआ विरह। इस विरह के भार में क्या कर बैठेगी, नहीं सोच पाता। उसके बिना धन, जीवन सब बेकार है। वह घर ही क्या उसके बिना, सब बेकार है, राधा ही तो मेरा घर है। यही चित्त का घर है। वह चली गयी तो इस जीवन में रखा क्या है? मैं जब सोचता हूँ कि कैसा होगा उसका मुख? भौंहें टेढ़ी मानो कोप के भार से टेढ़ी हो गयी हों, मानो लाल-लाल कमल के ऊपर भौंरों की पंक्ति से और काली हो गयी हों। मैं तो सोचता हूँ और सिहर जाता हूँ। हाय उसे जो मान मिलना था, नहीं मिला, नाराज होकर चली गयी। आज भी मैं उसे हृदय से संलग्न पाता हूँ और रात-रात उस हृदयरूपी राधा को रमाना चाहता हूँ। अब क्या मैं बिलकुल उसके पीछे-पीछे चलूँ? यहीं बैठे-बैठे व्यर्थ विलाप करूँ, वह तो चली गयी। हे प्रिये, मैं सब जानता हूँ। तुम्हारा हृदय मेरे प्रति कितना खिन्न हुआ होगा। कुछ सोच सकता हूँ, ऐसी उपेक्षा कि मैं क्या करूँ? मैं जानता ही नहीं तुम कहाँ गयीं? जानता तो मैं तुम्हें मनाता, पर तुम तो एक अवसर भी न दे सकीं और तुरन्त तिनककर चली गयीं। तुम बिलकुल सामने ही आती-जाती दिख रही हो। पर क्या कारण है कि तुम पहले की तरह घबराकर अपने आलिंगन में मुझे कस नहीं रही हो। राधा, तुम आ जाओ। संकेत दो, कहाँ हो। क्षमा करना। अब ऐसा अपराध मुझसे आगे कभी नहीं होगा। सुन्दरी,

दर्शन दो। मैं काम के ताप से झुलसा जा रहा हूँ।' जयदेव कवि ने यहाँ श्रीकृष्ण के आकुल होने का वर्णन किया। जयदेव जो स्वयं किन्दुबिल्व कणों के गाँव के समुद्र में पैदा हुए चन्द्रमा हैं, जो रोहिणी-रमण श्रीकृष्णचन्द्र का स्मरण करते हैं, रोहिणी नक्षत्र के चन्द्रमा हैं, जिसमें वे ज्योतिषियों को ऊँचे लगते हैं। जयदेव सूत्रधार के रूप में कृष्ण के विलाप का विशद वर्णन पाँच श्लोकों में करते हैं। कृष्ण तो विह्वल बावले हो गये हैं। प्रलाप करते हैं–'यह मेरे हृदय के कमल के नाल के सूतों से बनी माला नहीं है, यह तो लगता है कोई काला साँप है, मेरे हृदय पर लोट रहा है। यह मेरे गले में लाल कमल की पंक्ति नहीं है, यह तो विष की चमक है। लाल-लाल जलती हुई विष की चमक है। मेरे शरीर पर लेप किया हुआ चन्दन, चन्दन नहीं है, यह प्रिया के बिना अब चिताभस्म है।' कामदेव से कहते हैं कि 'तुम क्यों मुझे शंकर समझ कर बार-बार मेरे ऊपर आघात करने के लिए दौड़ रहे हो। तुम्हें जो यह साँप की तरह कमलनाल के सूतों की माला दिखती है, इसके कारण भ्रम में नहीं पड़ो, यह मेरे गले में नीले कमलों की पंक्ति है, यह विष की नीलिमा नहीं है, यह मेरे शरीर में आलिप्त चन्दन है, चिताभस्म नहीं है। कुछ वैसे ही मैं प्रिया के बिना निष्प्राण हो रहा हूँ। क्यों मेरे ऊपर प्रहार कर रहे हो? मत लो हाथ में आम के बौरों का बाण। मत इसे अपने धनुष पर चढ़ाओ। यह तुम्हारा कौन-सा पौरुष है कि जो आदमी आधा मर चुका है, बेहोश हो रहा है, उसके ऊपर असाध्य विष! अपने और अपने खेल से विश्व को जीत लेनेवाले कामदेव! क्यों मुझे पहले ही से आहत होने पर भी आघात कर रहे हो। मैं तो पहले ही से उस मृगनयनी के कटाक्षों के बाणों से, जो तुम्हारे बाणों से अधिक तीखे हैं, जर्जर हो उठा हूँ। मेरा मन पता नहीं आज भी क्यों इतने आघात के बाद भड़क क्यों नहीं उठा है।' एकाएक श्रीकृष्ण अदृश्य राधा को सम्बोधित करते हैं–'हे, छरहरे शरीरवाली, हे छरहरी देहयष्टिवाली राधा, सोचो–तुम क्यों अपनी भौंहों को धनुष बनाकर कटाक्ष के बाण फेंक रही हो, जिससे मेरा मन वेधित हो उठे। अरे, तुम्हारा केशपाश जो खुल गया है, काला-काला, कुंचित केशपाश, वही पर्याप्त है काम को जगाने में और उसकी मारक पीड़ा देने में यह लाल-लाल तुम्हारा अधर ही मुझे मूर्छित कर रहा है। यह तुम्हारे गोल-गोल स्तन मेरे प्राणों से क्यों खेल रहे हैं? क्यों मुझे इस तरह और रह-रहकर इतनी पीड़ा पहुँचा रही हो?'

'मैं तो उस क्षण को पाना चाहता हूँ, जब तुम्हारा स्पर्श पुलकित करता था। तुम्हारी आँखों की प्रीति, एकदम तरल प्रीति रसधार बनती हुई मुझे

संजीवित कर रही थी। तुम्हारे बदन-कमल का सौरभ मुझे आप्लावित कर रहा था, तुम्हारी बाँकी बातें अमृत बरसा रही थीं, तुम्हारे लाल अधरों की माधुरी मुझे अमृत का आस्वाद दे रही थी और मैंने तो तब समाधि में विषयासक्ति छोड़ दी। इस समय विरह की व्याधि क्यों तुम्हारी पीड़ा दे रही है, क्यों क्षण-क्षण बढ़ती जा रही है?'

'तुम्हारी नये-नये कोंपल की तरह कुछ लाल, कुछ घनी नीली भौंहें धनुष हैं। तुम्हारे कटाक्ष की लहरें बाण हैं। तुम्हारे कानों में लटकती हुई लट की डोरी है। ऐसा लगता है कि कामदेव ने तुम्हें अपने सारे अस्त्र सारे संसार को जीतकर यह मानकर समर्पित कर दिये हैं कि तुम तो काम को भी जीतनेवाली हो, अब इन अस्त्रों को लेकर क्या करूँगा।'

श्रीकृष्ण का यह विलाप इस काव्य की एक नयी दृष्टि से योजना है। इस काव्य का उद्देश्य ही है कि राधा को केन्द्र में लाकर कृष्ण को धीरे-धीरे उनके वश में करना, उनके अधीन करना। प्रारम्भ का रास तो कृष्ण की उपेक्षा का है, पर उनकी यह उपेक्षा उनके लिए इतनी भारी पड़ती है कि वे पूरी रात अपने को अपने उस निकुंज में बिलखते हुए बिता देते हैं और उन्हें लगता है कि श्रीकृष्ण होना सार्थक तभी है, जब राधा अनुकूल हो। श्रीकृष्ण को—विश्वमोहन को मोहित करनेवाला यह तत्त्व स्थापित करने के लिए ही वसन्त के रास का आरम्भ है और वसन्त के रास में एक प्रमाद है जो राधा के बिना है। मुझे ऐसा लगता है यह सब राधा के चित्त में घटित हुआ है। राधा के चित्त में ही यह रास होता है। इस रास में उपेक्षा की प्रतीति होती है। उस प्रतीति से मन में एक बिलगाव आता है, प्रेम होता है, यह बिलगाव मिलने के लिए आतुर करता है, जो विरह को ही बढ़ाता है। मिलन की स्मृति ही विरह को और बढ़ाती है। विरह के बढ़ते ही मिलन की स्मृति और वेधक हो जाती है। उसी स्मृति के साथ-साथ राधा को भी यही लगता है और उन्हें भी तो लगा होगा कि राधा नहीं है। ऐसा रास, किस प्रयोजन का रास! वे भी तो नहीं होंगे और मिलकर उन्होंने भी तो अनुभव किया होगा। अब वे क्यों नहीं मिलते।

॥ चतुर्थः सर्गः ॥

स्निग्धमधुसूदनः

यमुनातीरवानीरनिकुञ्जे मन्दमास्थितम्।
प्राह प्रेमभरोद्भ्रान्तं माधवं राधिकासखी ॥1॥

॥ कर्णाटरागेण गीयते ॥ गीतम् ८ ॥

निन्दति चन्दनमिन्दुकिरणमनु विन्दति खेदमधीरम्।
व्यालनिलयमिलनेन गरलमिव कलयति मलयसमीरम् ॥
सा विरहे तव दीना
माधव मनसिजविशिखभयादिव भावनया त्वयि लीना ॥ ध्रुवम् ॥2॥

अविरलनिपतितमदनशरादिव भवदवनाय विशालम्।
स्वहृदयमर्मणि वर्म करोति सजलनलिनीदलजालम् ॥ सा वि. ॥3॥

कुसुमविशिखशरतल्पमनल्पविलासकलाकमनीयम्।
व्रतमिव तव परिरम्भसुखाय करोति कुसुमशयनीयम् ॥ सा वि. ॥4॥

वहति च गलितविलोचनजलभरमाननकमलमुदारम्।
विधुमिव विकटविधुन्तुददन्तदलनगलितामृतधारम् ॥ सा वि. ॥5॥

विलिखति रहसि कुरङ्गमदेन भवन्तमसमशरभूतम्।
प्रणमति मकरमधो विनिधाय करे च शरं नवचूतम् ॥ सा वि. ॥6॥

प्रतिपदमिदमपि निगदति माधव तव चरणे पतिताहम्।
त्वयि विमुखे मयि सपदि सुधानिधिरपि तनुते
तनुदाहम् ॥ सा वि. ॥7॥

ध्यानलयेन पुरः परिकल्प्य भवन्तमतीव दुरापम्।
विलपति हसति विषीदति रोदिति चञ्चति मुञ्चति तापम्
॥ सा वि. ॥8॥

श्रीजयदेवभणितमिदमधिकं यदि मनसा नटनीयम्।
हरिविरहाकुलवल्लवयुवतिसखीवचनं पठनीयम् ॥ सा वि. ॥9॥

आवासो विपिनायते प्रियसखीमालापि जालायते
तापोऽपि श्वसितेन दावदहनज्वालाकलापायते।
सापि त्वद्विरहेण हन्त हरिणीरूपायते हा कथं
कन्दर्पोऽपि यमायते विरचयञ्शार्दूलविक्रीडितम् ॥10॥

॥ देशाख्यरागेण गीतये ॥ गीतम् 9 ॥

स्तनविनिहितमपि हारमुदारम्।
सा मनुते कृशतनुरतिभारम् ॥
राधिका विरहे तव केशव ॥ ध्रुवम् ॥11॥

सरसमसृणमपि मलयजपङ्कम्।
पश्यति विषमिव वपुषि सशङ्कम् ॥ राधिका. ॥12॥

श्वसितपवनमनुपमपरिणाहम्।
मदनदहनमिव वहति सदाहम् ॥ राधिका. ॥13॥

दिशि दिशि किरति सजलकणजालम्।
नयननलिनमिव विगलितनालम् ॥ राधिका. ॥14॥

नयनविषयमपि किसलयतल्पम्।
कलयति विहितहुताशविकल्पम् ॥ राधिका. ॥15॥

त्यजति न पाणितलेन कपोलम्।
बालशशिनमिव सायमलोलम् ॥ राधिका. ॥16॥

हरिरिति हरिरिति जपति सकामम्।
विरहविहितमरणेव निकामम् ॥ राधिका. ॥17॥

श्रीजयदेवभणितमिति गीतम्।
सुखयतु केशवपदमुपनीतम् ॥ राधिका. ॥18॥

सा रोमाञ्चति सीत्करोति विलपत्युत्कम्पते ताम्यति
ध्यायत्युद्भ्रमति प्रमीलति पतत्युद्याति मूर्च्छत्यपि।
एतावत्यतनुज्वरे वरतनुर्जीवेन्न किं ते रसात्
स्वर्वैद्यप्रतिम प्रसीदसि यदि त्यक्तोऽन्यथा नान्तकः ॥19॥

स्मरातुरां दैवतवैद्यहृद्य त्वदङ्गसङ्गामृतमात्रसाध्याम्।
विमुक्तबाधां कुरुषे न राधामुपेन्द्रवज्रादपि दारुणोऽसि ॥20॥

कन्दर्पज्वरसंज्वरातुरतनोराश्चर्यमस्याश्चिरं
चेतश्चन्दनचन्द्रमःकमलिनीचिन्तासु सन्ताम्यति।
किन्तु क्लान्तिवशेन शीतलतनुं त्वामेकमेव प्रियं
ध्यायन्ती रहसि स्थिता कथमपि क्षीणा क्षणं प्राणिति ॥21॥

क्षणमपि विरहः पुरा न सेहे
नयननिमीलनखिन्नया यया ते।
श्वसिति कथमसौ रसालशाखां
चिरविरहेण विलोक्य पुष्पिताग्राम् ॥22॥

इसलिए सोचती है राधा कि सखी को भेजें, उन्हें बुला लें, उनको खोजकर बुला लें। वह जानती तो है कि वह हैं कहाँ? वे वहीं होंगे, जहाँ उन्होंने मुझे पहले बुलाया था। वहीं अभिसार का स्थल है। इसलिए वहाँ यमुना के किनारे के बेंत के झुरमुट में एकदम निढाल पड़े हुए माधव के पास आकर गोपी, राधिका की सखी सन्देश देने लगी। कृष्ण तो पहले ही प्रेम के नये उफान से ऊभचूभ हो रहे थे। सखी कहती है–'हे माधव! वह तुम्हारे विरह में एकदम दीनहीन हो गयी है। एकदम असहाय हो गयी है। चन्दन लगाते हैं तो चिल्ला उठती है कि यह क्या कर रही हो, यह चन्दन तो ताप दे रहा है। चन्द्रमा की

किरणें आसपास पड़ती हैं तो उसे लगता है, जाने क्या नया आक्रमण हो रहा है, नया आघात हो रहा है, जाने कितनी सुइयाँ बेध रही हैं। दक्षिण की बयार चलती है, तो लगता है कि जहर उगल रही है। आखिर है तो उसी मलयाचल की न, जहाँ चन्दन पर साँप लिपटे रहते हैं। यह बयार थोड़े ही है, यह तो साँप की, अगणित सर्पों की फुंकार है। उसे इतना डर लगा है कामदेव के बाणों से, वसन्त के फूलों से, वसन्त की चन्द्रिका से (यह सब काम की सेना ही तो है), वसन्त की बयार से, वसन्त की खिली हुई चाँदनी से, वह घबराकर ध्यान के द्वारा तुममें लीन हो रही है। तुममें लीन होने का अर्थ ही है कि कामदेव फिर उसे न पा सके।

कामदेव निरन्तर बाणों की वर्षा कर रहा है, ऐसा लगता है कि उसका तूणीर अक्षय है और एक बाण निकालने के बाद दूसरा बाण धनुष में चढ़ाने में जरा भी देर नहीं लगा रहा है, बाण पर बाण फेंके जा रहे हैं, जिससे सारे संसार में क़म-से-कम मेरे संसार में आग लग जाए। राधा यह देखती है तो अपने हृदय को मर्म के आघात से बचाने के लिए कमल के दलों से एक जाल बुनती है कि यह कवच का काम करेगा। माधव! तुम्हारे विरह में वह निरुपाय होकर उपाय भी सोचती है तो क्या सोचती है! कमलदल तो वैसे ही उसके बाण हैं और वह कवच कहाँ से होगा? उसे अपना कवच बनाकर अपना कष्ट और बढ़ा रही हैं। पहले ही उसमें जल टपक रहा है। सतही तौर पर वह शीतल लग रहा है, परन्तु प्रभाव तो उसका और ताप पहुँचानेवाला है। वह फूलों की सेज बिछाती है और फूलों की सेज बाणों की शय्या बन जाती है और ऐसी शय्या बन जाती है, जिसमें बाण एक क्षण भी विराम नहीं लेते, तरह-तरह की कला का प्रयोग करते हैं, तरह-तरह से चुभते हैं। ऐसा लगता है कि यह शय्या उसने एक तप के रूप में स्वीकारी है। बिना बाणों की सेज पर सोये बाणों की सेज सदृश शेष के फणों पर सोनेवाले कृष्ण मिलेंगे, कृष्ण का आलिंगन मिलेगा?

बिना बाणों की शय्या का क्षण-क्षण का वेध सहे श्रीकृष्ण कहाँ मिलेंगे। वे तो सूली की सेज पर ही मिलते हैं। वे मेरे चित्त में अभिमान का एक-एक कण विदीर्ण करके रख देंगे, तभी मिलेंगे। माधव, राधा एकदम निरुपाय हो गयी है। उसकी आँखों से आँसू का तार टूटता नहीं और ऐसा लगता है कि आँखें गल गयी हों और उनकी आर्द्रता चुकने को न आ रही हो। मुखकमल पर ढुलनेवाले आँसू उसे सुन्दर बना देते हैं। ऐसा लगता है जैसे वह कमल न

हो चन्द्रमा हो, जिसको राहु अपने दाँतों से धीरे-धीरे चबा रहा हो और एक-एक घाव से अनन्त अमृत की धार चूस रहा हो। राधा क्या सोचे कि उसका मुख कमल है कि चन्द्रमा है? वह तो एकदम उद्भ्रान्त हो रही है। प्रेम के भँवर में डूब-उतरा रही है। एकान्त पाती है तो कस्तूरी के रस से आपको लिखती है, आपको रचती है और आपको ऐसे रचती है कि आपका रूपान्तरण (आप ही कामदेव हैं) काम रूप में हो, बाण के रूप में हो गया हो। उस बाण की तरह से आप कुटिल हो गये हों और आपको प्रणाम करती है, फिर आपके हाथ में काम का सबसे शक्तिशाली बाण आम्र की बौर अंकित कर देती है। वह भूल जाती है कि इससे तो प्यार और वेधक होगा, मार और गहरी होगी। आप कामदेव का रूप ले लेंगे तो फिर मेरा कुछ भी नहीं बचेगा। पर माधव बनी राधा एकदम सुधबुध खो देती है।

क्षण-क्षण बात-बात में यही कहती है कि माधव! तुम्हारे चरणों में पड़ी हूँ। तुम्हारे विमुख होने पर यह अमृत-कलश चन्द्रमा मेरे शरीर में दाह ही पैदा करता है। क्यों मुझे ऐसे तपा रहे हो, एकाएक वह फिर ध्यान लगाती है और आपको उस ध्यान में बिलकुल सामने उपस्थित पा जाती है, योगी जिसे भले ही कठिन तप करके भी न पाएँ। बिलखने लगती है और ऐसा उन्माद चढ़ा हुआ है कि दूसरे ही क्षण अट्टहास कर उठती है। कहती है आज मिले तो तुम्हें देखूँगी, तुम्हें शिक्षा दूँगी। तुमने ऐसा अपराध क्यों किया? फिर दूसरे ही क्षण विषाद करने लगती है। क्या मेरा कुछ बचा रह गया है कि मैं कुछ करूँगी और दुर्बल पड़कर रोने लगती है। इधर से उधर छटपटाने लगती है। छनछनाने लगती है और उसके शरीर से ऐसा लगता है कि भाप निकल रही है, भीतर के ताप की आँच बाहर आ रही है। इसे इस रूप में भी ले सकते हैं कि ध्यान के द्वारा अपने को लीन करके राधा इन समस्त व्यापारों और व्याधियों को झोंककर सारे तापों से रहित हो जाती है।'

श्री जयदेव की यह अष्टपदी मन से अभिनय में उतारने योग्य है। और इसके साथ ही बार-बार हरि के विरह में व्याकुल राधा की सखी का वचन पढ़ने योग्य है। इसके साथ अभिनय के द्वारा, वाचन या ज्ञान के द्वारा जो जुड़ेगा वह बहुत पुण्यवान् होगा। वह साधारण चित्त की भूमि से नहीं जुड़ पाएगा। जुड़ने पर उसे संसार अयथार्थ लगेगा, अवास्तविक लगेगा। और जब वह यमुना के तट के बालू में भरे हुए रस से सिक्त होकर जुड़ेगा तो उसे वही सच लगेगा और दूसरे सच एकदम झूठ लगेंगे। सखी के ही मुख से जयदेव पूरी अष्टपदी

का अंर्थ समेटते हैं। तुम्हारे विरह में घर जंगल हो जाता है। सखियों की पंक्ति एक बड़ा जाल-सी लगती है, फँसाव लगती है। गरम-गरम साँस लेने से जो ताप व्यक्त होता है, वही साँस लेती है तो जो भाप बाहर आती है वह दावानल की ज्वाला जैसी लगती है और वह उस ज्वाला में फँसी हुई एक मासूम हरिणी जैसी लगती है। हाय, कैसे यह कामदेव यमराज जैसा लगता है। शार्दूल-विक्रीडित काम है, बाघ की तरह झपट्टा मारता हुआ, और इस श्लोक का छन्द है शार्दूलविक्रीडित और यह पूरा छन्द ही जैसे कामदेव की क्रीड़ा हो। अभी सखी पूरा सन्देश दे नहीं पायी, सखी पूरी बात कह नहीं पायी। नये सिरे से राधा की व्यथा का वर्णन करने लगती है। देशराग में गाने लगती है। 'केशव! राधा तुम्हारे विरह में ऐसी अटपटी बातें सोचती है कि उसकी बात कही नहीं जाती। अपने वक्षःस्थल पर जो मृणाल-सूत्रों की माला रखी हुई है, उसको अपने कृश शरीर के लिए भार मानती है, उसे फेंक देना चाहती है। तुम्हारे विरह में सारे आभूषण भारी नहीं हो गये हैं, एक तरह से शाप हो गये हैं। कितना तो शीतल होता है मलय-चन्दन का लेप, इतना चिकना, इतना सरस और उसे समझती है कि यह विष से लेपन किया जा रहा है। उसे इतना डर हो गया कि विरह को दूर करने के उपायों से अपनी गरम-गरम उसाँस छोड़ती है तो लगता है कि सारा शरीर धधक रहा है, मदन की आग में धधक रहा है या यों सोचें कि मदन ही इस आग में धधक रहा है। राधिका तुम्हारे विरह में कैसी हो गयी है क्या बताऊँ? इधर देखती हूँ, उधर आँसू देखते-देखते ढलकने लगते हैं, एक तरह से उसके आँसुओं के तारों से दिशाएँ आबद्ध हो जाती हैं, एक जाल-सा तन जाता है, दिशाएँ उसके आँसुओं में अवरुद्ध हो जाती हैं, तब उसकी आँखें ऐसी लगती हैं जैसे एक कमल हो, पर उसका नाल विगलित हो गया हो। और नाल जब गल जाए तो कमल की भी स्थिति नहीं रहती है। वैसी ही इन आँखों की कोई स्थिति नहीं है। कहीं ठहरती नहीं, कोई आधार नहीं है, जिस पर टिक करके कुछ देख सके। सामने नये-नये लाल-लाल किसलयों की शय्या दिखती है, उसे लगता है कि यह तो चिता रची गयी है, आग जिसमें धधक रही है। उसकी एक हथेली बराबर उसके गालों पर लगी रहती है। हथेली कभी छोड़ती नहीं। उसे सुरक्षा-सी प्रदान करती रहती है, जैसे सन्ध्या बालचन्द्र को टिकाये रखती है, उसे छोड़ती नहीं। यह बच्चा है, रात के अँधेरे में खो न जाए। निरन्तर 'हरि-हरि' ही जपती रहती है। बड़े प्यार से जपती रहती है। मानो उसने निश्चय कर लिया है कि मरना है। विरह का यही

विधान है। यह विरह जीने नहीं देगा। अब हरि का ही स्मरण करना ठीक है।'

श्री जयदेव के द्वारा गाया हुआ यह गीत 'भक्तजनों को सुख देगा,' राधा की इस चित्त-भूमि का स्मरण सीधे केशव-चरणों में पहुँचेगा। इस अष्टपदी के अन्त में चार श्लोकों में राधा के विरह की कथावस्तु पुनः बतलायी जाती है। यह पुनरावृत्ति नहीं है, अतिरिक्त बल के साथ बार-बार जोर देकर यह कहने का प्रयत्न है कि इतना सब कुछ कैसे कह रहे हैं? हम अभी पूरी तरह से राधा के विरह को अपनी वाणी में उतार नहीं पा रहे हैं, ऐसा बार-बार कहना पड़ता है। इसके पहले राधा की दशा का वर्णन कर चुके हैं, अब श्रीकृष्ण की दशा का वर्णन करेंगे। ऐसे क्षण में क्या देह की स्थिति रहती है, रोमांच बन जाती है। सारा शरीर पुलक बन जाता है। इसके बाद सिसकने लगती है और रोने लगती है, काँपने लगती है और यह सब करते हुए भीतर-भीतर जलती रहती है। इसी ताप में वह ध्यान करती है। ध्यान में ही उनके साथ ध्यान करते-करते वह बजने लगती है, जैसे मृदंग बन जाती हो। आँखें मूँद लेती है, मानो सारे इन्द्रिय-व्यापार स्थगित कर देती है। निस्स्पृह होकर उन पर पड़ जाती है। उठती है, उठते ही फिर मूर्छित हो जाती है। ऐसा है भयंकर कामज्वर, बोलो कैसे जिएगी? तुम तो साक्षात् दिव्य वैद्य हो। तुम्हीं अपने रस से उसे जिला सकते हो। तुम्हारा रस, तुम्हारा यह रस ही एक उसकी संजीवनी होगा। तुम्हारे हाथ जोड़ती हूँ, कृपा करो। तुमने रस छोड़ दिया तो मृत्यु ही उपस्थित है। इस अवस्था में वह पहुँच गयी है कि काम उसका रोग बन गया है। उसकी आधि आधि ही नहीं रही है, शरीर की व्याधि हो गयी है। अब तो सिवाय तुम्हारे अंग-स्पर्श के अमृत के वह रोग ठीक नहीं होगा। वह असाध्य हो चुका है, इसलिए हे वैद्यदेव! तुम्हीं उसके लिए हृदयस्पर्शी औषध देने में समर्थ होगे। यदि तुम उसकी बाधा न दूर करोगे तो निश्चय ही यह मानूँगी कि तुम इन्द्र के वज्र से भी अधिक कठोर हो।

कामज्वर अब सन्निपात की अवस्था को प्राप्त हो गया है और आश्चर्य तो यह है कि अभी तक इसके ज्वर को दूर करने के सारे उपाय व्यर्थ हो गये हैं। न चन्दन का लेप काम करता है और न चन्द्रमा की शीतल चाँदनी, न कमलिनी। इसके कारण स्थिति तो यह हो गयी है कि इन उपायों को सोचकर वह और अधिक जलने लगती है। ज्वर कभी-कभी चढ़ते-चढ़ते, तोड़ते-तोड़ते इतना थका देता है कि शरीर एकदम स्वेद के प्रभाव के कारण शीतल हो जाता है। इस अवस्था में वह केवल तुम्हारा ही ध्यान करती है। और विरह में क्षीण

होकर भी वह उस ध्यान के क्षण को उत्सव मानकर प्राण पाती है। उसके लिए और कोई सुख है ही नहीं, जो कभी तुमसे एक क्षण अलग रहना सह नहीं पाती थी। कभी-कभी जब आँख-मिचौनी खेलते थे और आँखें मूँद लेते थे, तुम दिखते नहीं थे। इतने में ही व्याकुल हो जाती थी। सोचिए, वह इस समय कैसे साँस ले रही है, कैसे जी रही है? विशेष रूप से यह देख कर कि रसाल की शाखा, आम की डाल पुष्पिताग्र हो उठी हो। उसकी हर डाल के सिरे पर बौर आ गये हैं। इस बौरे हुए आम की डाल को देखकर भी जीना कितना कठिन है!

॥ पञ्चमः सर्गः ॥

साकांक्षपुण्डरीकाक्षः

अहमिह निवसामि याहि राधाम्
अनुनय मद्वचनेन चानयेथाः।
इति मधुरिपुणा सखी नियुक्ता
स्वयमिदमेत्य पुनर्जगाद राधाम् ॥1॥

॥ देशीवराडीरागेण गीयते ॥ गीतम् 10॥

वहति मलयसमीरे मदनमुपनिधाय।
स्फुटति कुसुमनिकरे विरहिहृदयदलनाय॥
तव विरहे वनमाली सखि सीदति ॥ ध्रुवम् ॥2॥

दहति शिशिरमयूखे मरणमनुकरोति।
पतति मदनविशिखे विलपति विकलतरोऽति ॥ तव वि. ॥3॥

ध्वनति मधुपसमूहे श्रवणमपिदधाति।
मनसि वलितविरहे निशि निशि रुजमुपयाति ॥ तव वि. ॥4॥

वसति विपिनविताने त्यजति ललितधाम।
लुठति धरणिशयने बहु विलपति तव नाम ॥ तव वि. ॥5॥

भणति कविजयदेवे विरहिविलसितेन।
मनसि रभसविभवे हरिरुदयतु सुकृतेन ॥ तव वि. ॥6॥

पूर्वं यत्र समं त्वया रतिपतेरासादिताः सिद्धयस्
तस्मिन्नेव निकुञ्जमन्मथमहातीर्थे पुनर्माधवः।

ध्यायंस्त्वामनिशं जपन्नपि तवैवालापमन्त्रावलीं
भूयस्त्वत्कुचकुम्भनिर्भरपरीरम्भामृतं वाञ्छति ॥7॥

॥ गुर्जरीरागेण गीयते ॥ गीतम् 11॥

रतिसुखसारे गतमभिसारे मदनमनोहरवेशम्।
न कुरु नितम्बिनि गमनविलम्बनमनुसर तं हृदयेशम् ॥
धीरसमीरे यमुनातीरे वसति वने वनमाली ॥ ध्रुवम् ॥8॥

नामसमेतं कृतसङ्केतं वादयते मृदुवेणुम्।
बहु मनुते ननु ते तनुसङ्गतपवनचलितमपि रेणुम् ॥ धीर. ॥9॥

पतति पतत्रे विचलति पत्रे शङ्कितभवदुपयानम्।
रचयति शयनं सचकितनयनं पश्यति तव पन्थानम् ॥ धीर. ॥10॥

मुखरमधीरं त्यज मञ्जीरं रिपुमिव केलिसुलोलम्।
चल सखि कुञ्जं सतिमिरपुञ्जं शीलय नीलनिचोलम् ॥ धीर. ॥11॥

उरसि मुरारेरुपहितहारे घन इव तरलबलाके।
तडिदिव पीते रतिविपरीते राजसि सुकृतविपाके ॥ धीर. ॥12॥

विगलितवसनं परिहृतरसनं घटय जघनमपिधानम्।
किसलयशयने पङ्कजनयने निधिमिव हर्षनिदानम् ॥ धीर. ॥13॥

हरिरभिमानी रजनिरिदानीमियमपि याति विरामम्।
कुरु मम वचनं सत्वररचनं पूरय मधुरिपुकामम् ॥ धीर. ॥14॥

श्रीजयदेवे कृतहरिसेवे भणति परमरमणीयम्।
प्रमुदितहृदयं हरिमतिसदयं नमत सुकृतकमनीयम् ॥ धीर. ॥15॥

विकिरति मुहुः श्वासानाशाः पुरो मुहुरीक्षते।
प्रविशति मुहुः कुञ्जं गुञ्जन्मुहुर्बहु ताम्यति।
रचयति मुहुः शय्यां पर्याकुलं मुहुरीक्षते।
मदनकदनक्लान्तः कान्ते प्रियस्तव वर्तते ॥16॥

त्वद्धाम्येन समं समग्रमधुना तिग्मांशुरस्तं गतो
गोविन्दस्य मनोरथेन च समं प्राप्तं तमः सान्द्रताम्।
कोकानां करुणस्वनेन सदृशी दीर्घा मदभ्यर्थना
तन्मुग्धे विफलं विलम्बनमसौ रम्योऽभिसारक्षणः ॥17॥

आश्लेषादनु चुम्बनादनु नखोल्लेखादनु स्वान्तज-
प्रोद्बोधादनु सम्भ्रमादनु रतारम्भादनु प्रीतयोः।
अन्यार्थं गतयोर्भ्रमान्मिलितयोः सम्भाषणैर्जानतोर्
दम्पत्योरिह को न को न तमसि व्रीडाविमिश्रो रसः ॥18॥

सभयचकितं विन्यस्यन्तीं दृशं तिमिरे पथि
प्रतितरु मुहुः स्थित्वा मन्दं पदानि वितन्वतीम्।
कथमपि रहः प्राप्तामङ्गैरनङ्गतरङ्गिभिः
सुमुखि सुभगः पश्यन्स त्वामुपैतु कृतार्थताम् ॥19॥

यहाँ यह स्मरण दिलाना आवश्यक है कि यह सब वर्णन अपर्याप्त है। राधा-माधव का विरह साधारण विरह नहीं है। वह एक व्याकुल आत्मानुसन्धान है। इसके हर सोपान पर ऐसा लगता है कि अब आगे नहीं चढ़ा जाएगा, लेकिन नीचे उतरा भी नहीं जाएगा। वह हर सोपान प्राणों का संकट है और जीवन की चुनौती है। कवि की लाचारी है। उसके पास कुछ शब्द हैं। और कुछ नहीं। शब्दों की लाचारी है। कुछ शब्दों के विचार इस संसार के प्रति-व्यापार के हैं, इन्द्रिय-व्यापार के हैं। इसी से अर्थ लेना है, अनवरत। और अर्थ देने के लिए जयदेव ने शब्द-साधना की है। यह अर्थ उन भक्तों के संगीत से निकलते हैं, उन शब्दों के संयोजन से निकलते हैं, अलग-अलग शब्दों से नहीं। शब्दों के द्वारा उपस्थापित बिम्बों से भी नहीं। ये अर्थ निकलते हैं एक समवेत लय के बोध से। कहीं जयदेव का लय एक उस लय की भूमि से मिला हुआ है, जिसमें उनकी स्थापना इस काल में की जा रही है। पंचम स्वर में माधव परवश हो जाते हैं, एकदम द्रवित हो जाते हैं। दूती से कहते हैं—'अकेला मैं ही बैठा हूँ, जाओ राधा को मनाकर ले आओ और मेरे सन्देश से मनाकर ले आओ।' सखी उनका आदेश पाकर राधा के पास पहुँची और फिर राधा से बोली—'सखि! तुम क्या जानती हो कि तुम्हारे विरह में वनमाली कैसे सीझ रहे हैं?

भीतर-ही-भीतर गलते जा रहे हैं। प्रिय उस दखिनइया के बहते ही जान-जाते है, समझ जाते हैं कि अब मुझे सताने काम आ गया है। और फूलों की सेज पर, अंगारे पर जैसे कोई चीज रखी जाए, भड़क उठती है, वैसे ही विरह से और तड़फड़ाने लगते हैं। उन्हें लगता है कि वह कामज्वर उनके विरही हृदय को टूक-टूक कर देने आया है। वनमाली सीझ रहे हैं। वे भी तुम्हारी तरह, चन्द्रमा की किरणों में से आग निकल रही है, यह अनुभव करते हुए मृत्यु की उपस्थिति हुई है, यह सोचने लगते हैं; और वे कुसुमशय्या पर पड़ जाते हैं जैसे बाणों की शय्या हो और अधिक विकल होकर बिलखने लगते हैं।'

'जब भौंरे झौर के झौर गुनगुनाने लगते हैं तो वे कान मूँद लेते हैं। हृदय में विरह जब करवटें बदलने लगता है तो रात-रात वे छटपटाते रहते हैं, इसी अव्यक्त पीड़ा में छटपटाते रहते हैं। वनमाली तुम्हारे विरह में उसी तरह से सीझ रहे हैं जैसे उन्हें अपना सुन्दर घर अच्छा नहीं लग रहा है। जंगल के वितान में ही रहना चाहते हैं, भूमि पर ही वे सोना चाहते हैं। तुम्हारे स्पर्श का जहाँ आभास है, चाहे वह स्पर्श तुम्हारे हाथों का हो, तुम्हारे पैरों का हो, तुम्हारी आँखों का हो, जहाँ तुम्हारी आँखों की दृष्टि है, तुम्हारे विलाप की जहाँ गूँज है, और तुम्हारी बातों के रस की जहाँ तृप्ति है या ठीक कहें अतृप्ति है, वहीं वन में, वृन्दावन में वे बसते हैं और बार-बार तुम्हारा नाम ले-लेकर बिलखते हैं।'

जयदेव जब विरहगीत गाते हैं, विरह के विलास की पदावली सुनाते हैं, तो बड़ा पुण्य करते हैं, उसी के मन में अपनी छवि उतारते हैं। श्री जयदेव के इस विरहगीत का अर्थ उसी को लगेगा, जिसका हृदय इस लीला के लिए, लीला के रहस्य को जानने के लिए आकुल हो गया है, अवश हो गया है। इस रस को जाने बिना जीवन में कोई रस नहीं है। दूसरे को इस लीला का क्या अर्थ लगेगा? उसे लगेगा कि यह तो केवल किशोर-किशोरियों का प्यार है या प्यार का नाटक है, इसको गम्भीरता से लेने की बात नहीं है। पर उसे जब ध्यान होगा कि यह किशोर की जोड़ी सनातन किशोरों की जोड़ी है, जो ऐसे रूप में वृन्दावन में आज भी रहते हैं। वह आज भी, इस लीला का समय आते ही लीला करने लगते हैं। आज भी वृन्दावन की गलियाँ राधे की टेर लगाती हैं और उस कृष्ण को खोजती हैं, रात में कृष्ण को जपती हैं, कृष्ण को आमन्त्रित करती हैं। गलियाँ सोती नहीं, कृष्ण आनेवाले हैं, उदग्र भाव से हर पदचाप को सुनती रहती हैं, ध्यान से सुनती रहती हैं कि कृष्ण कहीं चोरी से न आ रहे

हों और हम सुन न पाएँ और वे निकल जाएँ, पर ऐसा होगा नहीं। वे निकलेंगे तो हम अपने कण-कण में उनको अनुभव करने से वंचित न होंगे, बस उन्हें जपते रहेंगे, उनकी बाट जोहती रहें, आते होंगे—आते होंगे। शायद रात अभी गहरी नहीं हुई है, शायद चन्द्रमा अभी ऊपर नहीं आया है, शायद आम की बौरों की अरघान अभी पूरी तरह व्याप्त नहीं हुई है। माधव उनकी प्रतीक्षा नहीं कर रहे हैं, बल्कि यह सभी माधव की प्रतीक्षा कर रहे हैं।

इस अष्टपदी के अन्त में सखी निवेदन करती है कि 'प्यारे! तुमसे भीख माँगती हूँ, तुम ही वहाँ चलो, जहाँ सबसे पहले तुमने कामदेवता से कामकला की सारी सिद्धियाँ एक रात में सीख ली थीं। वे सारी सिद्धियाँ काम के देवता काम की नहीं थीं। वे सिद्धियाँ श्रीराधा के शरीर के साथ, शरीर में अपने-आप छायी हुई थीं। उस शरीर की पहचान, भीतरी पहचान से ही सारी सिद्धियाँ तुम्हें मिल गयी थीं, इसीलिए उस स्थान पर चलो। वह निकुंज, प्रथम समागम का स्थल, कामदेव का महातीर्थ है। उसमें तुम दोनों के स्वेदरस के प्रवाह में डुबकी लगाकर कामदेव नवजीवन पाता है। उस कुंज में तुम्हारा ही ध्यान करते हुए, नाम जपते हुए और तुमसे क्या-क्या बात करनी है, इस पूरे वार्तालाप को मन-ही-मन दोहराते हुए राधा प्रतीक्षा कर रही हैं। मन-ही-मन चाहती हैं कि कब तुम्हारे अमृत-कलश का स्पर्श मिलेगा। कब उस आलिंगन के रस से नये प्राण लौटेंगे। तुम वहीं चलो।'

राधा से पुनः सखी अनुरोध करती है—'प्यारी! अब विलम्ब न करो। वे अभिसार के लिए वहाँ प्रतीक्षा कर रहे हैं और वह अभिसार, साधारण अभिसार नहीं है, वह प्यार के सुख का सर्वस्व है। वे ऐसा मनोहर वेश पहने हुए हैं, जिससे मदन का मन भी मोहित हो जाए, यह जानती हो तुम। श्रोणीभार से धीरे-धीरे मन्द-मन्द चलती हो, इसलिए तुम्हें देर लगेगी। अब चलने में विलम्ब न करो, उनके पीछे-पीछे तुम वहाँ पहुँचो, वे तुम्हारे हृदयेश हैं। तुम्हारा हृदय, तुम्हारा हृदय नहीं है, उन्हीं का हृदय है। इस समय हवा कुछ थिर गयी है। यमुना के किनारे वनमाली वन में तुम्हारी बाट जोह रहे हैं।' अष्टपदी की पहली कड़ी में कवि ने यह सूचित कर दिया है कि मदन उनके वेश के आगे प्रविष्ट नहीं हो सकता। वेश से ही मोहित होकर मूर्च्छित हो गया है क्योंकि मदन की वहाँ गति नहीं है। इस अभिसार में साधारण कामव्यापार की गति नहीं है। भागवतकार ने इसीलिए इस रति को काम का काम कहा है, कामनाओं की कामना कहा है, अभिलाषाओं की अभिलाषा कहा है। यहाँ सारी इच्छाएँ भस्म

हो जाती हैं और इच्छाओं के इस भस्म में से एक ऐसा अंकुर निकलता है, जो अपने-आप में विचित्र है। इच्छा भी है और इच्छा की पूर्ति भी है। इच्छा की पूर्ति होने पर भी इच्छा की निरन्तरता भी है। ऐसी इच्छा संसार में, सांसारिक सम्बन्धों में हो नहीं सकती। इसलिए इस अभिसार के लिए जयदेव के काव्यदेवता की सखी, एक तरह से जयदेव की ही आत्मा राधा से अनुरोध कर रही है। वह अभिसार ब्रह्माण्डव्यापी प्यार की लीला है।

'प्यारी! वे दूर से ही सुनाई पड़ेंगे। तुम्हारा नाम वंशी में टेर रहे होंगे और उसी में, वंशी के टेर में राह बतला रहे हैं। और बालू के उस कण को जाने कौन-सा रत्न समझ रहे हैं जो तुम्हारे पैरों के आघात से हवा के साथ उनके पास पहुँचा है। वे उस कण को पहचान रहे हैं, क्योंकि उस कण को तुम्हारे चरणकमलों का स्पर्श मिला हुआ है। वह स्पर्श उनका पहचाना हुआ है। सखि! तुम उनके पास चलो।

एक पक्षी भी उड़ता है तो पत्ते हिलते हैं और वे समझते हैं कि कहीं तुम आ रही हो। पक्षी को इस रात में इतना उत्साह कैसे आया कि उड़ान भरे। रात में कहाँ उड़ता है, पर तुम्हारे आने का क्षण स्वागत का क्षण है। वह तैयारी करने लगता है और पत्ता-पत्ता हिल उठता है, खड़कता है और कोई कारण हो ही नहीं सकता। बस यही हो सकता है कि तुम आ रही हो और इधर-उधर चौंक-चौंक कर देखते हुए कि तुम आ रही हो, फूलों की सेज रचने लगते हैं। चलो सखि, उस सेज पर चलो। हाँ, इतना करो। तुम्हारे नूपुर चंचल हो रहे हैं, तुम्हारी केलि में साथ देने के लिए पहले ही से ज़ोर-जोर से घोषणा कर रहे हैं। इन्हें निकाल दो, इन्हें पैरों से निकाल दो, ये तुम्हारे शत्रु हैं। ये तुम्हारे चुपके से वहाँ पहुँचने का सन्देश पहुँचा देंगे, तो तुम जाने किनसे-किनसे घिर जाओगी। तुम इन्हें उतार दो, अब अपना नील वसन और अवगुण्ठन डाल लो, तुम्हारा गोरा-गोरा चेहरा उनमें एकाकार हो जाएगा, श्याम हो जाएगा और इस अँधियारे निकुंज के साथ भी एकाकार हो जाए, इस कुंज की गहरी अँधेरी रात से एकाकार हो जाए, तुम निभृत निकुंज वन जाओ। तो चलो। तुम श्रीकृष्ण के वक्षःस्थल पर ऐसे दीपोगी जैसे बिजली की रेखा और उनके वक्षःस्थल पर जो हार, मोती है, वह तुम्हारे आश्लेष से ऐसे आधा टूटकर दिखेगा जैसे बादलों के ऊपर या बादलों की छाती पर बकुलों की पाँत बीच में से टूट गयी हो और वे बगुले विशृंखल हो गये हों। तुम अवसर न दो कि श्रीकृष्ण ही प्यार की शुरुआत करें। तुम स्वयं प्यार करनेवाला हो जाओ। तुम इस स्थिति में अपने पुण्यों के

परिपाक-स्वरूप अद्वितीय शोभा पाओगी और अवर्णनीय आनन्द पाओगी।'

भूमिका में कहा जा चुका है कि श्रीकृष्ण महात्रिपुरसुन्दरी के अवतार हैं, अपने प्रिय कामेश्वर के साथ वे पूर्ण भाव से प्यार में जुड़ना चाहते हैं, और राधा कामेश्वर हैं; तो आज ऐसा क्षण आए कि सहज कामेश्वरभाव, सहजभाव ललिता त्रिपुरसुन्दरी के ऊपर छा जाए और उनका माँगा हुआ पुंभाव विगलित हो जाए।

'सखी यह अवसर न खोना, उस पल्लव की सेज पर—वसन्त की सम्पदा-पल्लव की सेज पर अपने को लिटा लो, करधनी उतार दो, वस्त्र खिसका दो, हरि और अपने बीच अन्तराल न रहने दो। जाँघें वैसे ही उत्कण्ठा से पसीज रही होंगी, उन्हें व्यर्थ का आवरण न दो। अपने को प्रिय के हर्ष का उत्सव बनाओ, जैसे कोई निधिरत्न सम्पुट से खोलकर रखा जाता है, वैसे ही अपने को खोलकर रख दो। तुम उनकी निधि हो, जो तुम्हें यमुना-तट के पीछे कुंज में बुला रहे हैं। हरि बड़े अभिमानी हैं। यह रात बीती जा रही है। तुम देर न करो। मेरी बात मानो, चलकर उनके मन की अभिलाषा पूरी करो। और जल्दी-जल्दी चलो, रात बीतने न पाए।'

श्री जयदेव ने भगवान् की बड़ी सेवा की है, तब यह परम रमणीय अष्टपदी रची है। दर्शक-श्रोता इसमें प्रवेश करो। आपके हरि ही करुणानिधान हैं। हरि को अत्यन्त विलसित हृदय के साथ प्रणाम करो। वे बड़े पुण्य से मिलते हैं, यहाँ-वहाँ तो मिलते नहीं। बस, जयदेव के इस, उनके प्रसाद में गाये हुए गीत में मिलते हैं। इस अष्टपदी के अन्त में चार श्लोक हैं जिनमें श्रीकृष्ण की मनोदशा की कई छवियाँ हैं।

श्रीकृष्ण धीरे-धीरे साँस छोड़ते हैं और सामने की दिशा की ओर बार-बार देखते हैं, अब आ ही रही होंगी। फिर अपने निकुंज में लौटते हैं, क्योंकि उन्हें लगता है कि बाहर का वातावरण तो सहा नहीं जाएगा। भौंरों की गुंजार से और वसन्त के सदल-बल आने से और अधिक ताप बढ़ेगा। वह पहचानने में लगे हैं कि कहीं सेज पर लगे पत्ते, कहीं किसलय कली मुरझा न गये हों। दूसरी पत्तियाँ वहाँ बिछा दें। काफी विलम्ब हो जाता है, चारों तरफ आकुल होकर फिर देखते हैं—इतनी तो मैंने तैयारी कर ली, अभी नहीं आयी! प्यारी, तुम्हारे प्रिय तुम्हारी ही तरह प्रेम की पीड़ा से तड़प रहे हैं।

जैसे तुम इस समय वाम हो गयी हो, अपने स्वभाव की सहज सिधाई तुमने छोड़ दी है, वैसे ही तिरछी किरणोंवाला चन्द्रमा इस समय देखो, अस्त हो गया

है। गोविन्द के मन में जो तुम्हारे प्यार के मनोरथ उठे थे, उनके साथ-साथ अन्धकार भी और गहरा हो उठा, और इस समय रात के पिछले प्रहर से जो चकवे बड़ी आशा से विह्वल होकर पुकार उठते हैं, उसी तरह से उनकी यह लम्बी पुकार है। मेरी यह प्रार्थना है—मेरी सखी, तुम कितनी भोली हो, इस समय अब विलम्ब सब नष्ट कर देगा। अभिसार का विशेष क्षण होता है। वह बीत जाए तो रम्यता चली जाती है, रमने का मन बासी हो जाता है।

इस अन्धकार में ही तुम्हारी जुगल-जोड़ी एक-दूसरे से मिलकर आलिंगन करके, चूम के इधर-उधर नख से कुछ-न-कुछ लिख करके, अपने भीतर के मनोरथ एकाएक जल जाने से और गहरा जाने से, जो फिर से नया आरम्भ हुआ है, उससे तुम दोनों उस लम्बी प्रीति से भर उठे हो। जैसे तुम कहीं दूसरे प्रयोजन के लिए गये थे और एकाएक कामवश मिल गये हो। एक-दूसरे को केवल मुरली से पहचान रहे हो। ऐसी परिस्थिति है कि इस अन्धकार में तुम्हारी लाज भी निभ रही है और तुम्हारा प्यार भी निभ रहा है। इस प्रकार का रस तुम दोनों को मिल रहा है और तुम दोनों से सारे विश्व को मिल रहा है।

वे तुम्हारी प्रतीक्षा कर रहे हैं कि कब तुम्हारे पास आएँ और डर भी लगता है कि तुम प्रसन्न हो या नहीं और फिर एक उत्कण्ठा भी है कि बार-बार चौंकते हैं। बार-बार देखते हैं कि अन्धकार में कहीं राह में तुम सँभल-सँभलकर पैर रख रही हो। हर वृक्ष के पास तुम थोड़ी देर, शायद यहीं माधव आएँगे, धीरे-धीरे पद रखती हो, फिर एकाएक तुम एकान्त में प्राप्त हो जाती हो, तो वे उत्कण्ठित हैं कि काम के तरंगों से अंग-अंग शिथिल हो चुके हैं, तुम्हें पाएँ और कृतार्थ हो जाएँ।

॥ षष्ठः सर्गः ॥

कुण्ठवैकुण्ठः

अथ तां गन्तुमशक्तां चिरमनुरक्तां लतागृहे दृष्ट्वा।
तच्चरितं गोविन्दे मनसिजमन्दे सखी प्राह ॥1॥

॥ गुणकरीरागेण गीयते ॥ गीतम् 12 ॥

पश्यति दिशि दिशि रहसि भवन्तम्।
तदधरमधुरमधूनि पिबन्तम् ॥
नाथ हरे सीदति राधा वासगृहे ॥ ध्रुवम् ॥2॥

त्वदभिसरणरभसेन वलन्ती।
पतति पदानि कियन्ति चलन्ती ॥ नाथ हरे. ॥3॥

विहितविशदबिसकिसलयवलया।
जीवति परमिह तव रतिकलया ॥ नाथ हरे. ॥4॥

मुहुरवलोकितमण्डनलीला।
मधुरिपुरहमिति भावनशीला ॥ नाथ हरे. ॥5॥

त्वरितमुपैति न कथमभिसारम्।
हरिरिति वदति सखीमनुवारम् ॥ नाथ हरे. ॥6॥

शिलष्यति चुम्बति जलधरकल्पम्।
हरिरुपगत इति तिमिरमनल्पम् ॥ नाथ हरे. ॥7॥

भवति विलम्बिनि विगलितलज्जा।
विलपति रोदिति वासकसज्जा ॥ नाथ हरे. ॥8॥

श्रीजयदेवकवेरिदमुदितम्।
रसिकजनं तनुतामतिमुदितम् ॥ नाथ हरे. ॥9॥

विपुलपुलकपालिः स्फीतसीत्कारमन्त-
र्जनितजडिमकाकुव्याकुलं व्याहरन्ती।
तव कितव विधायामन्दकन्दर्पचिन्तां
रसजलधिनिमग्ना ध्यानलग्ना मृगाक्षी ॥10॥

अङ्गेष्वाभरणं करोति बहुशः पत्रेऽपि सञ्चारिणि
प्राप्तं त्वां परिशङ्कते वितनुते शय्यां चिरं ध्यायति।
इत्याकल्पविकल्पतल्परचनासंकल्पलीलाशत-
व्यासक्तापि विना त्वया वरतनुर्नैषा निशां नेष्यति ॥11॥

सखी ने सन्देश दिया—'माधव तुम्हारी प्रतीक्षा कर रहे हैं चलो', किन्तु श्रीराधा इतनी प्रतीक्षा करते-करते कि कब सखी सन्देश लेकर आएगी, निढाल हो गयी हैं, चलना चाहती हैं और चल नहीं पातीं। लम्बे प्यार की प्रकृति यही होती है कि मन और शरीर में तालमेल नहीं रह जाता। मन कुछ करना चाहता है, पर शरीर साथ नहीं देता। शरीर पर ही सबसे अधिक प्रभाव पड़ता है। उसका कारण यह है कि शरीर के ही मथे जाने की स्मृति ने उसे शिथिल किया है। उसके इस दुचित्तेपन को बतलाने सखी श्रीकृष्ण के पास जाती है, जो काम के आवेश से स्वयं निढाल पड़े हैं। सखी कहती है—'स्वामी! राधा जहाँ तुम्हारे लिए तैयार होकर बैठी हैं वहीं सीझ रही हैं। वह वहीं बैठे-बैठे एकान्त में तुमको हर दिशा में देखती हैं, अर्थात् जहाँ-जहाँ देखती हैं वहाँ तुम रहते हो, और कोई नहीं रहता, इसलिए खुले आकाश में दसों दिशाओं में देखती हैं कि बस तुम हो, इसलिए वह निरन्तर ही यह अनुभव करती हैं कि तुम निश्चिन्त होकर उनके अधर-रस का स्वाद ले रहे हो। छककर के अधरों का मधु पी रहे हो। बोलो, तुम्हें कैसे आभास हो। तुम्हारे लिए अभिसार करने बड़े वेग से उठ पड़ती हैं, लेकिन कुछ ही दूर जाकर गिर पड़ती हैं, चला नहीं जाता। आवेग कितनी दूर ले जाएगा, शरीर तो तुमसे लिपटा हुआ है, कैसे चले?'

'उसने मृणाल के (कमलनाल के) सूत्रों से और उसकी कोंपलों से अपने को वलयित कर लिया है, जिससे ताप से मुक्ति मिले, लेकिन कहीं से उसे बचाव नहीं दिखता, लगता है प्राण रहेंगे नहीं। बस इस आशा पर जी रही है, इस भरोसे पर जी रही है कि तुम्हारी प्यार करने की विधि अभी भी प्राणों में बसी हुई है। तुम्हारे प्यार का एक पूरा तन्त्र प्राणों की तन्त्री में बज रहा है। प्रभु, वह आ नहीं पा रही है। वह वहीं अपना शृंगार कर रही है और उसे ऐसा लगता है कि शृंगार करते हुए तुम दिख रहे हो तो वह पलट कर अपने भीतर तुम्हारी भावना करती है और सोचने लगती है कि मैं जो शृंगार देख रही हूँ, मैं माधव होकर के राधा का शृंगार देख रही हूँ, ऐसी तो उसे बेसुधी है, वो भला कैसे आए?'

'तुम ही सोचो, कैसे इतनी जल्दी तुम्हारे पास पहुँचे। अंग-अंग शिथिल, मन तुम्हारे पास, शरीर वहाँ एकदम निढाल; बार-बार मुझसे यही कहती है, कहाँ हैं हरि, कहाँ हैं हरि, चला नहीं जा रहा है। सामने घना अन्धकार दिखता है। उसे लगता है कि हरि आ गये हैं, तुम आ गये हो। हर-एक घने बादल के रूप में स्निग्ध नीलकान्तिवाले तुम आ गये हो। और उस अन्धकार को ही अंक में भर लेती है, चूमती है। उसे इस भ्रम में बड़ा सुख मिलता है कि उसके आस-पास का अन्धकार और कुछ नहीं है, तुम्हारा ही प्रसार है। तुम ही बतलाओ कैसे उसे लेकर आऊँ। फिर उसे लगता है तुम आने में देर कर रहे हो तो सब लाज खोकर बिलखने लगती है, रोने लगती है। सखी को भेजकर मैंने इतनी तैयारी की और अभी तक क्यों नहीं आये मेरे प्रियतम! प्रभु, माधव, तुम ही निदान करो, तुम ही चलो।'

श्री जयदेव की यह अष्टपदी रसिकजनों को आनन्द दे क्योंकि वे ही प्रेम के इस उन्मादी रूप को समझ सकते हैं कि प्रिय बुला रहा है और वह उनसे मिलना भी चाहती है, उनके लिए सज-सँवर चुकी है, पर वह जा नहीं पा रही है। 'उनके भीतर शायद हो, कि मेरे बुलाने पर नहीं आएगी, मैं ही कैसे उनके बुलाने पर जाऊँ या शायद हो कि मैं तो उनमें पूरी तरह डूबी हुई हूँ। वे यह सब समझते क्यों नहीं। या यह हो कि पूरी रात तो लगभग बीत गयी और क्यों उन्होंने अभिमान किया, क्या मैं उनके योग्य नहीं।' तरह-तरह के विकल्प हैं। श्रीराधा के तरंगायित मन को कौन समझ सकता है? जो समझेगा उसे लीला का रस मिलेगा। उसके बाद के दो श्लोकों में वासकसज्जा की मनःस्थितियों का और आकुल क्रियाओं का, आकुल चेष्टाओं का वर्णन है। 'तुम्हारे प्यार में

डूबी हुई, तुम्हारे संश्लेष के इस रससिन्धु में डूबती-उतराती हुई वह मृग की-सी चंचल आँखोंवाली राधा तुम्हारे ध्यान में मग्न है। उसे लगता है कि तुम उसे अपने में लिये हुए हो। इसलिए उसके शरीर के रोम-रोम में हर्ष हो गया है। वह पुलक से भर गयी है और सिसकारती हुई वह भीतर की जड़ता को केवल बोलने के लहजे में जैसे-तैसे उतारती हुई कुछ अस्फुट बोलती है। शायद कोई नहीं सुनता, सुन भी नहीं सकता, केवल माधव सुनते होंगे। हे छलिया! उसने अपने भीतर काम के तीव्र आवेग को समेट रखा है। वह पड़ी हुई है। तुमने क्या कर दिया है? वह कैसे तुम्हारे पास आएगी?

वह कभी-कभी तो एक बार अंग-अंग में गहने पहनती है और वन में गिरे हुए पत्तों पर चलती है। उसे लगता है तुम आ गये। फिर से सेज रचने लगती है और तुम्हारा ध्यान करने लगती है—अब आ रहे हो, अब आ रहे हो। तरह-तरह से सेज रचती है, इधर बैठोगे, उधर बैठोगे, ऐसे पल्लव वहाँ सजाती है। इस प्रकार के अनेक संकल्पों-विकल्पों में, अनेक प्रकार की लीलाओं में लगी है। यदि तुम नहीं जाओगे तो यह रात ही उसका काल हो जाएगी। यह रात वह खेप नहीं पाएगी।'

॥ सप्तमः सर्गः ॥

नागरनारायणः

अत्रान्तरे च कुलटाकुलवर्त्मपात-
सञ्जातपातक इव स्फुटलाञ्छनश्रीः।
वृन्दावनान्तरमदीपयदंशुजालैर्
दिक्सुन्दरीवदनचन्दनबिन्दुरिन्दुः ॥1॥

प्रसरति शशधरबिम्बे विहितविलम्बे च माधवे विधुरा।
विरचितविविधविलापं सा परितापं चकारोच्चैः ॥2॥

॥ मालवरागेण गीयते ॥ गीतम् 13 ॥

कथितसमयेऽपि हरिरहह न ययौ वनम्।
मम विफलमिदममलरूपमपि यौवनम् ॥
यामि हे कमिह शरणं सखीजनवचनवञ्चिता ॥ ध्रुवम् ॥3॥

यदनुगमनाय निशि गहनमपि शीलितम्।
तेन मम हृदयमिदमसमशरकीलितम् ॥ यामि हे. ॥4॥

मम मरणमेव वरमतिवितथकेतना।
किमिह विषहामि विरहानलमचेतना ॥ यामि हे. ॥5॥

मामहह विधुरयति मधुरमधुयामिनी।
कापि हरिमनुभवति कृतसुकृतकामिनी ॥ यामि हे. ॥6॥

अहह कलयामि वलयादिमणिभूषणम्।
हरिविरहदहनवहनेन बहुदूषणम् ॥ यामि हे. ॥7॥

कुसुमसुकुमारतनुमतनुशरलीलया।
स्रगपि हृदि हन्ति मामतिविषमशीलया ॥ यामि हे. ॥8॥

अहमिह निवसामि नगणितवनवेतसा।
स्मरति मधुसूदनो मामपि न चेतसा ॥ यामि हे. ॥9॥

हरिचरणशरणजयदेवकविभारती।
वसतु हृदि युवतिरिव कोमलकलावती ॥ यामि हे. ॥10॥

तत्किं कामपि कामिनीमभिसृतः किं वा कलाकेलिभिर्
बद्धो बन्धुभिरन्धकारिणि वनोपान्ते किमु भ्राम्यति।
कान्तः क्लान्तमना मनागपि पथि प्रस्थातुमेवाक्षमः
सङ्केतीकृतमञ्जुवञ्जुललताकुञ्जेऽपि यन्नागतः ॥11॥

अथागतां माधवमन्तरेण सखीमियं वीक्ष्य विषादमूकाम्।
विशङ्कमाना रमितं कयापि जनार्दनं दृष्टवदेतदाह ॥12॥

॥ वसन्तरागेण गीयते ॥ गीतम् 14॥

स्मरसमरोचितविरचितवेशा।
गलितकुसुमदरविलुलितकेशा ॥
कापि मधुरिपुणा विलसति युवतिरधिकगुणा ॥ ध्रुवम् ॥13॥

हरिपरिरम्भणवलितविकारा।
कुचकलशोपरि तरलितहारा ॥ कापि. ॥14॥

विचलदलकललिताननचन्द्रा।
तदधरपानरभसकृततन्द्रा ॥ कापि. ॥15॥

चञ्चलकुण्डलदलितकपोला।
मुखरितरसनजघनगतिलोला ॥ कापि. ॥16॥

दयितविलोकितलज्जितहसिता।
बहुविधकूजितरतिरसरसिता ॥ कापि. ॥17॥

विपुलपुलकपृथुवेपथुभङ्गा।
श्वसितनिमीलितविकसदनङ्गा॥ कापि. ॥18॥

श्रमजलकणभरसुभगशरीरा।
परिपतितोरसि रतिरणधीरा॥ कापि.. ॥19॥

श्रीजयदेवभणितहरिरमितम्।
कलिकलुषं जनयतु परिशमितम्॥ कापि. ॥20॥

विरहपाण्डुमुरारिमुखाम्बुजद्युतिरियं तिरयन्नपि चेतनाम्।
विधुरतीव तनोति मनोभुवः सुहृदये हृदये मदनव्यथाम् ॥21॥

॥ गुर्जरीरागेण गीयते ॥ गीतम् 15॥

समुदितमदने रमणीवदने चुम्बनवलिताधरे।
मृगमदतिलकं लिखति सपुलकं मृगमिव रजनीकरे ॥
रमते यमुनापुलिनवने विजयी मुरारिरधुना ॥ ध्रुवम् ॥22॥

घनचयरुचिरे रचयति चिकुरे तरलिततरुणानने।
कुरबककुसुमं चपलासुषमं रतिपतिमृगकानने ॥ रमते. ॥23॥

घटयति सुघने कुचयुगगगने मृगमदरुचिरुषिते।
मणिसरममलं तारकपटलं नखपदशशिभूषिते ॥ रमते. ॥24॥

जितबिसशकले मृदुभुजयुगले करतलनलिनीदले।
मरकतवलयं मधुकरनिचयं वितरति हिमशीतले ॥ रमते. ॥25॥

रतिगृहजघने विपुलापघने मनसिजकनकासने।
मणिमयरसनं तोरणहसनं विकिरति कृतवासने ॥ रमते. ॥26॥

विरह की उत्कण्ठा प्रतीक्षा के बाद और दूनी हो जाती है। इसी बीच चन्द्रमा सिर पर आ जाता है। यह चन्द्रमा इतना पापी है कि इसने इतने लोगों को रास्तों

से भटकाया है। इतने लोगों को भटकाया है कि उसी पाप का कलंक उसमें दिख रहा है। वह चन्द्रमा वृन्दावन के अन्तस् को अपनी किरणों से आलोकित कर देता है। ऐसा लगता है, जैसे दिशा-सुन्दरी के ललाट पर लगी हुई चन्दन की बेंदी हो। अर्थात् चन्द्रमा एक ओर तो कलंक है, दूसरी ओर उन्मुक्त दिशाओं का शृंगार। ऐसे चन्द्रमा के आते ही आशा क्षीण हो जाती है। इस उजाले में सब लोगों की आँखें लगी होंगी। माधव इधर नहीं आएँगे और वह और भी अधिक व्याकुल हो जाती है और फूट-फूट करके बिलखने लगती है। 'सखि! तुमने कहा था मैं बुला लाऊँगी। मैं प्रतीक्षा करती रही, अब बताओ, समय देकर भी हरि इस वन में नहीं आये। मेरा यह निर्मल रूप व्यर्थ है, यह यौवन व्यर्थ है, बताओ मैं कहाँ जाऊँ? कहाँ ठौर पाऊँ? उनके लिए मैंने लाज खोयी और वे नहीं आये। मेरी क्या गलती है? जिनके पास आने के लिए, जिनके वश में होने के लिए मैंने इस अँधेरी रात की चिन्ता नहीं की, मानो इस पूरे अँधेरे को मैंने ओढ़ लिया, इस अँधेरे के साथ चलनेवाली रातों को ओढ़ लिया; और उन्होंने मेरे हृदय में काम की कील ठोंक दी है या काम का कोई बीजमन्त्र ऐसा कीलित कर दिया है कि मैं कहीं की नहीं रही। सखि, मैं कहाँ जाऊँ? मेरा मरना ही अच्छा है, क्योंकि मेरे लिए आशा के सभी संकेत झूठे हो गये हैं। मैं कैसे बेसुध होकर इस विरह की आग को सहूँ। यही वादा तुमने किया था, तुमने ही मुझे ठगा। वसन्त की मीठी नशीली रात मुझे और भी व्यथित कर रही है, मुझे शंका हो रही है, कोई विलासिनी हरि का समागम पा रही है और हरि को अपने अंग-अंग में अनुभव कर रही है। सखि, तुमने मुझे बड़ा धोखा दिया। सखि, मैंने इतने फूलों और पल्लवों से अपनी देह में गहने सजाये हैं, मणियाँ भी सजायी हैं, ये सभी-के-सभी हरि के विरह की आग में आग हो उठे। अब ये आभूषण नहीं रहे, ये अभिशाप हो गये हैं। मदन की ऐसी लीला है कि वह दिखती नहीं, उसके बाण भी बाण जैसे नहीं दिखते और उसे ऊँच-नीच का कोई विचार नहीं। वह फूल जैसे कोमल शरीर के लिए माला को ही अपना अस्त्र बना लेता है और यह माला ही प्राण लेने लगती है।

मैं नहीं जाऊँगी, मैं यहीं रहूँगी, मुझे नहीं चिन्ता है कि मैं वन में रहूँ। बेंतों के बड़े झंझाड़ किस्म के वन में रहूँ, जिसमें बेंत की लता लच-लच करके नाना प्रकार के भ्रम पैदा करती है। मधुसूदन तो मुझे याद ही नहीं कर रहे होंगे और तुमने मुझे धोखा दिया।'

हरि-शरण में शरण लेनेवाले जयदेव की यह वाणी हृदय में कोमल कलाओं वाली युवती की तरह बसे। विरह की यह पदावली अपने-आप में एक

कला-कौशल ही होती है और उसके साथ जुड़ना सौन्दर्य की समझ के साथ जुड़ना है। इसके बाद दो श्लोक हैं। एक में तरह-तरह के तर्क-वितर्क हैं कि माधव क्यों नहीं आये? दूसरे में राधा के मंन में कौन-सी आशंका उठ रही है, इसकी भूमिका है।

ऐसा तो नहीं हो गया कि वे कहीं किसी कामिनी के साथ अभिसार करने निकल गये हों या अपने बन्धुओं के साथ इस अँधेरे वन के किसी कोने में तरह-तरह के खेल कर रहे हों, खेल करते-करते इधर-उधर घूम रहे हों। क्या इतने वे थक गये हैं, रास ने उनको इतना चूर-चूर किया है कि वे राह चलने में भी असमर्थ हो गये हैं। उन्हें संकेत दिया गया कि इस प्रीति के निकुंज में आओ, नहीं आये।

राधा ने देखा, सखी तो कुछ बोलती नहीं। उसे इतना गहरा दुःख हुआ है कि मैं रात भर इधर-उधर दौड़ रही हूँ और ये मुझे ही दोष लगा रही हैं। मैं कुछ नहीं बोलूँगी। राधा ने जब सखी को अकेले आये देखा तो उसने तुरन्त अनुमान लगा लिया, ऐसा अनुमान कि जैसे वह स्वयं देख रही हो। नन्दन कहीं किसी दूसरी के साथ रम रहे हैं। जनार्दन हैं तो लोगों को पीड़ा देना ही तो काम है, इसी प्रकार मुझे पीड़ा पहुँचा रहे हैं। वह विलाप कर उठी। 'सखि, मैं यहीं से देख रही हूँ। कोई दूसरी है जो मधुसूदन के साथ विलास कर रही है। क्या उसके गुण मुझसे अधिक हैं? वह रतिक्रीड़ा के लिए पूरी तरह तैयार होकर आयी है, पर रतिक्रीड़ा में उसके केशपाश ढीले हो गये, इधर-उधर लहरा गये। उनमें गुँथे हुए फूल झर गये।

हरि ने ज्योंही आलिंगन किया, त्योंही अंग-अंग कुछ रूपान्तरित-सा हो गया है। अंग-अंग अपनी सहजता खो रहा है। उसके कलश के सरीखे वक्षःस्थल पर पड़ा हुआ हार छटपटा रहा है। इधर-से-उधर चंचल हो रहा है। बड़ी गुणवती है वह युवती, जो उन्हें रमा रही है, उसके मुखकमल पर लटें लहरा आयी हैं। माधव ने उसे इतना चूमा है, इतना चूमा है कि उसे नीम-बेहोशी आ गयी है। बड़ी भाग्यशाली है वह।

रतिक्रीड़ा में उसके कुण्डल बार-बार हिलते हैं और गालों में चुभते हैं और उसकी करधनी बार-बार बजती है। उसकी जंघाएँ बार-बार इधर-उधर चलती हैं, वह एकदम उन्हें अपने में भर चुकी है।

उस बड़भागिनी ने उस प्रिय को इतना तृप्त देखा तो पहले तो लजायी, फिर हँसने लगी और रति के रस में सराबोर तरह-तरह के स्वर निकालने लगी।

इतना रोमांच अंग-अंग में हुआ कि सारे शरीर में कँपकँपी छूट गयी। साँसें पुकारती हैं—प्यार, मुँदी हुई आँखें अपने में भरती हैं प्यार के रस को।

उसका सारा शरीर पसीने-पसीने हो गया है। इतना श्रम तो कभी करना पड़ा ही नहीं था। इतना तो कभी सहा भी नहीं था। वह तब माधव के वक्षःस्थल पर पड़ जाती है, बड़ी कुशल है रतिक्रीड़ा की होड़ में।' श्री जयदेव ने हरि के इस रतिव्यापार का वर्णन किया है। वह कलि के कलुष को शान्त करेगा।

जयदेव का यह अर्थवाद बड़ा अटपटा-सा लगता है। यह एक ऐसी रतिक्रीड़ा का वर्णन है, जो अपनी प्रिया की चिन्ता ही न कर रहा हो, किन्तु कलिकलुष शान्त करेगा; यह बात समझ में नहीं आती। यह सोचने के लिए विवश होना पड़ता है कि जिसे हम रतिक्रीड़ा मान रहे हैं, वह रतिक्रीड़ा नहीं है।

वह एक दूसरी नागरी के साथ भी रतिक्रीड़ा नहीं है। वह राधा द्वारा अपने चित्त में ही दो मनोवृत्तियों को एक-दूसरे के विरुद्ध खड़ा करके, श्रीकृष्ण के साथ अपने सम्बन्धों को प्रगाढ़ करने के लिए एक चैतन्यविलास है। उस विलास में किसी दूसरे का शरीर भी नहीं है, अपने ही शरीर के भीतर अंग-अंग में एक ऐसी ऐंठन का अनुभव है, जो श्रीकृष्ण के साथ अत्यन्त भक्ति के कारण ही इस प्रकार का रूप लेता है, जिसमें एक चित्त के भीतर तो केलि हो रही है, दूसरे हिस्से में केलि की ईर्ष्या है। चित्त का यह विभक्त होना भाव की पराभूमि है, क्योंकि वहाँ पहुँचने पर कोई विषय नहीं रह जाता है। कोई आसक्ति रह नहीं जाती। एक प्रेमासक्ति रह जाती है, इसलिए यह वह भूमिका है, जिसमें किसी भी प्रकार के छल का, किसी भी प्रकार के कपट का कोई स्थान नहीं है। जो छल और कपट मन में कल्पना के द्वारा लाये जाते हैं, वे छल-कपट भी प्रेम की अभिव्यक्ति के लिए हैं। वे लीला के अंश हैं। वे वास्तविक छल और कपट नहीं हैं। छली की लीला छल नहीं होती इसलिए जयदेव ने इस अष्टपदी के द्वारा कलि-कलुष के दोष को दूर करने की बात कही, वह उपयुक्त है। रासपंचाध्यायी के अन्त में श्री शुकदेव ने परीक्षित से यही कहा है कि इस रास के वृत्तान्त को जो पढ़ेगा, सुनेगा उसकी हृदयव्याधि, उसका काम-ज्वर दूर हो जाएगा। परीक्षित को शंका हुई और श्री शुकदेव ने समाधान दिया है कि जब काम श्रीकृष्ण की ओर प्रेरित होता है तो वह काम नहीं रह जाता है। काम का उसी क्षण एक दूसरा रूपान्तरण हो जाता है, वह रूपान्तर भी श्रीकृष्ण हैं। उनकी इच्छा करना, उनको पाना, चाहना, उनका हो

जाना, उनका अभिन्न रूप से स्वरूप हो जाना है और जब कोई स्वरूप हो जाता है तो फिर चाहनेवाला कोई नहीं रहता, किसको चाह रहे हैं, यह जाननेवाला भी कोई नहीं रहता। केवल चाह रह जाती है, व्यक्ति चाह बन जाता है। इस प्रकार यह स्थिति एक भिन्न प्रकार की स्थिति है।

जो मुरारि कभी वेधक रहे होंगे उस मुरारि की दशा यह है कि वे राधा के विरह में पीले पड़ गये हैं। श्रीराधा के विरह से उनका मुख पीला पड़ गया है। अब उनका यह रूप देखे तो चेतना लुप्त हो जाएगी। बुद्धि काम नहीं करेगी। जयदेव ने एक दूसरे संकेत से यह स्पष्ट कर दिया है कि इधर राधा के मन में ऐसे विकल्प उठ रहे हैं। एक तरह से निश्चित अनुमान हो रहा है कि प्रिय नहीं आये, कहीं रम रहे हैं, दूसरी ओर उनके प्रियतम की दशा यह है कि वे एकदम निष्प्राण-से हो रहे हैं, उनका मुख पीला पड़ गया है और राधा के लिए विलाप करते-करते देखते हैं—एकाएक चन्द्रमा ढलने लगा है और उसे उसी पीले मुख की कान्ति इधर-उधर बगराते समय काम की व्यथा और बढ़ा रही है। यह व्यथा सहृदय को होगी, क्योंकि यह व्यथा एक विश्वविरह की व्यथा होगी।

राधा अपनी कल्पना के वितान में प्रलाप करती जा रही है–'यमुना के किनारे के निकुंज में क्यों इस समय रम रहे हैं जैसे विजय का उत्सव मना रहे हैं, बड़े उत्साह के साथ अब इस समय प्रेमाकुल दूसरी रमणी के मुख पर कस्तूरी का तिलक लिख रहे हैं। उसके अधर चुम्बनों की बौछार से त्रस्त हो गये हैं, वे अपने को सँभाल नहीं पा रहे हैं, बड़ी कठिनाई से टेढ़ा-मेढ़ा तिलक रच रहे हैं। रचते समय ऐसे पुलकित हो जाती है कि तिलक चन्द्रमा के अंक में बैठे हुए मृग की तरह टेढ़ा-मेढ़ा हो जाता है।

उसके केशपाश में घने केशों के पाश हैं। कुरबक के कुसुम गूँथ रहे हैं और केशपाश ऐसा लगता है कि कामदेवरूपी मृग के निर्भय घूमने का घना वन हो। कुरबक के फूल वसन्त में खिलते हैं और कुरबक के फूल उस घने केशपाश में बिजली की छटा देते हैं। रम रहे हैं मुरारि और मेरा हृदय जल रहा है। जाने क्या पागलपन है, कहाँ से उन्हें इतनी कस्तूरी मिली है। पहले तो उस रमणी के वक्षःस्थल पर ढेर-सी कस्तूरी का लेप करते हैं। उसके बाद मणि का निर्मल हार ऐसे स्थापित करते हैं जैसे नख के गोल-गोल चिह्नों से पहले विभूषित उस वक्षःस्थल पर ताराओं के समूह विन्यस्त कर रहे हों।' यह पूरा-का-पूरा बिम्ब एक उदात्त व्यापार का संकेत है। इसमें तिलक मृग हो जाता है। ललाट चन्द्रमा और केशपाश अभयारण्य हो जाता है। कुरबक का फूल बिजली की

चमक हो जाता है। वक्षःस्थल आकाश हो जाता है। नख से बनाये हुए कुरबक के चिह्न चन्द्रमा और छोटे-छोटे मणियाँ नक्षत्र। यह संकेत है कि जो प्यार भूतल पर हो रहा है, भूतल का नहीं है, पूरे ब्रह्माण्ड का है। यह भी संकेत करता है कि वह रमणी भी कोई दूसरी नहीं है, वह राधा की अपनी ही छवि है। राधा की ईर्ष्या का विषय कोई साधारण रमणी हो ही नहीं सकती। वह कहाँ से ईर्ष्या का पात्र होगी। न राधा से कोई गोपी ईर्ष्या करती है और न राधा किसी से ईर्ष्या करती है। यह सब तो प्रेम की गूढ़ता प्राप्त करने के लिए मन की कल्पना है। उस कल्पना में राधा अपनी ही सारी सम्भावनाएँ उस दूसरी कल्पित रमणी में आरोपित करती है, जिससे विरह की तीव्रता बढ़े।

राधा सोचती है कि हाँ, अब उस भाग्यशालिनी के दोनों बाँहों में दोनों हाथों में पन्ने का कंकण पहना रहे होंगे। अपनी हथेली के सम्पुट में रखकर वे मणि लाये हैं और उन्होंने बहुत सँभाल-सँभाल कर मृणाल के सूत्रों से बने हुए आभरण—एकदम कोमल बाँहों में यह कंकण धीरे-धीरे पहना रहे हैं। कंकण ऐसा लगता है जैसे उस हाथ को घेर करके भौंरे एक कला-पंक्ति बना रहे हैं। हाथ एकदम बर्फ की तरह ठण्डा हो गया है, जैसे पन्ने का यह कंकण नयी ऊष्मा प्रदान करेगा, एक नया ताप पैदा करेगा।

अब कृष्ण ने उसके, उस रमणी के मध्य भाग में रखकर मणिमेखला पहनाना शुरू किया है। साथ ही उसे समय दिया है कि फिर से वस्त्र पहन ले। समय दिया है कि काम के सुनहले सिंहासन की तरह उसी के अनुरूप मणियों की मणिमेखला पहनी जाए, अवसर दिया है कि काम के सिंहासन की तरह जो चमक रहा था उसे पहले वह ढँक ले। और तब उस पर उसी के अनुरूप मेखला नहीं पहनानी है बल्कि एक तोरण स्थापित करना है कि इस सिंहासन की सूचना तोरण से मिल जाए।

चरणकिसलये कमलानिलये नखमणिगणपूजिते।
बहिरपवरणं यावकभरणं जनयति हृदि योजिते ॥ रमते. ॥27॥

रमयति सुदृशं कामपि सुभृशं खलहलधरसोदरे।
किमफलमवसं चिरमिह विरसं वद सखि विटपोदरे ॥ रमते. ॥28॥

इह रसभणने कृतहरिगुणने मधुरिपुपदसेवके।
कलियुगचरितं न वसतु दुरितं कविनृपजयदेवके ॥ रमते. ॥29॥

नायातः सखि निर्दयो यदि शठस्त्वं दूति किं दूयसे
स्वच्छन्दं बहुवल्लभः स रमते किं तत्र ते दूषणम्।
पश्याद्य प्रियसङ्गमाय दयितस्याकृष्यमाणं गुणैर्
उत्कण्ठार्तिभरादिव स्फुटदिदं चेतः स्वयं यास्यति ॥30॥

॥ देशाख्यरागेण गीतये ॥ गीतम् 16 ॥

अनिलतरलकुवलयनयनेन।
तपति न सा किसलयशयनेन॥
सखि या रमिता वनमालिना॥ ध्रुवम् ॥31॥

विकसितसरसिजललितमुखेन।
स्फुटति न सा मनसिजविशिखेन॥ सखि या. ॥32॥

अमृतमधुरमृदुतरवचनेन।
ज्वलति न सा मलयजपवनेन ॥ सखि या. ॥33॥

स्थलजलरुहरुचिकरचरणेन।
लुठति न सा हिमकरकिरणेन ॥ सखि या. ॥34॥

सजलजलदसमुदयरुचिरेण।
दलति न सा हृदि चिरविरहेण ॥ सखि या. ॥35॥

कनकनिकषरुचिशुचिवसनेन।
श्वसिति न सा परिजनहसनेन ॥ सखि या. ॥36॥

सकलभुवनजनवरतरुणेन।
वहति न सा रुजमतिकरुणेन ॥ सखि या. ॥37॥

श्रीजयदेवभणितवचनेन।
प्रविशतु हरिरपि हृदयमनेन ॥ सखि या. ॥38॥

मनोभवानन्दन चन्दनानिल प्रसीद रे दक्षिण मुञ्च वामताम्।
क्षणं जगत्प्राण विधाय माधवं पुरो मम प्राणहरो भविष्यसि ॥39॥

रिपुरिव सखीसंवासोऽयं शिखीव हिमानिलो
विषमिव सुधारश्मिर्यस्मिन्दुनोति मनोगते।
हृदयमदये तस्मिन्नेवं पुनर्वलते बलात्
कुवलयदृशां वामः कामो निकामनिरङ्कुशः ॥40॥

बाधां विधेहि मलयानिलपञ्चबाण
प्राणान्गृहाण न गृहं पुनराश्रयिष्ये।
किं ते कृतान्तभगिनि क्षमया तरङ्गैर्
अङ्गानि सिञ्च मम शाम्यतु देहदाहः ॥41॥

'मुरारि इस समय उस बड़भागिनी के चरण-कमल अपने हृदय के ऊपर रखकर लाक्षारस लगा रहे होंगे, महावर रच रहे होंगे, जैसे अपने हृदय के ऊपर विराजमान लक्ष्मी को उस रचना के व्याज से एक ऐसी मोतियों की गूँथी 'किसलय-माला अर्पित कर रहे हों। उस बड़भागिनी के चरण-कमल और नख-जाल लक्ष्मी के हार बन रहे हैं। कैसी विडम्बना है। सच है मुरारि ही जीते, मैं हारी।

वे बलराम के छोटे भाई (उस बलराम के जो मूसल और हल हाथ में लिये रहते हैं) जब किसी सुलोचना को रमा रहे हों, निश्चय ही ऐसे गँवारपन पर उतर आएँ कि जैसे मेरी उपेक्षा कर रहे हैं तो मेरे लिए चारा क्या है। व्यर्थ ही मैं ढूँढ़ती रहूँ, इस कुंज के भीतर दहकती रहूँ। मुरारि तो दूसरे को रमाने में लगे हैं।'

जयदेव इस अष्टपदी को रस की भणिति कहते हैं। रस की अभिव्यक्ति कहते हैं। साथ ही साथ कहते हैं कि यह हीरे के गुणों की गणना है। मधुसूदन (रससंग्रही और रस संग्रह करते हुए भी रस के प्रति निर्विकार मधुसूदन) के सेवक कवियों में अपने को श्रेष्ठ माननेवाले जयदेव यह दावा करते हैं कि यह अष्टपदी कोई सुनेगा तो कलियुग का कोई प्रभाव नहीं होगा। कोई पाप मन में नहीं बसेगा। इस गर्वोक्ति का रहस्य यह है कि श्रीकृष्ण की यह लीला जो एक ही चित्त के दो भाग कर देती है और चित्तवृत्तियों का ऐसा मन्थन करती है कि तामस चित्तवृत्तियाँ भी उन्हीं की ओर मुड़ जाती हैं, कोई छल, कहीं कुछ रहने नहीं देगी। सब छल, तामस भाव अपने में समेट लेगी और सबको श्रीकृष्णमय कर लेगी।

इसके बाद के श्लोक का अभिप्राय है कि 'सखि! तुम क्यों दुःखी हो रही हो। तुम तो बुलाने गयी थीं। तुमने अपना काम किया। वह शठ, वह निर्दयी नहीं आया। वह जहाँ मन चाहता है वहाँ अनेक के साथ रमता है। अनेक के साथ प्यार रचाता है। तुम्हारा कोई दोष नहीं है। अब तुम देखना, मेरा चित्त अब कैसे उनसे मिलने के लिए उनकी ओर उनके गुणों से खिंचकर दुस्सह पीड़ा में फटता है और कैसे उन तक इस पीड़ा का प्राण बनकर पहुँच जाता है।'

इसकी अगली अष्टपदी में ईर्ष्या और उदग्र हो जाती है और श्रीराधा सखी से कहती हैं कि 'सखि! श्रीकृष्ण के कमलनयन ऐसे चंचल हैं जैसे यह दक्षिण पवन। ये जिसको रमा रहे हैं, जिसमें रम रहे हैं वह मेरी तरह किसलय के सेज पर भी क्यों झुलसेगी। खिले हुए कमल की तरह विलसित मुखवाले जिस रमणी को आनन्द दे रहे हैं वह क्यों जानेगी कि मदन के बाणों की व्यथा क्या होती है, कैसे हृदय विदीर्ण होता है। यह तो मैं जानती हूँ।

वे अपनी अमृतमय वाणी से जिसको लुभा रहे हैं वह दखिनी बयार से कैसे लपट निकलती है और उसमें क्या दाहक पीड़ा होती है, क्या जानेगी। यह तो मैं जानती हूँ। श्रीकृष्ण के स्थलकमल जैसे लाल-लाल कर-तल और पद-तल उस रमणी को लपेट रहे होंगे। वह क्या जानेगी कि चन्द्रमा की शीतल किरणें ऐसी दहकती हैं कि मेरी जैसी अभागिन सेज पर बस इधर से उधर लोटती रहती है।

श्रीकृष्ण तो जलवर्षी मेघ की तरह जिसके ऊपर बरस रहे हैं, वह नहीं समझेगी कि यह लम्बा विरह कितना विदलित करता है।

वे अपनी श्यामता को ढँक रहे हैं, सोने जैसी रेखाओं से चमकते वस्त्रों से, जैसे उनका शरीर कसौटी हो और उनके वस्त्र सोना। वे पीताम्बर श्याम जिस बड़भागिनी को बाहुपाश में भर रहे हैं, वह क्या जानेगी कि जब अपने ही लोग हँसी उड़ाते हैं तो अपनी ही साँस घुटने लगती है। वे तो सारे भुवन में सबसे युवतर हैं, सबसे सुन्दरतर हैं। वे जिसे रमाएँगे वह अति करुण भाव से मेरी तरह निढाल नहीं पड़ेगी।'

श्री जयदेव कहते हैं कि मेरी यह अष्टपदी सुनें, देखें, इसी के द्वार से हरि हृदय में प्रवेश करते हैं। यह अष्टपदी हरि का सम्पूर्ण ध्यान है। नागर और नारायण हरि का, सर्वव्यापी हरि का सम्पूर्ण ध्यान है।

इसके बाद जो श्लोक हैं उनका अभिप्राय है कि राधा एकदम विरह के उन्माद में बक-झक करने लगती हैं और मलयानिल को सम्बोधित करती हुई

कहती हैं कि 'अरे, अब तो तुम कृतार्थ हो गये। मुझे जलाकर तुमने अपने मित्र काम को सुख दे दिया, बहुत आनन्द दिया कि मैं काम की पीड़ा से तार-तार हो गयी। अब तो तुम प्रसन्न हो। तुम एक क्षण के लिए मेरे माधव को ला दो। तुम जगत् के प्राण हो। उसके बाद मेरे प्राण ले लेना। इस समय तो सखियों की बातचीत भी जैसे बरसों की शत्रुता लग रही है। शीतल बयार अग्नि लग रही है। चन्द्रमा की किरणें विष लग रही हैं। जब मेरे प्रिय मेरे हृदयेश्वर मुझे दुःख दे रहे हों—सब कुछ उल्टा हो जाता है। क्या करूँ, इतने हृदयहीन के प्रति मेरा हृदय फिर और अधिक आवेग से मुड़ रहा है। सचमुच कामदेव बड़ा निरंकुश है और सुन्दरियों के लिए बहुत ही कठोर और प्रतिकूल है।'

राधा बिलखती हैं—'हे मलयपवन, हे पाँच फूलों के व्याज से काम के पंचबाण, दो, इस देह में जितना दुःख देना हो दो, मेरे प्राण ले लो। अब मैं इस घर में नहीं लौटूँगी। और हे यमराज की बहन यमुना, तुम भला कहाँ से कृपालु होगी कि अपनी लहरों से मेरे अंग-अंग सींचो और मेरे शरीर का दाह थोड़ा शान्त हो जाए।'

॥ अष्टमः सर्गः ॥

विलक्ष्यलक्ष्मीपतिः

अथ कथमपि यामिनीं विनीय स्मरशरजर्जरितापि सा प्रभाते।
अनुनयवचनं वदन्तमग्रे प्रणतमपि प्रियमाह साभ्यसूयम् ॥1॥

॥ भैरवीरागेण गीयते ॥ गीतम् 17 ॥

रजनिजनितगुरुजागररागकषायितमलसनिवेशम्।
वहति नयनमनुरागमिव स्फुटमुदितरसाभिनिवेशम् ॥
हरिहरि याहि माधव याहि केशव मा वद कैतववादं
तामनुसर सरसीरुहलोचन या तव हरति विषादम् ॥ ध्रुवम् ॥2॥

कज्जलमलिनविलोचनचुम्बनविरचितनीलिमरूपम्।
दशनवसनमरुणं तव कृष्ण तनोति तनोरनुरूपम् ॥ हरिहरि. ॥3॥

वपुरनुहरति तव स्मरसङ्गरखरनखरक्षतरेखम्।
मरकतशकलकलितकलधौतलिपेरिव रतिजयलेखम् ॥ हरिहरि. ॥4॥

चरणकमलगलदलक्तकसिक्तमिदं तव हृदयमुदारम्।
दर्शयतीव बहिर्मदनद्रुमनवकिसलयपरिवारम् ॥ हरिहरि. ॥5॥

दशनपदं भवदधरगतं मम जनयति चेतसि खेदम्।
कथयति कथमधुनापि मया सह तव वपुरेतदभेदम् ॥ हरिहरि. ॥6॥

बहिरिव मलिनतरं तव कृष्ण मनोऽपि भविष्यति नूनम्।
कथमथ वञ्चयसे जनमनुगतमसमशरज्वरदूनम् ॥ हरिहरि. ॥7॥

भ्रमति भवानबलाकवलाय वनेषु किमत्र विचित्रम्।
प्रथयति पूतनिकैव वधूवधनिर्दयबालचरित्रम् ॥ हरिहरि. ॥8॥

श्रीजयदेवभणितरतिवञ्चितखण्डितयुवतिविलापम्।
शृणुत सुधामधुरं विबुधा विबुधालयतोऽपि दुरापम् ॥ हरिहरि. ॥9॥

तवेदं पश्यन्त्याः प्रसरदनुरागं बहिरिव
प्रियापादालक्तच्छुरितमरुणच्छायहृदयम्।
ममाद्य प्रख्यातप्रणयभरभङ्गेन कितव
त्वदालोकः शोकादपि किमपि लज्जां जनयति ॥10॥

इस सब में रात बीतनी ही थी। रात बीत गयी। क्या राधा ने रात खोयी या कृष्ण ने या वह रात ही अभागी रही जो इन दोनों को मिला नहीं सकी। इन दोनों के बीच इस मदमाते वसन्त की बयार की व्यथा का सन्देश-प्रतिसन्देश पहुँचाती रही। राधा यह सब कल्पनाजाल रचती रही। विरह में कृष्ण की बाट जोहती रही। कृष्ण आये नहीं। राधा विरह में जर्जर हो गयी। काम के शरों के आघात से और तरह-तरह के फूलों की अरघान से जो वसन्ती रात में दसों दिशाओं से आती है, एकदम आहत हो गयी। इतने में सवेरा हो गया और सवेरे-सवेरे उसने जरा-सा आँख खोलकर देखा, श्रीकृष्ण उसके पैरों में पड़े हैं और मना रहे हैं, परन्तु उनके लिए इतनी व्याकुल वह, एकाएक ताव में आ जाती है। यही तो विडम्बना है। जब वह सन्देश भेजती है, तो वे नहीं आते हैं। वे सन्देश भेजते हैं तो वह नहीं जाती है। जाती ही नहीं, उल्टी-पुल्टी कल्पना करती है। वे उससे प्यार थोड़े ही करते हैं, किसी दूसरी से प्यार करते हैं, इसलिए नहीं आये और पूरा दृश्य सामने उपस्थित कर लेती है। ऐसा-ऐसा हो रहा होगा—श्रीकृष्ण उसके साथ रमकर उसे अपने ही हाथों से तरह-तरह के आभूषणों से सजा रहे होंगे—अब वे मनाने आये तो उसका चित्त फिर विपरीत हो गया। प्रेम की विलक्षण गति है। गीतगोविन्द में मिलना तो केवल सपना है, यह काव्य विरह का विधान है। मिलने के तमाम सपने, मिलने की स्मृतियाँ कभी आती हैं तो कभी किसी दूसरे के मिलने का पर्व आता है। मिलकर के भी मिलना नहीं होता है। अपने से भी बिछुड़ना होता है। लोग ऐसे विरहकाव्य को विलास का काव्य मान बैठे हैं। यह अत्यन्त दुर्भाग्य की बात है। विलास

तो केवल उसका पोषक है, विलास तो कहीं दिखाई नहीं देता। मिलती है एक अजस्र विरह की उबलती हुई धार। राधा चिढ़ते हुए कहती है—'जाओ माधव, जाओ केशव। मुझसे बनावटी बातें न करो, जाओ, उसी के पीछे-पीछे जाओ, उसी के पास जाओ कमलनयन, जो तुम्हारे दुःख हर सकती है। मैं कौन होती कृष्ण की आँखें रात भर जगने के कारण और विरह से जलने के कारण लाल-लाल हो गयी हैं और शरीर के अंग-अंग में एक टूटन-सी हो रही है और आँखें एकदम मुँदी-मुँदी जा रही हैं। राधा को ऐसा लगता है कि यह विरह का जागरण नहीं है, यह उस को सताने के लिए दूसरे के साथ मिलन का जागरण है और उस दूसरी ने जो प्यार दिया है, उसी प्यार से ये आँखें रंजित हो उठी हैं। उनका अन्यत्र जो चाव हुआ है वह उनकी आँखों में पल रहा है। इसी सन्दर्भ का ब्रजभाषा में एक छन्द याद आता है—

> श्री ब्रजराज अबै दुचितै भयो मो तनु दीठ करौ सुखदाई।
> न लाल गुलालहुँ की अरुणाई, न कंज गुलाबहुँ की सरसाई।
> एतेहुँ पै इतनो गहिरो रंग, धनि हैं रँगरेजिनि की चतुराई,
> साँची कहौ इन नैनन रंग की, दीन्हीं कहा तुम लाल रँगाई॥

प्यारे ब्रजराज मेरी ओर जरा-सा ध्यान धरो, मुझसे आँख मिलाओ, इस तरह से न बनो। देख रही हूँ तुम्हारी आँखें लाल हैं। गुलाल भी कहाँ इतना लाल होता होगा। कमल और गुलाब भी इतने चटक रक्त कहाँ होते होंगे? बिना इस सब साज-बाज के आँखें इतनी लाल हैं, तो जिसने रँगा है, वह है बहुत चतुर। सच-सच बतलाओ, तुमने इन आँखों की रँगाई क्या दी है?

राधा ने अपने भीतर खण्डिता का आरोप करके बड़े मर्मभेदी व्यंग्यबाणों से माधव को भेदना शुरू किया है। कहती हैं, 'लाल-लाल तुम्हारे यह अधर काले हो गये हैं, तुम्हारे काले शरीर के बिलकुल अनुरूप हो गये हैं। ऐसे नहीं काले हुए हैं। बार-बार तुमने काजल-अँजी आँखें चूमी हैं, इसलिए काले हुए हैं। जाओ मेरे पास न आओ, मुझसे झूठी-झूठी बातें न करो, उसी के पास जाओ, जिसने इन आँखों को रँगा है, इन होठों को रँगा है।

अंग-अंग तुम्हारा बता रहा है कि जैसे यह रणभूमि हो, जैसे यहाँ पर बहुत विकट युद्ध हुआ हो, जगह-जगह तो नखक्षत हैं। ऐसा लगता है जैसे नीलमणि के ऊपर, नीलमणि के पत्थर के ऊपर, सोने में लिखी हुई लिपि है। यह लिपि है रतिलीला की, माधव की जयपत्री की। अंग-अंग तुम्हारे भरपूर उपयुक्त होने का प्रमाण देता है। हटो मेरे पास से।

यहाँ मैं क्या देखती हूँ , तुम्हारी छाती पर महावर लगा है, महावर तो नारी के चरणकमलों में लगता है, कहाँ से तुम्हारी छाती पर फैल गया है। ऐसा लगता है कि यह भीतर का निषिद्ध प्रेमव्यापार एक ऐसे मदन के वृक्ष के रूप में, प्यार के वृक्ष के रूप में वहाँ उग आया है, इसमें नये-नये किसलय, नये-नये पल्लव उभर आये हैं, लाल-लाल पल्लव उभर आये हैं। तुम इस प्यार को छिपा नहीं पा रहे हो। तुम्हारे लिए यहाँ कोई ठौर नहीं है, जाओ। तुम्हारे होठों के पीछे जो दाँत हैं वे मजबूत दाँत हैं, वे जब निर्लज्ज होकर हँसते हैं तो वे मुझे और जला रहे हैं, चित्त में और दाह पैदा कर रहे हैं। क्या अब भी हम और तुम एक शरीर हैं? क्या अब भी तुम कह सकते हो कि हम तुम एक हैं?

निश्चय ही बाहर से तुम जितने काले हो, अन्दर से भी उतने ही काले हो। ऐसा न होता तो तुम मेरे जैसे बिलकुल अपने आदमी को, पहले ही से कामज्वर से पीड़ित युवती को, ऐसा धोखा नहीं देते। मेरे साथ कम-से-कम ऐसी दगा नहीं करते। तुम्हारे लिए मैं सब कुछ छोड़कर अकेली इस अँधेरी रात में इस निर्जन वन में रात-रात प्रतीक्षा करती रही। तुम हो कि सवेरे जलाने के लिए आ गये हो। इसमें कोई आश्चर्य की बात नहीं है। तुम केवल जंगल-जंगल अबलाओं को अपना भोज्य बनाने के लिए घूम रहे हो। तुम्हारा पहले से ही ऐसा चरित्र है। तुम्हें दूध पिलाने गयी थी और जब तुम बच्चे थे, तुमने पूतना के प्राण ले लिये थे, तुम्हारे लिए यह नृशंस व्यापार जन्म से सिद्ध है। तुम अब कृपा करो, जाओ यहाँ से।'

श्री जयदेव की गायी हुई यह खण्डिता युवती की विरह-विलाप-गीति सुन लें, ऐसा विलाप स्वर्ग में भी सुनने को नहीं मिलेगा। ऐसा अमृतमधुर विलाप देवता भी नहीं सुन पाते होंगे। यह विलाप मनुष्य के चित्त से ही समझा जा सकता है। इस अष्टपदी का अन्तिम श्लोक है, जिसमें राधा अपने आलाप को समेटते हुए कहती हैं, 'तुम्हारी चोरी-चोरी प्रीति का यह जो बाहर तुम्हारे शरीर में चिह्न है, इसे देख रही हूँ। विशेष रूप से तुम्हारी दूसरी प्रिया के चरणों के महावर से तुम्हारा हृदय रंजित देख रही हूँ। मुझे लगता है कि तुम्हारे प्रेम की इतनी जो ख्याति है, उस प्रेम का तो आज जैसे सूत्र ही टूट गया। छलिया! तुमको देखती हूँ, तो शोक से भी अधिक एक ग्लानि होती है कि कैसे मैंने तुमसे प्यार किया।'

॥ नवमः सर्गः ॥

मन्दमुकुन्दः

तामथ मन्मथखिन्नां रतिरसभिन्नां विषादसम्पन्नाम्।
अनुचिन्तितहरिचरितां कलहान्तरितामुवाच सखी ॥1॥

॥ गुर्जरीरागेण गीयते ॥ गीतम् 18॥

हरिरभिसरति वहति मधुपवने।
किमपरमधिकसुखं सखि भुवने ॥
माधवे मा कुरु मानिनि मानमये ॥ ध्रुवम् ॥2॥

तालफलादपि गुरुमतिसरसम्।
किं विफलीकुरुषे कुचकलशम् ॥ माध. ॥3॥

कति न कथितमिदमनुपदमचिरम्।
मा परिहर हरिमतिशयरुचिरम् ॥ माध. ॥4॥

किमिति विषीदसि रोदिषि विकला।
विहसति युवतिसभा तव सकला ॥ माध. ॥5॥

सजलनलिनदलशीतलशयने।
हरिमवलोकय सफलय नयने ॥ माध. ॥6॥

जनयसि मनसि किमिति गुरुखेदम्।
शृणु मम वचनमनीहितभेदम् ॥ माध. ॥7॥

हरिरुपयातु वदतु बहुमधुरम्।
किमिति करोषि हृदयमतिविधुरम्॥ माध. ॥8॥

श्रीजयदेवभणितमतिललितम्।
सुखयतु रसिकजनं हरिचरितम् ॥ माध. ॥9॥

स्निग्धे यत्परुषासि यत्प्रणमति स्तब्धासि यद्रागिणि
द्वेषस्थासि यदुन्मुखे विमुखतां यातासि तस्मिन्प्रिये।
युक्तं तद्विपरीतकारिणि तव श्रीखण्डचर्चा विषं
शीतांशुस्तपनो हिमं हुतवहः क्रीडामुदो यातनाः ॥10॥

सखी राधा से अनुनय करती है कि श्रीकृष्ण मनाने आये हैं और तुम उनके लिए इतनी आकुल थीं। अब तुम क्यों कलह छेड़ बैठी हो। राधा एकदम प्यार से उद्विग्न हो रही हैं उदास हो गयी हैं। उनके मन में कहीं स्नेह का रस नहीं रह गया है। इस सबके बावजूद उनकी चिन्ता का विषय केवल हरि हैं और कुछ नहीं। उनका जलना-भुनना, झगड़ना सब हरि से है। उस कलहान्तरिता से सखी कहती है—

'माधव से मान न करो। तुम्हारा तो मान वैसे ही सारा संसार करता है। देखो, इससे अधिक संसार में सुख क्या है। वसन्त की बयार बह रही है और प्रिय तुम्हारे पास अभिसार के लिए आये हैं। सब कुछ हरनेवाले हरि तुम्हारे पास आये हैं। हरि का सम्मान करो। अपने ताड़ के फल की तरह सरस और भारी इन कुच कलशों को क्यों विफल कर रही हो। इनकी सार्थकता तो हरि में है। हरि के स्पर्श में है। यह कलश उन्हीं के लिए भरे-भरे हैं और उनका उद्देश्य ही तुम नष्ट कर रही हो। छोड़ो मान। हरि सम्मान के योग्य हैं। हरि से मान करना उचित नहीं।

कई बार तो तुम्हें समझाया। अब तुम शीघ्र अपना यह स्वरूप बदलो। यह मनोभाव बदलो और अतिशय रुचिर हरि को, अपनी चेतना में बसे हुए हरि को छोड़ो मत, अवसर चूको मत। तुम उन्हें अपने भीतर भर लो, अपने बाहर भर लो, मान न करो।

बेकार में क्यों तुम इस तरह उदास हो रही हो, बिलख रही हो। देखो, सारी युवति-सभा हँस रही है कि कैसी नादान है। इतने बड़े आनन्द का अवसर सामने चरणों में लोट रहा है और यह उसका लाभ नहीं ले रही है। अब तुम समझदार

हो, मान छोड़ो। देखो अभी-अभी तोड़े हुए कमल के फूलों के दलों से रची गयी सेज पर हरि लेट गये हैं। भर आँख उन्हें देखो, अपनी आँखों को कृतार्थ करो। इन्हीं के लिए तुम तरस रही थीं। फिर उनके साथ किस प्रकार का कलह।

अब तुम क्यों मन में इतना द्वेष भरी हुई हो। क्यों व्यर्थ की आशंकाएँ तुम्हारे मन में उठ रही हैं। मैं शुद्ध तुम्हारे हित की बात करती हूँ । इसमें कोई भेद की बात नहीं है। कोई निजी स्वार्थ भी नहीं है। मैं तुम्हारी ओर से ही तुम्हें कह रही हूँ कि मान छोड़ो।

आने दो हरि को और पास। उन्हें अपनी मीठी-मीठी बात सुनाने दो। तुम्हारा हृदय उन्हीं के लिए व्याकुल है। तुम अपने हृदय के विरुद्ध क्यों ऐसा करती हो। उनसे झगड़ती हो। उनसे मिलो, उनसे मिलो। छोड़ो झगड़े-टण्टे की बात, अपनों से मान। अपने से मान होता है? अब जब अपना ऐसे आया हो तो फिर मान का अवसर क्या।'

श्री जयदेव ने यह अष्टपदी, इतनी मधुर अष्टपदी, गायी कि यह रसिकजनों के लिए सुखकर हो। सखी श्रीराधा से अन्त में कहती है कि 'तुम कैसी हो? जो तुमसे स्नेह करता है, तुम्हारे प्रति इतना कोमल है, उसके प्रति तुम इतनी कठोर हो रही हो। वह तुम्हारे पैरों में झुक रहा है और तुम ऐसी स्तब्ध खड़ी हो। जो प्यार से तुमसे अनुरोध कर रहा है, उसके प्रति तुम्हारे मन में अभी भी द्वेष है। जो तुम्हारी ओर अभिमुख हो रहे हैं, उससे तुम विमुख हो रही हो। यह कैसा उल्टा-पुल्टा व्यवहार है प्यारी सखी! इसी से शायद तुम्हारी मति इतनी उलट गयी है कि इसके कारण तुम्हारे लिए ऐसे सुखद अवसर में भी चन्दन का लेप विष लग रहा है। चन्द्रमा की शीतल किरणें लपटें लग रही हैं, बर्फ भी आग लग रही है, प्यार की लीला भी नरक की यातना लग रही है, यह प्रतिकूलता तुम्हारे भीतर कहाँ से आ गयी है। तुम तो सखी, इसी प्यार के लिए तड़प रही थीं और अब उस तड़प को मिटाने का अवसर तुम ऐसे खो रही हो।

॥ दशमः सर्गः ॥

चतुरचतुर्भुजः

अत्रान्तरे मसृणरोषवशामसीम—
निःश्वासनिःसहमुखीं सुमुखीमुपेत्य।
सव्रीडमीक्षितसखीवदनां दिनान्ते
सानन्दगद्गदपदं हरिरित्युवाच ॥1॥

॥ देशीवराडीरागेण गीयते ॥ गीतम् 19॥

वदसि यदि किञ्चिदपि दन्तरुचिकौमुदी हरति दरतिमिरमतिघोरम्।
स्फुरदधरसीधवे तव वदनचन्द्रमा रोचयतु लोचनचकोरम् ॥
प्रिये चारुशीले मुञ्च मयि मानमनिदानं
सपदि मदनानलो दहति मम मानसं देहि मुखकमलमधुपानम्
॥ ध्रुवम् ॥2॥

सत्यमेवासि यदि सुदति मयि कोपिनी देहि खरनखरशरघातम्।
घटय भुजबन्धनं जनय रदखण्डनं येन वा भवति सुखजातम्
॥ प्रिये. ॥3॥

त्वमसि मम भूषणं त्वमसि मम जीवनं त्वमसि मम भवजलधिरत्नम्।
भवतु भवतीह मयि सततमनुरोधिनी तत्र मम हृदयमतियत्नम्
॥ प्रिये. ॥4॥

नीलनलिनाभमपि तन्वि तव लोचने धारयति कोकनदरूपम्।
कुसुमशरबाणभावेन यदि रञ्जयसि कृष्णमिदमेतदनुरूपम् ॥ प्रिये. ॥5॥

स्फुरतु कुचकुम्भयोरुपरि मणिमञ्जरी रञ्जयतु तव हृदयदेशम्।
रसतु रशनापि तव घनजघनमण्डले घोषयतु मन्मथनिदेशम्
॥ प्रिये. ॥6॥

स्थलकमलगञ्जनं मम हृदयरञ्जनं जनितरतिरङ्गपरभागम्।
भण मसृणवाणि करवाणि पदपङ्कजं सरसलसदलक्तकरागम्
॥ प्रिये. ॥7॥

स्मरगरलखण्डनं मम शिरसि मण्डनं देहि पदपल्लवमुदारम्।
ज्वलति मयि दारुणो मदनकदनारुणो हरतु तदुपाहितविकारम्
॥ प्रिये. ॥8॥

इति चटुलचाटुपटुचारु मुरवैरिणो राधिकामधि वचनजातम्।
जयति पद्मावतीरमणजयदेवकविभारतीभणितमतिशातम्॥प्रिये. ॥9॥

परिहरकृतातङ्के शङ्कां त्वया सततं घन-
स्तनजघनयाक्रान्ते स्वान्ते परानवकाशिनि।
विशति वितनोरन्यो धन्यो न कोऽपि ममान्तरं
स्तनभरपरीरम्भारम्भे विधेहि विधेयताम् ॥10॥

मुग्धे विधेहि मयि निर्दयदन्तदंश-
दोर्वल्लिबन्धनिबिडस्तनपीडनानि।
चण्डि त्वमेव मुदमञ्च न पञ्चबाण-
चण्डालकाण्डदलनादसवः प्रयान्तु ॥11॥

व्यथयति वृथा मौनं तन्वि प्रपञ्चय पञ्चमं
तरुणि मधुरालापैस्तापं विनोदय दृष्टिभिः ।
सुमुखि विमुखीभावं तावद्विमुञ्च न मुञ्च मां
स्वयमतिशयस्निग्धो मुग्धे प्रियोऽहमुपस्थितः ॥12॥

बन्धूकद्युतिबान्धवोऽयमधरः स्निग्धो मधूकच्छविर्
गण्डश्चण्डि चकास्ति नीलनलिनश्रीमोचनं लोचनम्।

नासाभ्येति तिलप्रसूनपदवीं कुन्दाभदन्ति प्रिये
प्रायस्त्वन्मुखसेवया विजयते विश्वं स पुष्पायुधः ॥13॥

दृशौ तव मदालसे वदनमिन्दुसन्दीपकं
गतिर्जनमनोरमा विधुतरम्भमूरुद्वयम्।
रतिस्तव कलावती रुचिरचित्रलेखे भ्रुवाव्
अहो विबुधयौवतं वहसि तन्वि पृथ्वीगता ॥14॥

इसी बीच श्रीकृष्ण ने देखा कि प्रणय के कोप में निरन्तर उसाँस पर उसाँस भरते-भरते श्रीराधा का मोह निस्सह हो उठा है। श्रीकृष्ण और पास सरकते हैं और मनाने का व्यापार दिन-भर चलता रहा। कहाँ का खाना-पीना? उन्हें लगता है—अब दिन ढल रहा है, राधा अब भीतर से पछता रही होगी, फिर से निवेदन करना चाहिए और बजाय इसके कि हम अपराध न मानें उसने जो अपराध लगाया है, उसे मानकर उसी की बात रख करके, उससे क्षमायाचना करें। भीतर से तैयार है ही वह। सखी की ओर देखते समय बड़ी लजा रही है, क्या समझेगी कि अभी दिन में तो इतना दहक रही थी। भीतर से बड़े उल्लास के साथ हरि आत्म-निवेदन करते हैं—'प्यारी! चारु चरित्रवाली प्यारी! अब तो मान, अकारण मान छोड़ दो। मेरा मन प्यार की आग से जल रहा है। अपने मुख-कमल का मधु पिलाओ। कुछ भी बोलना चाहती हो तो तुम्हारे दाँतों की चाँदनी भय का तिमिर हर लेती है। तुम्हारे चन्द्रवदन से, तुम्हारे अधरों से, ऐसा अमृत छलक रहा है कि मेरी आँखें चकोर बनकर उसको पीना चाहती हैं। प्रिये! मान छोड़ दो, अब तो मान न करो।

सचमुच तुम मेरे ऊपर नाराज ही हो तो मुझे सजा दो, अपने नखों से आघात करो, अपनी बाँहों में मुझे कैद करो, अपने दाँतों के क्षत से मुझे खण्डित करो। इसी तरह तुम्हें सुख मिले कि मैंने सजा दे दी। अब तो प्रिये, मान मत करो।

तुम ही मेरे लिए सम्पूर्ण शृंगार हो, तुम ही मेरे जीवन का आधार हो, तुम मुझे इस भवसागर में मिली हुई अप्रतिम रत्नराशि हो। अब तुम्हारा मन मेरी ओर प्रवण हो गया है, तुम्हारा ही हृदय मेरा हृदय है। उसी के लिए मेरा हृदय निरन्तर यत्न कर रहा है। तुम्हारी आँखें नीलकमल की तरह हैं, तब भी क्यों इस समय रक्तकमल-सी इतनी लाल-लाल हो रही हैं। कुछ रोने से, कुछ ईर्ष्या

से, कुछ रोष से, तुम इन्हीं नैनों से मुझे आविद्ध करने के लिए काम का नया शर बनाओ। श्रीकृष्ण को आविद्ध करने के लिए ये योग्य बाण हैं। तुम्हारी दृष्टि से जितना मैं बिंधूँगा उतना मदन के पुष्पबाणों से नहीं।

तुम्हारे कुच-कलशों के ऊपर मणियों की माला है और तुम्हारे हृदय को अनुरक्त कर तुम्हारी करधनी जो पृथुल मध्य भाग को घेरे हुए है, उमड़ती हुई आकांक्षाओं के आदेशों की उद्‌घोषणा तो करे, अब तो तुम रति-क्रीड़ा के लिए सन्नद्ध हो गयी हो, लाज छोड़ो।

कोमल वचनों से ही बाण का काम लेती हो तुम। तुम्हारे चरणकमल, जो अभी-अभी लगे सरस महावर के राग से रंजित हैं, स्थल-कमलों की शोभा हरने वाले हैं। वे स्थल-कमल विराजें, उन्हें अनुरंजित करें। हे सुयशिनि, बोलो कि मैं क्या करूँ? प्रियभाषिणि! अपनी कोमल काकली को ही बाण की तरह वेधने वाली बनाओ। तुम्हारे चरणकमलों को, जो स्थल-कमल की शोभा से भी अधिक शोभावाले हैं, मैं और अनुरंजित करूँ महावर के रंग से और इस रंग के साथ ही चरण-कमल रति की रंगस्थली का जो मुख्य भाग है, उसे उसके लिए अपने गति से रंगमय कर दे। और रंगमय होकर मेरे हृदय का राग बन जाए।

मंजुभाषिणि! अब तो कुछ बोलो, मुँह खोलो, तुम्हारी मधुर काकली से एक नया सम्मोहन पैदा हो आया। आज्ञा दो, मैं तुम्हारे चरणकमलों में या यों कहूँ कि तुम्हारे बायें चरण में जो सुन्दरतर है और प्यारा भी है, ऐसा महावर लगाऊँ। अभी-अभी जो रंग में ताजा है, गीला है, लगाऊँ कि उसे पृथ्वी पर रखो तो वहाँ स्थल-कमल खिल उठें, ऐसे स्थल-कमल जो कहीं मिलते नहीं और उसी के साथ-साथ उन चरणों के निक्षेप से जैसे रतिरंग का सबसे ऊँचा स्थान, सबसे एकान्त स्थान लाल-लाल हो उठे। मेरा हृदय यह देखकर और अनुरागवश भर जाए। चारुचरित्रे, चारु लीलावाली राधा, अब तो प्रसन्न हो। प्रिये! क्या तुम जानती हो कि मेरे भीतर कितनी दारुण, खण्ड-खण्ड करनेवाली, चिटक-चिटक कर एक-एक मर्म को अंगार बनानेवाली आग जल रही है? यह आग दुष्ट मदन ने लगायी है। क्यों नहीं तुम इस आग को शान्त करने के लिए अपने नये किसलय सरीखे चरण को मेरे सिर पर रखती हो? यह भीतर-बाहर जो काम का ज्वर जहर बनकर फैल रहा है, तुम्हारे पद-पल्लव के सिर पर रखने से ही दूर होगा। प्रिये! तुम प्रसन्न हो, मान छोड़ो, अब बहुत हो गया।'

इस प्रकार जो अष्टपदी पद्मावती के प्रिय जयदेव कवि की वाणी में इतने प्रेम से गायी गयी है और राधिका को सम्बोधित करके श्रीकृष्ण की अत्यन्त

चतुर और प्रिय मीठी बातों का ही संकलन है, जयशाली हैं श्रीराधा कृष्ण के ऊपर और जयशाली हैं इस चर्चा के प्रतिभागी के ऊपर। अभी लगता है अभिनय के द्वारा जो अष्टपदी प्रस्तुत की गयी है, उससे जयदेव का मन नहीं भरा। इन श्लोकों के द्वारा नेपथ्य से कुछ और श्लोक पढ़वा रहे हैं। श्रीकृष्ण अब राधा से कहते हैं–

'क्यों व्यर्थ की आशंका करती हो, क्यों उससे आतंकित हो उठी हो। यह शंका तुम्हारे द्वारा खुद पैदा की गयी है। मेरा तो अन्तःस्थल, मेरा हृदय सदैव तुम्हारे कुच-कलशों और जघनों के भार से इस तरह आक्रान्त है कि कहीं दूसरे को वहाँ आने का अवकाश ही नहीं है। मेरे हृदय में तुम्हारे आक्रामक प्यार के भार का ऐसा दबाव है कि वहाँ एक तिल भी दूसरे के लिए जगह नहीं है। कोई वहाँ प्रवेश नहीं कर सकता, इसलिए तुम कोप न करो, प्रसन्न होओ।

तुम अभी भी यदि कुपित हो तो तुम मुझे ऐसा निर्दय दण्ड दो–निःसंकोच दन्त-दंशों से, बाहुपाश की कैद से और अपने स्तनों से पीड़ित करने से। तुम अपने कोप की शान्ति पाओ, प्रसन्न हो। मैं नहीं चाहता कि नृशंस कामदेव के बाणों से मेरे प्राण जाएँ। इस प्रकार का आघात ही तुम्हें प्रसन्न करेगा और मुझे भी ऐसे विषम बाणों की पीड़ा से त्राण देगा।

तुम्हारी चुप्पी तुम्हें व्यर्थ ही भीतर-भीतर कुतर रही है, कष्ट दे रही है, पंचम राग छेड़ो, कोमल बनो, कोयल जैसी मधुरसंलापिनी बनकर अपनी दृष्टि से रस-वृष्टि से मुझे सुख पहुँचाओ। इस प्रकार तुम दूसरी ओर जो मुख किये बैठी हो, अपना सुन्दर मुख इधर करो और अब दम्भ छोड़ो। यह स्वयं ही तुम्हारा प्रिय जो अत्यन्त विरह का क्लेश पाकर स्निग्ध हो गया है, स्नेह-दृष्टि से उसे बाँध लो।

तुम्हारे होठ दुपहरिया के फूल की तरह लाल-लाल हो उठे हैं, जैसे किसी तैयारी में हों। तुम्हारे गाल महुए की तरह सरस सुनहली कान्तिवाले दिख रहे हैं, जैसे अभी-अभी उसमें से रस चू पड़ेगा। तुम्हारी आँखें नीले कमलों की कान्ति हर रही हैं। नीली-नीली आँखें समस्त सौन्दर्य का सार अपने पास खींचकर रखे हुए हैं। तुम्हारी नाक तिल के फूल की तरह लग रही है। दाँत तुम्हारे कुन्द के फूल की तरह हैं। ऐसा लगता है तुम्हारे मुँह की सेवा में पुष्पों को बाण बनानेवाले कामदेव ने अपने समस्त पुष्प लगा दिये हैं।

तुम्हारी आँखें सौभाग्यमद से अलसायी हुई हैं कि अब तो प्रिय मेरे चरणों में हैं। तुम्हारा मुँह चन्द्रमा के मन में ईर्ष्या पैदा करनेवाला है, क्योंकि उसमें

कहाँ इतनी शक्ति कि विश्व-मनमोहन के ऊपर छा जाए। तुम्हारी गति जन-जन के मन को आनन्दित करनेवाली है। तुम्हारी जाँघें कदली के पेड़ की तरह सहारा दे रही हैं, वे इतनी चिकनी, इतनी ढलुवाँ हैं। तुम्हारी रति-कुशलता जितनी कलाएँ लिये हुए है, उतनी ही सम्भावनाएँ लिये हुए है। तुम्हारी भौंहें चित्ररचना जैसी लगती हैं। ऐसा लगता है कि तुम पृथ्वी पर रहती हुई भी इस पृथ्वीछन्द में उतरकर देवताओं के यौवन का वितान बनी हुई हो। तुम्हारा यौवन दिव्य है। यही घोषणा इस अष्टपदी में की जा रही है।

॥ एकादशः सर्गः ॥

सानन्ददामोदरः

सुचिरमनुनयेन प्रीणयित्वा मृगाक्षीं
गतवति कृतवेशे केशवे कुञ्जशय्याम्।
रचितरुचिरभूषां दृष्टिमोषे प्रदोषे
स्फुरति निरवसादां कापि राधां जगाद ॥1॥

॥ वसन्तरागेण गीयते ॥ गीतम् 20॥

विरचितचाटुवचनरचनं चरणे रचितप्रणिपातम्।
सम्प्रति मञ्जुलवञ्जुलसीमनि केलिशयनमनुयातम् ॥
मुग्धे मधुमथनमनुगतमनुसर राधिके ॥ ध्रुवम् ॥2॥

घनजघनस्तनभारभरे दरमन्थरचरणविहारम्।
मुखरितमणिमञ्जीरमुपैहि विधेहि मरालविकारम् ॥ मुग्धे. ॥3॥

शृणु रमणीयतरं तरुणीजनमोहनमधुपविरावम्।
कुसुमशरासनशासनबन्दिनि पिकनिकरे भज भावम्॥ मुग्धे. ॥4॥

अनिलतरलकिसलयनिकरेण करेण लतानिकुरम्बम्।
प्रेरणमिव करभोरु करोति गतिं प्रतिमुञ्च विलम्बम्॥ मुग्धे. ॥5॥

स्फुरितमनङ्गतरङ्गवशादिव सूचितहरिपरिरम्भम्।
पृच्छ मनोहरहारविमलजलधारममुं कुचकुम्भम् ॥ मुग्धे. ॥6॥

अधिगतमखिलसखीभिरिदं तव वपुरपि रतिरणसज्जम्।
चण्डि रसितरशनारवडिण्डिममभिसर सरसमलज्जम् ॥ मुग्धे. ॥7॥

स्मरशरसुभगनखेन करेण सखीमवलम्ब्य सलीलम्।
चल वलयक्वणितैरवबोधय हरिमपि निजगतिशीलम्॥ मुग्धे. ॥8॥

श्रीजयदेवभणितमधरीकृतहारमुदासितवामम्।
हरिविनिहितमनसामधितिष्ठतु कण्ठतटीमविरामम् ॥ मुग्धे. ॥9॥

सा मां द्रक्ष्यति वक्ष्यति स्मरकथां प्रत्यङ्गमालिङ्गनैः
प्रीतिं यास्यति रंस्यते सखि समागत्येति चिन्ताकुलः।
स त्वां पश्यति वेपते पुलकयत्यानन्दति स्विद्यति
प्रत्युद्गच्छति मूर्च्छति स्थिरतमः पुञ्जे निकुञ्जे प्रियः ॥10॥

अक्ष्णोर्निक्षिपदञ्जनं श्रवणयोस्तापिच्छगुच्छावलीं
मूर्ध्नि श्यामसरोजदाम कुचयोः कस्तूरिकापत्रकम्।
धूर्तानामभिसारसत्वरहृदां विष्वङ्निकुञ्जे सखि
ध्वान्तं नीलनिचोलचारु सुदृशां प्रत्यङ्गमालिङ्गति ॥11॥

काश्मीरगौरवपुषामभिसारिकाणाम्
आबद्धरेखमभितो रुचिमञ्जरीभिः।
एतत्तमालदलनीलतमं तमिस्रं
तत्प्रेमहेमनिकषोपलतां तनोति ॥12॥

हारावलीतरलकाञ्चनकाञ्चिदाम-
केयूरकङ्कणमणिद्युतिदीपितस्य।
द्वारे निकुञ्जनिलयस्य हरिं निरीक्ष्य
व्रीडावतीमथ सखी निजगाद राधाम् ॥13॥

॥ वराडीरागेण गीयते ॥ गीतम् 21 ॥

मञ्जुतरकुञ्जतलकेलिसदने।
विलस रतिरभसहसितवदने ॥
प्रविश राधे माधवसमीपमिह ॥ ध्रुवम् ॥14॥

नवभवदशोकदलशयनसारे।
विलस कुचकलशतरलहारे ॥ प्रविश. ॥15॥

कुसुमचयरचितशुचिवासगेहे।
विलस कुसुमसुकुमारदेहे ॥ प्रविश. ॥16॥

चलमलयवनपवनसुरभिशीते।
विलस रसवलितललितगीते ॥ प्रविश. ॥17॥

मधुमुदितमधुपकुलकलितरावे।
विलस मदनरससरसभावे ॥ प्रविश. ॥18॥

मधुरतरपिकनिकरनिनदमुखरे।
विलस दशनरुचिरुचिरशिखरे ॥ प्रविश. ॥19॥

विततबहुवल्लिनवपल्लवघने।
विलस चिरमलसपीनजघने ॥ प्रविश. ॥20॥

विहितपद्मावतीसुखसमाजे।
कुरु मुरारे मङ्गलशतानि
भणति जयदेवकविराजे ॥ प्रविश. ॥21॥

त्वां चित्तेन चिरं वहन्नयमतिश्रान्तो भृशं तापितः
कन्दर्पेण तु पातुमिच्छति सुधासम्बाधबिम्बाधरम्।
अस्याङ्गं तदलङ्कुरु क्षणमिह भ्रूक्षेपलक्ष्मीलव-
क्रीते दास इवोपसेवितपदाम्भोजे कुतः सम्भ्रमः ॥22॥

सा ससाध्वससानन्दं गोविन्दे लोललोचना।
सिञ्जानमञ्जुमञ्जीरं प्रविवेश निवेशनम् ॥23॥

श्रीकृष्ण के मनाने से श्रीराधा प्रसन्न हो गयीं और अब अभिसार के स्थान में केशव आश्वस्त होकर सेज बिछाने चले गये। श्रीराधा भी अपने को सजाने

में तरह-तरह के सुन्दर आभूषणों को पहनने लगीं, ऐसे आभरण और ऐसी वेशभूषा जो रात के अनुकूल हो, जब आँखों से कुछ नहीं दिखता। वह भीतर से उमग रही थीं तो किसी सखी ने उनसे अनुरोध किया कि प्यारी, अब तो प्रसन्न हो गयी हो, अब तो तुम्हें प्रतीति हो गयी कि मधु को मथनेवाले गोविन्द तुम्हारे अनुगत हो गये। अब तुम उनके पीछे-पीछे उनके स्थान तक पहुँचोगी, तो तुम्हारा मान तो सफल ही हुआ, तुम्हारा सर्वात्म सम्पूर्णता को प्राप्त करेगा। तुम्हारे पैरों में मीठी-मीठी बातें करके उन्होंने सिर टिकाया और तुम्हारे स्वागत की तैयारी करने के लिए केलिशय्या की रचना करने के लिए जो सुन्दर बेंत की लता निकुंज में है, जहाँ इसके आगे केवल यमुना की रेती है, यमुना है, अन्तिम निकुंज है, वहाँ चले गये हैं, अब तुम भी उनके पीछे-पीछे चलो।

मैं जानती हूँ कि तुम धीरे-धीरे ही चल पाओगी। स्तन-भार से झुकी जा रही हो, श्रोणी-भार से झुकी जा रही हो। धीरे-धीरे चलो। तुम्हारे मणि-नूपुर धीरे-धीरे बजते रहें और भ्रम हो कि इस समय हंसध्वनि हो रही है। सखि, अब यहाँ बैठी न रहो, उठो और चल पड़ो। सुनो न, युवतियों के मन को कहाँ-से-कहाँ ले जानेवाला भौंरों का गुंजार हो रहा है, चारों ओर शायद तुम्हारे नूपुरों का साथ देने के लिए भौंरे विकल हो उठे हैं। सुनो, अब तुम ध्यान दो कि कामदेव की बन्दीजन होकर कोकिल कूक उठी है। ये सब तुम्हारे अभिसार के मंगल के संकेत हैं। देखो, सारी प्रकृति तुम्हें आगे ले जाने के लिए विकल है। लताकुंज मन्द-मन्द बयार में अपने किसलय के हाथों से तुम्हें सहारा दे रहे हैं, आगे चलो। अब विलम्ब न करो। चलते समय तुम्हारे पैरों का ऊपरी हिस्सा हथेली या हथेली की ढलान लगता है। तुम और प्रमाण न ढूँढ़ो, अपने भीतर ही प्रमाण पाओ कि कितने हर्ष का सागर उमड़ रहा है। तुम्हारे कुचकलश फरक रहे हैं, मानो काम तरंगायित हो उठा हो। वे यह सूचना दे रहे हैं कि इन्हीं के सहारे हरि प्यार के समुद्र में तैर पाएँगे। तुम इन्हीं कुचकलशों से पूछो, जो मनोहारी हैं, जहाँ रस की धार बह रही है।

तुम मेरी बात न सुनो, तुम अपने ही अंगों से प्रमाण पाओ कि तुम्हारी अभिलाषा हद से आगे चली गयी है। प्यारी सखि, भोली-भाली सखी, अब जान लो कि तुम्हारे भीतर मिलने की पूरी तैयारी हो चुकी है, तुम अब क्यों ठहरी हुई हो। प्यारी सखि, कैसा कोप है तुम्हारा जो इतना सब कुछ हो गया, सारी तैयारी हो गयी और अभी भी तुम ऐसी ठसक में पड़ी हो, चल नहीं पा रही हो। सारी सखियों ने तुम्हें रति-केलि के लिए पूरी तरह तुम्हारे शरीर को सन्नद्ध

कर दिया है, जैसे किसी युद्ध के वीर को तैयार किया जाता है। तुम्हारी करधनी ऐसी बज रही है, जैसे तुम्हारी जययात्रा की दुन्दुभी बज रही हो। चलो अभिसार के लिए निकल पड़ो, लाज छोड़ो, अपने भीतर-बाहर इस रस का प्रवाह देखो, उसी में बह चलो।

यदि तुम बड़ी निढाल हो, तो यही नाटक करो कि सखी का अवलम्बन ले लो। अपने कोमल हाथों से उसका अवलम्बन ले लो। यह हाथ दिखने में ही कोमल है, यह नख तो काम के बाण की तरह से वेधक है और हरि वेध्य होनेवाले हैं। अपने कंकण की ध्वनि से, अपनी चूड़ियों की झंकार से जताओ, हम आ रहे हैं। वे अपनी तैयारी में लगे हैं, अपने मन की अभिलाषा पूरी करने में लगे हैं। उन्हें जताओ कि मेरी भी अभिलाषा है, उसे भी पूरी होना है। जयदेव का यह गीत जिनका चित्त हरि में लगा हुआ है, ऐसे लोगों के कण्ठ में विराजे, सदा-सदा के लिए विराजे और हरि के ऊपर हो जाए।

यह अष्टपदी सौन्दर्य के रस का उद्घाटन करती है। राग के भीतरी परतों को खोल रही है। इस प्रकार शरीर और चित्त एक-दूसरे का साथ नहीं दे पाते। राग-व्यापार की यही विचित्रता होती है। पहला स्थगित होता है, तो दूसरा उमगता है और एक क्षण आता है कि दोनों नहीं रहते, केवल उनके स्थान पर प्यार रह जाता है। इसके बाद चार श्लोक हैं, जिनमें तीन में तो अभिसार के लिए आ रही राधा का तथा श्रीकृष्ण की तैयारी का वर्णन है। चौथी में अगली अष्टपदी की भूमिका का वाक्य है।

हरि सोच रहे हैं—'राधा आ रही है, मुझे देखेगी तो मुझसे बात नहीं करेगी, प्यार की बात, अंग-अंग का आलिंगन कर प्यार करेगी। कितनी प्रसन्न होगी, आएगी तो कितना आनन्द देगी।' यह सब सोचते-सोचते वे उत्कण्ठा से आकुल हो जाते हैं। यह वर्णन करते हुए सखी कहती है—'तुमको जब देखेंगे तो पुलकित हो उठेंगे, आनन्दित हो उठेंगे, वे जब देखेंगे कि तुम पसीने-पसीने हो रही हो। तुम्हें देखेंगे कि तुम सँभल कर उठ रही हो, तो वे मोहित हो जाएँगे। तुम्हारे प्रिय ऐसे निकुंज में तुम्हारी बाट जोह रहे हैं जहाँ सारे विश्व का अन्धकार सिमट आया है।

घनी काली रात आँखों में अंजन बन रही है, कानों में तमाल के पत्रों के कुण्डल बना रही है, सिर पर नीलकमल की माला बन रही है, स्तनों पर कस्तूरी की चित्ररचना बन रही है। हर एक झुरमुट में अत्यन्त चतुर रसिकों के अभिसार के लिए पूरा वातावरण रचा रही है यह रात। यह रात ही नील वसन हो रही

है और अंग-अंग को लपेट रही है अपने निस्सीम विस्तार में, ऐसी रात में क्या लाज, क्या संकोच। जो अभिसारिकाएँ केसर की तरह कान्तिवाली हैं, उनके लिए यह तमाल की पत्तियों का घना अन्धकार, उन पत्तियों की छाया से घना हुआ अन्धकार ऐसा लगता है कि कसौटी का पत्थर अपने को बनाकर प्रस्तुत कर रहा है, जिस पर इन सुन्दरियों का, इन केसरदल-सरीखी सुन्दरियों के प्रेम का सोना परखा जाएगा। सोने का रंग ही कसौटी पर परखा जाता है, कसौटी का रंग सोने पर नहीं चढ़ता। इसलिए यह राधा के प्रेम की परीक्षा है। राधा का प्रेम श्रीकृष्ण में प्रतीत होता है, लेकिन श्रीकृष्ण का प्रेम राधा में बाहर प्रतीत नहीं होता, वह भीतर समा जाता है।'

यह सब सुनकर राधा लजा जाती हैं। निकुंज तक पहुँचती हैं तो वे देखती हैं कि निकुंज उनके आभूषण की कान्ति से, उनके मुक्ताहार की कान्ति से, सोने की करधनी की कान्ति से, पुखराज और कान की मणियों की कान्ति से उनके पहुँचते ही केलिगृह का द्वार दीपित हो उठता है और वहाँ प्रतीक्षारत श्रीकृष्ण उस आलोक में दिख जाते हैं। इससे और लाज में भर जाती हैं राधा। सखी अब उन्हें पैर आगे रखने के लिए अनुरोध करती है।

सखी ने अब श्रीराधा को केलिगृह में प्रवेश करने के लिए कहा—'राधा, अब तुम माधव के समीप चलो, इस केलिगृह में प्रवेश करो। कितना तो सुन्दर है यह झुरमुट के बीच रचा केलिगृह। अब तो तुम्हारे मुँह पर प्यार के आवेग की हँसी आये और तुम विलास से उतरो। तुम्हारी सेज नये-नये निकले अशोक के पत्तों से सजी है। ऐसी सेज, ऐसे वसन्त की ओर से भेंट की गयी सेज कहाँ और रची गयी होगी? इस सेज पर विलसो और देखो, तुम्हारे वक्षःस्थल पर हार चंचल हो रहा है। संकेत दे रहा है कि तुम भी रतिचपल हो। पूरा-का-पूरा केलिमण्डप चुने हुए फूलों से रचा गया है। और उन फूलों की चमक से दीपित हो रहा है। इसमें और कौन विलास करेगा, सिवाय तुम्हारे, जो स्वयं फूलों की तरह कोमल देहवाली है। चलो, निर्भय प्रवेश करो। यह तुम्हारा ही घर है। इसमें झिर-झिर दखिनइया बयार और उसके साथ शीतल सुगन्ध आ रही है। यह तो तुम्हारे भीतर के रस को प्राणों के द्वारा गीतों में मुखरित करने का क्षण आया है। गाओ, प्रेम के गीत गाओ। ऐसा लगता है जैसे चारों ओर से वसन्त में परम आनन्द पानेवाले भौरों ने संगीत का समा बाँध दिया हो। यह एक बहुत बड़े आनन्द की भूमिका है। बहुत बड़े प्रणयमिलन का मंगल है, प्रसन्न होकर मुस्कराओ कि तुम्हारे सुन्दर दाँतों की छवि से सब कुछ दीपित हो जाए। राधा!

इस केलिगृह में इतनी लताएँ और उनके इतने पल्लव छाये हुए हैं। इसमें मन भर विलसो, देर-देर तक विलसो, तुम्हारी जाँघें अलसायी हुई पहले से ही यही पुकार रही हैं, जयदेव की अष्टपदी के द्वारा हे कृष्ण! सौ-सौ मंगल रचो। श्री जयदेव स्वयं श्रीराधा से अनुरोध कर रहे हैं–जो लक्ष्मी की सारी सम्पदा, सारा सुख लेकर आज उपस्थित हैं, कि आप मुरारि के लिए सौ-सौ प्रकार के मंगलविधान करो, उनका मंगल तुम्हारे साथ रमने में है और तुम्हारे रमने के प्रकार से ही विश्व का मंगल होगा।

जयदेव अपनी इस अष्टपदी से तुम्हें उनके, माधव के लिए प्रस्तुत कर रहे हैं। फिर श्रीकृष्ण की ओर अभिमुख होकर कहते हैं, तुम मन में जाने कब से इतनी कल्पनाएँ वहन करते-करते थक गये हो, इतने भीतर से अभितप्त हो गये हो।

फिर राधा को सम्बोधित करके कहते हैं, श्रीकृष्ण तुम्हें चित्त में इतनी देर से वहन कर रहे हैं कि अब थक गये हैं, और भीतर-ही-भीतर एकदम अभितप्त हो गये हैं। अब तुम्हारे अमृत को भी लज्जित करने वाली अधरों की मधुराई भरपेट छकना चाहते हैं। अब तुम राधा, इस अभिलाषी प्रिय के अंगों की शोभा बनो। एक क्षण अपनी भौंहों को हल्का-सा तिरछा करके तुमने इन्हें अपना क्रीत दास बना लिया है। ऐसे दास के ऊपर अपने चरण-कमल रखो। अब क्यों इतनी घबराहट?'

इसके अनन्तर अगली अष्टपदी की भूमिका है। भीतर कुछ काँपती, कुछ उमगती श्रीराधा इधर-उधर देखते गोविन्द को निहारती, नूपुर झंकारती केलिगृह में प्रविष्ट हुईं। प्रविष्ट होते हुए उन्होंने श्रीकृष्ण को ऐसा पाया, जैसे वह पहले से ही अंग-अंग में राधा को ही धारण कर रहे हों।

॥ वराडीरागेण गीयते ॥ गीतम् 22 ॥

राधावदनविलोकनविकसितविविधविकारविभङ्गम्।
जलनिधिमिव विधुमण्डलदर्शनतरलिततुङ्गतरङ्गम् ॥
हरिमेकरसं चिरमभिलषितविलासं
सा ददर्श गुरुहर्षवशंवदवदनमनङ्गनिवासम् ॥ ध्रुवम् ॥24॥

हारममलतरतारमुरसि दधतं परिरभ्य विदूरम्।
स्फुटतरफेनकदम्बकरम्बितमिव यमुनाजलपूरम् ॥ हरि. ॥25॥

श्यामलमृदुलकलेवरमण्डलमधिगतगौरदुकूलम्।
नीलनलिनमिव पीतपरागपटलभरवलयितमूलम् ॥ हरि. ॥26॥

तरलदृगञ्चलचलनमनोहरवदनजनितरतिरागम्।
स्फुटकमलोदरखेलितखञ्जनयुगमिव शरदि तडागम् ॥ हरि. ॥27॥

वदनकमलपरिशीलनमिलितमिहिरसमकुण्डलशोभम्।
स्मितरुचिरुचिरसमुल्लसिताधरपल्लवकृतरतिलोभम् ॥ हरि. ॥28॥

शशिकिरणच्छुरितोदरजलधरसुन्दरसकुसुमकेशम्।
तिमिरोदितविधुमण्डलनिर्मलमलयजतिलकनिवेशम् ॥ हरि. ॥29॥

विपुलपुलकभरदन्तुरितं रतिकेलिकलाभिरधीरम्।
मणिगणकिरणसमूहसमुज्ज्वलभूषणसुभगशरीरम् ॥ हरि. ॥30॥

श्रीजयदेवभणितविभवद्विगुणीकृतभूषणभारम्।
प्रणमत हृदि सुचिरं विनिधाय हरिं सुकृतोदयसारम् ॥ हरि. ॥31॥

इस अष्टपदी में यह वर्णन दिया गया है कि राधा किस प्रकार श्रीकृष्ण को देखती हैं। इस अष्टपदी में श्रीकृष्ण की जितनी उपमाएँ दी गयी हैं, वे सभी विश्व-सृष्टि के साथ एकाकार होने का कार्य करनेवाली हैं। पहली उपमा तो उनकी उत्ताल समुद्र से है, जो चन्द्रमा को देखकर अपना स्वरूप खोकर विक्षुब्ध हो गया है। दूसरी उपमा उनकी यमुना के आपूरित जल-प्रवाह से दी गयी है, जिसके ऊपर उज्ज्वल हार फेन के समूह की तरह फैला दिखता है। तीसरी उपमा उस नीलकमल से दी गयी है जो पूर्ण रूप से विकसित हो गया है और पीले पराग से मण्डित हो गया है। चौथी उपमा शरद् के उस सरोवर से दी गयी है, जिसमें एक खिले हुए कमल के बीच में खंजन का जोड़ा खेल रहा है। पाँचवीं उपमा बादलों के बीच में से निकलते हुए चन्द्र की परिस्थिति से दी गयी है। इस परिस्थिति में छोटे-छोटे बादल के टुकड़ों पर जब चाँदनी आलोकित होती है तो वे जूही-चमेली के फूल बन जाते हैं और जहाँ नहीं पड़ती है वे कजरारे बने रहते हैं और श्रीकृष्ण के केशपाश में फूलों के गुम्फन के उपमान बन जाते

हैं। अन्तिम उपमा श्रीकृष्ण के तिलक की है, जो अन्धकार में उगते हुए चन्द्र से दी गयी है।

ये सारी उपमाएँ एक ही बात रेखांकित करती हैं कि श्रीकृष्ण पूरी समष्टि के चैतन्य-तत्त्व हैं, आनन्द-तत्त्व हैं और पूरी सृष्टि की सत्ता के ही सघन पुंजित रूपान्तर हैं, जिन्हें इस रूप में देखकर पाया जाए। उनके पाने के अनन्तर देखने वाली राधा फिर कैसे उस स्वरूप को न प्राप्त करें, जिसका संकेत गीतगोविन्द की अन्तिम अष्टपदी में किया गया है। देखना ही तो पाना है।

इस अष्टपदी में ध्यान देने योग्य बात यह है कि श्रीकृष्ण का समस्त परिधान गौर है, राधामय है, जबकि अन्तिम अष्टपदी में राधा का शृंगार श्रीकृष्णमय है।

राधा ने श्रीकृष्ण को देखा कि उनकी देह पर रोमांच है, रोमांच के साथ कहीं-कहीं स्वेद की बूँदें हैं। ऐसा लगता है, जैसे उनके पूरे शरीर में जगह-जगह मणियों की किरणों की छटा उनका आभूषण बन रही है, वे राधामय हो रहे हैं वे पहले से ही रति-क्रीड़ा के लिए एक विचित्र आकुल प्रत्याशा में अधीर हैं।

श्री जयदेव कहते हैं कि ऐसे श्रीकृष्ण को देर तक हृदय में रखो, उन्हें प्रणाम करो। बड़े पुण्य से ऐसे श्रीकृष्ण का मन में उदय होता है, जो श्रीराधा के संग जुड़कर, द्विगुणित भूषण के भार से राधा से जुड़कर द्विगुणित हो जाते हैं।

अतिक्रम्यापाङ्गं श्रवणपथपर्यन्तगमन-
प्रयासेनेवाक्ष्णोस्तरलतरतारं पतितयोः।
इदानीं राधायाः प्रियतमसमालोकसमये।
पपात स्वेदाम्बुप्रसर इव हर्षाश्रुनिकरः ॥32॥

भजन्त्यास्तल्पान्तं कृतकपटकण्डूतिपिहित-
स्मितं याते गेहाद्बहिरवहितालीपरिजने।
प्रियास्यं पश्यन्त्याः स्मरशरसमाकूतसुभगं
सलज्जा लज्जापि व्यगमदिव दूरं मृगदृशः ॥33॥

आँखें अपनी अपांग से दूर कानों तक खिंचीं, खुली आँखें इतनी बड़ी-बड़ी लगती हैं, लगता है कि इतने समय के बाद राधा ने प्रियतम को देखा तो हर्ष के आँसू ढल पड़े, मानो आँखों में देखने से ही इतना प्यार उमड़ आया। रतिक्रीड़ा में इतना आस्वाद मिल गया कि आँखें पसीना-पसीना हो गयीं। ये

आँखें लम्बी-लम्बी हैं। ऐसा लगता है कि ये कान तक पहुँचना चाहती हैं और इसी प्रयत्न में ये इतनी शिथिल हो गयी हैं और शिथिल होते हुए ही झुक गयी हैं। झुकते ही वे अश्रु में जलमग्न हो गयी हैं।

ज्यों ही राधा ने सेज के सिरे पर आसन जमाया, त्यों ही सखियों ने बहाना किया कि हमें यहाँ खुजली हो रही है और मुँह के भीतर हँसी दबाये हुए बाहर निकल गयीं। इनके निकल जाने के बाद भर आँख राधा ने श्रीकृष्ण को देखा और ऐसे देखा जैसे कि नये सिरे से उन्हें पुनः स्मर के शरों से बींध रही हों। अब तो लज्जा भी लजाकर दूर चली गयी। इस तरह की प्रगल्भता की कल्पना लज्जा को भी नहीं थी। यह विचित्र रतिव्यापार है, इसमें अब लाज कहाँ से रहेगी? श्रीकृष्ण के हृदय के पन्नों पर कहीं आवरण रहता है?

॥ द्वादशः सर्गः ॥

सुप्रीतपीताम्बरः

गतवति सखीवृन्देऽमन्दत्रपाभरनिर्भर-
स्मरपरवशाकूतस्फीतस्मितस्नपिताधराम्।
सरसमनसं दृष्ट्वा राधां मुहुर्नवपल्लव-
प्रसवशयने निक्षिप्ताक्षीमुवाच हरिः प्रियाम् ॥1॥

॥ विभासरागेण गीयते ॥ गीतम् 23 ॥

किसलयशयनतले कुरु कामिनि चरणनलिनविनिवेशम्।
तव पदपल्लववैरिपराभवमिदमनुभवतु सुवेशम् ॥
क्षणमधुना नारायणमनुगतमनुसर राधिके ॥ ध्रुवम् ॥2॥

करकमलेन करोमि चरणमहमागमितासि विदूरम्।
क्षणमुपकुरु शयनोपरि मामिव नूपुरमनुगतिशूरम् ॥ क्षण. ॥3॥

वदनसुधानिधिगलितममृतमिव रचय वचनमनुकूलम्।
विरहमिवापनयामि पयोधररोधकमुरसि दुकूलम् ॥ क्षण. ॥4॥

प्रियपरिरम्भणरभसवलितमिव पुलकितमतिदुरवापम्।
मदुरसि कुचकलशं विनिवेशय शोषय मनसिजतापम् ॥ क्षण. ॥5॥

अधरसुधारसमुपनय भाविनि जीवय मृतमिव दासम्।
त्वयि विनिहितमनसं विरहानलदग्धवपुषमविलासम् ॥ क्षण. ॥6॥

शशिमुखि मुखरय मणिरशनागुणमनुगुणकण्ठनिनादम्।
श्रुतियुगले पिकरुतविकले मम शमय चिरादवसादम् ॥ क्षण. ॥7॥

मामतिविफलरुषा विकलीकृतमवलोकितुमधुनेदम्।
मीलितलज्जितमिव नयनं तव विरम विसृज रतिखेदम् ॥ क्षण. ॥8॥

श्रीजयदेवभणितमिदमनुपदनिगदितमधुरिपुमोदम्।
जनयतु रसिकजनेषु मनोरमरतिरसभावविनोदम् ॥ क्षण. ॥9॥

माराङ्के रतिकेलिसंकुलरणारम्भे तया साहस-
प्रायं कान्तजयाय किञ्चिदुपरि प्रारम्भि यत्सम्भ्रमात्।
निष्पन्दा जघनस्थली शिथिलिता दोर्वल्लिरुत्कम्पितं
वक्षो मीलितमक्षि पौरुषरसः स्त्रीणां कुतः सिध्यति ॥10॥

अथ कान्तं रतिक्लान्तमपि मण्डनवाञ्छया।
निजगाद निराबाधा राधा स्वाधीनभर्तृका ॥11॥

अब श्रीकृष्ण ने राधा के ऊपर दृष्टि डाली। सखियाँ चली गयी हैं और प्यार का देवता भी लजा गया है। उसको भी परवश करके राधा के अधरों पर हँसी खेल रही है। श्रीकृष्ण ने देखा अब राधा का मन रस में भर गया है, वे बड़े उत्सुक भाव से देख रही हैं, नये पल्लवों की सेज की तरफ। 'यहाँ आओ', हरि कहते हैं, 'इच्छाओं से भरी राधिका, अपने चरण-कमल इस पल्लव की सेज पर स्थापित करो। पैर नीचे न लटकाये रहो। ये पल्लव तुम्हारे पदपल्लव से बैर करते हैं। अब उनसे दबाये जाने पर अपनी हार का अनुभव करें। अब ऐसा क्षण आया है कि तुम अपने अनुगत नारायण के साथ-साथ विलसो।'

स्मरणीय है कि वे अपने को नारायण कहते हैं, अर्थात् समस्त सृष्टि के आदि में अकेले सोये हुए नारायण के रूप में अपने को स्थापित करते हैं, मानो आमन्त्रण देते हैं कि 'आओ अब तुम रस-सृष्टि के आरम्भ की भूमिका बनो। बड़ी दूर से आयी हो, मैं तुम्हारे चरणकमल अपने करकमलों से सहलाऊँ। थोड़ी देर तक इसे मेरे ऊपर रखने की कृपा करो। इस शय्या पर आ रही हो, थोड़ी देर सेज पर आकर केवल चरणों के इन नूपुरों के ऊपर कृपा करो, क्योंकि

तुम्हारी तरह यह भी तुम्हारे साथ ही बजते हैं। तुम्हारे आनन्द के साथ आनन्दित, तुम्हारे दुःख में दुखी होते हैं। अब मीठी बातें शुरू करो। तुम्हारा वचन चन्द्रमा से उमड़ती हुई सुधा-धारा है। मुझे अनुमति दो कि तुम्हारे स्तनों के विकास को रोकनेवाले आवरण को मैं हटा दूँ, जैसे वह आवरण भी विरह का एक रूप ही हो। वह क्षण आ गया है कि तुम नारायण के साथ नारायण की अनुगामिनी बनो। विश्वव्यापी लीला की तुम अधिष्ठात्री बनो। मेरी छाती पर कुच-कलश रखो, जैसे कि एक मंगलवेदी पर कलश रख रही हो। देवि! क्या थोड़े से आलिंगन के आवेग में इधर-उधर हो गयी हो। पुलक से भर उठा है, यह हाथों की पहुँच में नहीं आ रहा है। इसे यहाँ स्थापित रहने दो, जिससे मेरे भीतर का काम-ज्वर शान्त हो।

अपनी अधर-सुधा से मुझमें नये प्राणों का संचार करो। तुम्हारा यह सेवक अधमरा हो गया है, तुम्हारी चिन्ता करते-करते विरह की आग में जल गया है और इसमें कोई चेष्टा नहीं रह गयी है। उसे तुम पुनः सक्रिय करो; सप्राण करो, नारायण को, अपने अनुगत नारायण को अवबोधित करो। हे चन्द्रवदनी, अपनी मणि की करधनी को अपने कण्ठ के स्वर के साथ ऐसे बजने दो कि वह तुम्हारे कण्ठ के स्वर के साथ ताल देने लगे। मेरे कानों में, जो कोयल की कूक से फटे जा रहे थे, उनके उद्दीपन से अनुतप्त हो रहे थे, यह संगीत समा जाने दो और मेरे इतने लम्बे समय के विरह का अवसाद शमित करो। तुम्हारी आँखें, तुम्हारी दृष्टि तुम पर पड़े केलि-कोप से तुमने पहले तो मेरे ऊपर व्यर्थ ही कोप करके अपनी आँखों से ऐसा देखा कि मैं टूक-टूक हो गया। अब तुम क्यों मुझे दिखाने के लिए ये आँखें मूँद रही हो, क्यों लजा रही हो? छोड़ो लाज और अब तो तुम नये उत्साह से रति का आरम्भ करो।'

श्री जयदेव ने मधुसूदन के आनन्द को बढ़ानेवाले इन पदों के द्वारा यह कामना की है कि यह अष्टपदी रसिकों के ऐसे आनन्द की सृष्टि करे, जो मन को रमानेवाला हो और रतिरस के भाव को विकसित करनेवाला हो, प्यार की वास्तविकता को उन्मीलित करनेवाला हो।

इसके बाद विपरीत रति के व्याज से श्रीराधा के पुंभाव से प्यार करने का वर्णन है जो यह सूचित करता है कि पुंभाव में आना उनके पराजय का कारण बन जाएगा। श्रीकृष्ण ने भले ही उन्हें पुंभाव में आने का आमन्त्रण दिया, पुरुष के रूप में आने का आमन्त्रण दिया पर उन्होंने घबराते-घबराते प्रिय पर रति-संग्राम में विजय प्राप्त करने के लिए रति-क्रीड़ा शुरू की, बड़े साहस के

साथ, लेकिन थोड़ी ही देर में जाँघें निःस्पन्द हो गयीं, बाँहें ढीली हो गयीं, वक्षःस्थल काँप गया, आँखें मुँद गयीं और वे श्रीकृष्ण की भूमिका में अपने को स्थापित नहीं कर सकीं।

श्रीकृष्ण भी रति-केलि से क्लान्त हो गये। श्रीराधा के आभरण इधर-उधर अस्त-व्यस्त हो गये। सब कुछ उलट-पुलट गया और प्रिय को अपने वश में देखकर पूरी तरह स्वाधीनभर्तृका होकर श्रीराधा ने श्रीकृष्ण को ढिठाई से भर कर निर्देश दिया—

॥ रामकरीरागेण गीतये ॥ गीतम् 24 ॥

कुरु यदुनन्दन चन्दनशिशिरतरेण करेण पयोधरे।
मृगमदपत्रकमत्र मनोभवमङ्गलकलशसहोदरे ॥
निजगाद सा यदुनन्दने क्रीडति हृदयानन्दने ॥ ध्रुवम् ॥12॥

अलिकुलगञ्जनमञ्जनकं रतिनायकसायकमोचने।
त्वदधरचुम्बनलम्बितकज्जलमुज्ज्वलय प्रिय लोचने ॥ निज. ॥13॥

नयनकुरङ्गतरङ्गविकासनिरासकरे श्रुतिमण्डले।
मनसिजपाशविलासधरे शुभवेश निवेशय कुण्डले ॥ निज. ॥14॥

भ्रमरचयं रचयन्तमुपरि रुचिरं सुचिरं मम सम्मुखे।
जितकमले विमले परिकर्मय नर्मजनकमलकं मुखे ॥निज. ॥15॥

मृगमदरसवलितं ललितं कुरु तिलकमलिकरजनीकरे।
विहितकलङ्ककलं कमलानन विश्रमितश्रमशीकरे ॥ निज. ॥16॥

मम रुचिरे चिकुरे कुरु मानद मनसिजध्वजचामरे।
रतिगलिते ललिते कुसुमानि शिखण्डिशिखण्डकडामरे ॥ निज. ॥17॥

सरसघने जघने मम शम्बरदारणवारणकन्दरे।
मणिरशनावसनाभरणानि शुभाशय वासय सुन्दरे ॥ निज. ॥18॥

श्रीजयदेववचसि रुचिरे हृदयं सदयं कुरु मण्डने।
हरिचरणस्मरणामृतकृतकलिकलुषभवज्वरखण्डने ॥ निज. ॥19॥

रचय कुचयोः पत्रं चित्रं कुरुष्व कपोलयोर्
घटय जघने काञ्चीमञ्च स्रजा कबरीभरम्।
कलय वलयश्रेणीं पाणौ पदे कुरु नूपुराव्
इति निगदितः प्रीतः पीताम्बरोऽपि तथाकरोत् ॥20॥

यद्गान्धर्वकलासु कौशलमनुध्यानं च यद्वैष्णवं
यच्छृङ्गारविवेकतत्त्वमपि यत्काव्येषु लीलायितम्।
तत्सर्वं जयदेवपण्डितकवेः कृष्णैकतानात्मनः
सानन्दाः परिशोधयन्तु सुधियः श्रीगीतगोविन्दतः ॥21॥

श्रीभोजदेवप्रभवस्य रामादेवीसुतश्रीजयदेवकस्य।
पराशरादिप्रियवर्गकण्ठे श्रीगीतगोविन्दकवित्वमस्तु ॥22॥

अन्तिम सर्ग में जब राधा श्रीकृष्ण से कहती हैं—मुझे फिर से सजा दो और मैं जैसी थी, वैसी मुझे अपने हाथों से रच दो, तो उनका पूरा आग्रह इस बात पर है कि तुम काजल बनकर आँखों में अँजो, कस्तूरी का तिलक बनकर भाल को आलोकित करो, सौभाग्य के केन्द्र-बिन्दु बनो और कुसुम-गुम्फित केशपाश बनकर महको, अपने हाथों के शीतल स्पर्श से चन्दन और कस्तूरी का लेप बनकर उरोजों पर आलिप्त हो, हृदय के आनन्दन बनो, मुख पर लटकते हुए कुन्तल बनकर कमल के ऊपर घिर आयी भौंरों की भीड़ का भ्रम उत्पन्न करो। पूरी अष्टपदी राधा-भाव की एक सुनिश्चित योजना है—कुछ दूसरा होने की, श्रीकृष्ण से मिलकर ऊपर से नीचे तक श्रीकृष्ण से भावित होने की; क्योंकि यही राधा की प्रकृति है। यही राधा के प्यार की चरम परिणति है कि वह जब तक नहीं मिलती है, तब तक श्रीकृष्ण को आमने-सामने निरन्तर ध्यान में पाती रहती है। वह दो रहती है और पा लेने के बाद उसका राधापन एकदम विगलित हो जाता है, विलीन हो जाता है, वह श्रम वारि बनकर ढुर जाता है। फिर वह श्रीकृष्ण के हाथों से श्रीकृष्ण की ही एक आकृति के रूप में पुनर्निर्मित हो जाती है। राधा यही होना चाहती थी। वसन्त पावस बनने के लिए ही उत्तपित होता है, निपतित होता है, कंटकित होता है, पुष्पित होता है, पल्लवित होता है। काव्य

वर्षा की स्मृति में मंगल से प्रारम्भ होता है, इसलिए कि पूरे काव्य की वसन्ती जमीन रस-वृष्टि का संकल्प बन जाए।

यहाँ श्री जयदेव के वचनों के द्वारा कहा गया है कि हे राधे! हे कृष्ण! तुम मेरे हृदय को, मुझे सजाओ। अपने अस्तित्व की लाज रखो, तुम मेरे मण्डन बनोगे, तो मण्डन बनाने की यह कहानी तुम्हारा स्मरण बन, तुम्हारा स्मरण करने वालों के लिए एक अद्वितीय कहानी बन जाएगी, उनके भीतर का सारा दुराव, छल-कपट कथा के प्रवाह में बहकर धुल जाएगा।

अब इस अष्टपदी में गीतगोविन्द को समेटते हुए सूत्रधार के रूप में कवि कह रहे हैं कि श्रीराधा ने श्रीकृष्ण से कहा कि मेरे स्तनों पर पत्रलेखा अंकित करो, मेरे गालों पर चित्र रचो, मेरी जाँघों पर करधनी के रूप में विराजो, मेरे केशों में कुसुम गूँथो, हाथों में फिर से कलँगी पहनाओ, पैरों में नूपुर पहनाओ। राधा के इस आदेश को पीतवसनवाले ने पूरा किया, जो उन्होंने कहा, वही किया। गीतगोविन्द की रचना वह सब कुछ है, जो गान्धर्व कलाओं में मिलता है, गीत का कौशल मिलता है, किसलय के रूप में वह सभी है जो वैष्णव साधना में मिलता है, वह सभी है जो श्रीधर के उत्तम रूप के विवेक करने में मिलता है, वह सभी है जो कवि के लीला-वर्णनों में रूपायित हुआ है। इसलिए श्री जयदेव ने यह रचना कृष्ण का एकाग्र ध्यान करके की है। सुधीजन इसको आनन्दपूर्वक अपनी तरह से समझें, समझाएँ।

श्री भोजदेव और श्रीरामा देवी के पुत्र श्री जयदेव ने पराशर आदि प्रिय मित्रों के कण्ठ में मुखरित होने के लिए और प्रखरित होकर गगन में अनुगुंजित होने के लिए यह पदावली रची है। रस रूप श्रीकृष्ण के स्मरण के ये मेरे चित्र साझीदार बनें, मेरी रचना इनके माध्यम से प्रियतर हो, इस भाव से बड़े मन से यह रचना रची।

परिशिष्ट

जयदेव : वृष्टि और सृष्टि के कवि

पावस से अपने मंगल श्लोक को अभिषिक्त कर, वसन्त के रस से अपनी रचना के शब्द-शब्द को रच देनेवाले श्री जयदेव वृष्टि और सृष्टि के महाकवि हैं। 'गीतगोविन्द' के मंगल श्लोक में वर्षा है; किन्तु उसके बाद कहीं वर्षा नहीं है, सिर्फ सृष्टि ही सृष्टि है—वासन्ती रास की, आकुल मन की आस की, राधा के मान की, कोयल की तान की और अन्ततः राधा के इस उद्गान की कि वे कृष्ण से कहें कि तुम अपनी तरह रच दो। यह समूचा काव्य वृष्टि से आरम्भ होता है और नयी सृष्टि की मनुहार पर विराम पाता है। 'गीतगोविन्द' के रचनाकार जयदेव भारतीय मनीषा के उस उत्कर्ष के प्रतिनिधि हैं, जो प्रीति के गीत तो रचती है; लेकिन ये गीत ऐसे हैं, जिनमें अध्यात्म की अनुभूति के स्वर निरन्तर गुंजित होते रहते हैं। 'गीतगोविन्द' को केवल घोर श्रृंगारिक काव्य कहना हमारी मनीषा परम्परा के मूल तत्त्व की पहचान को ही नकारना है। यह कथन इस काव्य के सन्दर्भ में बिलकुल उपयुक्त है; "ऐसा नहीं कि इसके पूर्व राधा, माधव नहीं थे, राधा माधव की केलि का रस वर्णित नहीं हुआ था, न ऐसा ही कि रागाकुलता और भगवद्भक्ति को एक बिन्दु में, श्याम-बिन्दु में, पहले समाहित नहीं किया गया था। बस, इतना ही कि जयदेव के पहले किसी भी कवि ने श्याम-बिन्दु को अपने में समाहित नहीं देखा था, गौर छवि के चारों ओर नाच-नाच कर वृत्त बनते नहीं देखा था। यही 'गीतगोविन्द' की अपूर्वता है। 'गीतगोविन्द' में प्रत्येक गीत गोविन्द है, गोचर रूप-सम्भार के लिए, गोचर प्राणकार के लिए, गोचर निःश्वास सुरभि के लिए विश्वमोहन की बेचैन तलाश है। 'गीतगोविन्द' एक चिर अभिलाषा का, सनातन आकुलता का काव्य है। यह मोक्ष का भी मोक्ष है।" (डॉ. विद्यानिवास मिश्र : 'अंगद की नियति' संग्रह का निबन्ध—वासन्ती रस वृष्टि का काव्य, पृष्ठ 96)।

'गीतगोविन्द' की अष्टपदियों की जो व्याख्या डॉ. मिश्र ने की है, उसका निष्कर्ष है कि अपनी आन्तरिकता में यह शृंगारिक नहीं है। शृंगारिकता मात्र प्रतीकात्मकता है, प्रतीति नहीं है।

श्री जयदेव का जन्म 'किन्दुबिल्व' अथवा केंदुली नामक ग्राम में हुआ था। यह स्थान पश्चिम बंगाल के वीरभूमि जिले के बोलपोर थाने के अन्तर्गत आता है। जयदेव के जीवन-चरित के सम्बन्ध में नाभादास ने भक्तमाल (लगभग 1578ई.) में विवरण दिया है। उनके प्रारम्भिक जीवन के विषय में बहुत कम जानकारी मिलती है, किन्तु यह स्पष्ट है कि उन्हें अपने जीवन के आरम्भिक काल में ही संस्कृत का बहुत अच्छा ज्ञान हो गया था। नाभादास उन्हें गीतात्मकता का अवतार कहते हैं।

जयदेव के जन्म-स्थान के सम्बन्ध में भी विवाद की स्थिति बनी रही है। बंगाल, उड़ीसा और मिथिला के विद्वान् उन्हें अपने-अपने क्षेत्र का मानने के लिए तर्क देते रहे हैं। 'किन्दुबिल्व' का उल्लेख 'गीतगोविन्द' के तीसरे सर्ग में इस तरह आता है–

"वर्णितं जयदेवकेन हरेरिदं प्रणतेन।
किन्दुबिल्वसमुद्रसम्भवरोहिणीरमणेन ॥"

इस नाम का एक गाँव पुरी (उड़ीसा) के निकट भी है तथा बंगाल में भी। इसी नाम का एक गाँव जेरिहारपुर के निकट भी है, इसलिए मिथिला के पास के इस गाँव में जन्म लेने सम्बन्धी तर्क भी दिया गया है। इस सम्बन्ध में डॉ. सुनीति कुमार चटर्जी ने विस्तार से अपने आलेख 'जयदेव : मेकर्स ऑफ इण्डियन लिट्रेचर' (नयी दिल्ली, साहित्य अकादेमी) में विचार कर यह अन्ततः प्रामाणिक रूप से सिद्ध कर दिया है कि जयदेव का जन्म बंगाल में हुआ था। मिलर ने अपने ग्रन्थ में विस्तार से इस सम्बन्ध में उपलब्ध सामग्री के बारे में विवरण दिया है।

हिन्दी में भारतेन्दु हरिश्चन्द्र ने जयदेव (चरितावली) नामक अपने निबन्ध में यह स्पष्ट किया है कि बाबू रजनीकान्त गुप्त ने 'जयदेव-चरित्र' नामक ग्रन्थ-लिखा था। इसी ग्रन्थ के बहुतेरे निष्कर्षों से असहमति होने के बावजूद भारतेन्दु का यही मानना है कि वीरभूमि से प्रायः दस कोस दक्षिण अजयनद के उत्तर किन्दुबिल्व गाँव में श्री जयदेवजी ने जन्म ग्रहण किया था।

एक मत यह भी है कि श्री जयदेव गुजरात के निवासी थे। गुजरात के शार्ङ्गदेव के शिलालेख में, जो 1201 ई. का है, 'गीतगोविन्द' के प्रथम सर्ग की

एक पंक्ति उत्कीर्ण है—

"वेदानुद्धरते जगन्निवहते भूगोलमुद्बिभ्रते।"

यह शिलालेख अनवाड़ा से प्राप्त हुआ है और इसके आधार पर यह स्थापित होता है कि 'गीतगोविन्द' की कितनी लोकप्रियता सुदूर गुजरात में रही; किन्तु इसके आधार पर यह निष्कर्ष नहीं निकाला जा सकता कि जयदेव की जन्मभूमि गुजरात में कहीं रही होगी। उड़ीसा के विद्वान् जैसे के. एन. महापात्र और सिद्धेश्वर हाट ने यह सिद्ध करने का प्रयास किया है कि जयदेव केन्दुली शासन के पाटन के निवासी थे। यह स्थान पटना प्राची, कुशभद्रा और धना नदियों के निकट है। उनका यह भी तर्क है कि चैतन्य महाप्रभु ने जयदेव की कविताएँ तो गायीं; किन्तु जयदेव के जन्म-स्थान का उल्लेख नहीं किया। किन्तु इन तर्कों के आधार पर कहीं प्रमाणित नहीं होता कि जयदेव उड़ीसा के इस स्थान पर जन्मे होंगे।

जयदेव जहाँ जन्मे, वहाँ जनवरी के मध्य में आज भी जयदेव की स्मृति में एक मेला लगता है, जिसको जयदेव-स्मारक मेला कहा जाता है। इसमें हजारों वैष्णव यात्री आते हैं तथा 'गीतगोविन्द' की अष्टपदियों का गान करते हैं। अजय नदी के किनारे एक मन्दिर भी बना हुआ है, जिसमें एक चौकोर पत्थर सुरक्षित है। यह कहा जाता है कि प्रार्थना करते समय जयदेव इस चौकी पर बैठा करते थे। इस मेले की परम्परा काफी प्राचीन है। राधा-कृष्ण के लीलागान की परम्परा प्राकृत में जयदेव से पूर्व से ही विद्यमान रही; अतः यह स्वाभाविक था कि जयदेव-जैसी महान् प्रतिभा इस लीला का गान अपनी माधुरी शैली में उसी भूमि पर करती।

इस तरह अब यह असन्दिग्ध रूप से प्रमाणित होता है कि जयदेव का जन्म बंगाल में ही हुआ। कालिदास की तरह ही जयदेव की स्थिति में प्रत्येक ख्यात मनीषी को अपने-अपने क्षेत्र के लोग अपना सिद्ध करने का यत्न करते हैं। ऐसे महान् मनीषियों के समक्ष इतिहास भी असहाय हो जाया करता है; क्योंकि वे कहीं भी यह उल्लेख नहीं करते कि वे कब जन्मे। जयदेव के जन्म के समय को लेकर कोई पुष्ट ऐतिहासिक साक्ष्य नहीं है। जयदेव के वंश में 15वीं पीढ़ी में जन्मे रामराय गोस्वामी के अनुसार जयदेव संवत् 1165 (1108ई.) में वसन्त पंचमी को जन्मे थे। उनके पिता का नाम भोजदेव तथा माता का नाम रामादेवी अथवा राधादेवी था।

श्री सनातन गोस्वामी ने नवद्वीप में लक्ष्मणसेन की सभा के द्वार पर

निम्नांकित श्लोक एक शिलालेख पर उत्कीर्ण देखा था—

"गोवर्धनश्च शरणो जयदेव उमापतिः।
कविराजश्च रत्नानि समितौ लक्ष्मणस्य च ।।"

इस शिलालेख से स्पष्ट होता है कि जयदेव राजा लक्ष्मण सेन की सभा में थे। गोवर्द्धनाचार्य, उमापतिधर, शरण, श्रुतिधर (धोयी) आदि उनके समसामयिक थे। इन कवियों का उल्लेख भी जयदेव ने 'गीतगोविन्द' में किया है। किन्तु भारतेन्दु ने इस सम्बन्ध में गहराई से विचार करते हुए यह माना है कि जयदेव लक्ष्मण सेन की सभा में नहीं थे। वस्तुतः लक्ष्मण सेन को लेकर ही विवाद की स्थिति निर्मित होती है। मुस्लिम इतिहासकार मिनहाज उल सिराज ने 'तबकान्त ए नासरी' में यह उल्लेख किया है कि जब बख्तियार खिलजी ने बंगाल फतह किया, तब लछमनिया नाम का राजा बंगाल में राज करता था। भारतेन्दु ने विभिन्न ऐतिहासिक प्रमाणों के आधार पर बंगाल के सेन वंश के राजाओं का तिथिक्रम तय किया है तथा यह निष्कर्ष निकाला है कि उमापतिधर, जिन्हें जयदेव का समकालीन माना जाता है, ने विजय सेन की प्रशस्ति लिखी तथा विजय सेन बल्लाल सेन के पूर्ववर्ती थे। बल्लाल सेन का काल 1066 ई. है। बल्लाल सेन के बाद लक्ष्मण सेन (1101 ई.), माधव सेन (1121 ई.), केशव सेन (1122 ई.) व लछमनिया (1123 ई.) हुए। बंगाल के इतिहासकारों ने किसी लछमनिया नामक राजा का उल्लेख भी नहीं किया है। मुसलमान इतिहासकारों ने लछमनिया के पूर्व नारायण आदि नाम के राजाओं का उल्लेख किया है। इस प्रकार बल्लाल सेन का काल और भी पीछे जा पड़ता है। इस आधार पर भारतेन्दु का यह मानना है कि सेन वंश के बल्लाल सेन के पूर्ववर्ती विजय सेन के समय में व उससे कुछ ही पूर्व सन् 1025 से 1050 तक के किसी वर्ष में जयदेवजी का जन्म हुआ होगा।

यह मत भी है कि बल्लाल सेन के पुत्र लक्ष्मण सेन थे इसलिए सम्भवतः मिनहाज ने लक्ष्मण सेन को ही लछमनिया लिख दिया हो। यह तथ्यसंगत प्रतीत होता है। इस सन्दर्भ में यह आवश्यक है कि विभिन्न राजाओं और उनके काल में हुए साहित्यिक व सांस्कृतिक उन्नयन का विहगावलोकन किया जाए। जब मुहम्मद बिन बख्तियार ने बंगाल पर आक्रमण किया, तब बंग प्रदेश का राजा लक्ष्मण सेन था तथा नदिया उसकी राजधानी थी। उसके आक्रमण का समय 1197 ई. का है। इस तरह जयदेव का समय भी 12वीं सदी का निर्णीत होता है। बल्लाल सेन एक पराक्रमी राजा था, इसके साथ ही विद्वान् भक्त भी था। दान सागर, अद्‌भुत सागर तथा वेदार्थ स्मृति संग्रह आदि ग्रन्थ उसी की प्रेरणा

से लिखे गये। लक्ष्मण सेन 1178ई. में गद्दी पर बैठा। लक्ष्मण सेन ने अपने पिता के समय आरम्भ किया गया ग्रन्थ 'अद्भुत सागर' पूरा किया। लक्ष्मण सेन के काल में ही 'सदुक्तिकर्णाभृत' शीर्षक काव्य-ग्रन्थ श्रीधरदास ने 1205 ई. में लिखा। यद्यपि लक्ष्मण सेन गद्दी पर सन् 1178ई. में बैठा, किन्तु बल्लाल सेन के वृद्ध होने के कारण उनके ही समय में उसने राज्य सँभाल लिया था। लक्ष्मण सेन के अनुरोध पर ही जयदेव ने 1148ई. में 'गीतगोविन्द' की रचना की। श्री रामराय गोस्वामी ने इस सम्बन्ध में स्पष्ट उल्लेख इन पंक्तियों में किया है—

"बंग मध्य चालीस से रचे गीतगोविन्द।
दशो दिशा उद्धारहित नव नव भाव अमन्द॥"

भारतेन्दु ने भी लक्ष्मण सेन का काल 1101 ई. दिया है। इस प्रकार यदि लछमनिया को ही लक्ष्मण सेन मान लिया जाए, जो तर्कसंगत व इतिहास-संगत है, तो फिर यह स्पष्ट हो जाता है कि जयदेव का जन्म सन् 1108ई. में हुआ तथा चालीस वर्ष की आयु में उन्होंने 'गीतगोविन्द' की रचना की।

जयदेव के जीवन की घटनाओं के सम्बन्ध में कोई विशद तथा प्रामाणिक जानकारी नहीं मिलती। यह ज्ञात होता है कि उनके माता-पिता की मृत्यु उनके बचपन में ही हो गयी थी तथा अत्यन्त विपन्न अवस्था में उनका बचपन निरन्तर भटकते हुए बीता। डॉ. एम. एस. रन्धावा ने लिखा है कि केवल एक पीतल का कटोरा उनकी सम्पत्ति थी और यह यायावर कवि कभी किसी पेड़ के नीचे दो रात्रि से अधिक का समय व्यतीत नहीं कर पाता था।

जयदेव के जन्म के सम्बन्ध में यह किंवदन्ती प्रचलित है कि पण्डित भोजदेव जयदेव के पिता के पास प्रचुर धन था, किन्तु सन्तान के अभाव में वे सदैव दुखी रहते थे। राधादेवी (रामादेवी) पुत्र-प्राप्ति के लिए निरन्तर व्रत-उपवास रखा करती थीं। एक दिन साधु के वेश में प्रकट होकर भगवान् ने उन्हें आज्ञा दी कि तीर्थयात्रा करो। तब पण्डित भोजदेव ने जगन्नाथ पुरी की यात्रा की तथा रथयात्रा के समय जगन्नाथ की स्मृति में एक अष्टक रचा तथा उसका गान किया। अष्टक की टेक थी 'जगन्नाथ स्वामी नयन पथगामी भवतु मे'। जब अष्टक का पाठ समाप्त हो गया तब एक आश्चर्यजनक घटना घटी। भगवान् श्री पुरुषोत्तम के श्रीअंग से एक तेजपुंज प्रकट हुआ और वह भोजदेवजी के शरीर में समा गया। इसके बाद एक निश्चित समय पूर्ण होने पर उनके यहाँ एक पुत्र की प्राप्ति हुई, जिसका नाम जयदेव रखा।

मातृ-पितृ-विहीन होने के पश्चात् जयदेव का भटकना आरम्भ हुआ। वे मथुरा-वृन्दावन घूमे और राधा-माधव की प्रचलित कहानियों को सुना। अन्ततः वह जगन्नाथपुरी आये। जगन्नाथपुरी में देवशर्मा नामक एक ब्राह्मण सपत्नीक भगवान् जगन्नाथ की आराधना कर रहा था; उसने भगवान् जगन्नाथ से प्रार्थना की कि यदि उसे कोई सन्तति होगी तो वह उसे उनकी सेवा में समर्पित कर देगा। कालान्तर में उसके यहाँ एक कन्या का जन्म हुआ, जिसका नाम उसने पद्मावती रखा। पद्मावती अत्यन्त रूपवती व नृत्यनिपुणा थी। जब वह विवाह योग्य हुई, तो भगवान् जगन्नाथ ने देव शर्मा को स्वप्न में आदेश दिया कि इसे तुम मेरे ही स्वरूप जयदेव को समर्पित कर दो। जयदेव यद्यपि इच्छुक नहीं थे; किन्तु पद्मावती के यह कहने पर कि मैं अब आपकी दासी हूँ, आप चाहें तो मुझे साथ रखें या मेरा परित्याग करें, मैं आपके दासत्व का त्याग नहीं करूँगी; जयदेव ने पद्मावती से विवाह कर लिया।

जयदेव ने पद्मावती का उल्लेख 'गीतगोविन्द' के प्रथम सर्ग में ही किया है—

"वाग्देवताचरितचित्रितचित्तसद्मा,
पद्मावतीचरणचारणचक्रवर्ती।"

जयदेव की एक पत्नी श्री रोहिणी देवी का उल्लेख भी मिलता है। वे पंजाब के सारस्वत गोस्वामी पूर्णचन्द्र की कन्या थीं। यह प्रख्यात है कि जयदेव मृदंग बजाते थे और पद्मावती 'गीतगोविन्द' की अष्टपदियों पर नृत्य करती थीं। 'दशावतार' पर पद्मावती के द्वारा मोहक नृत्य किये जाने का भी उल्लेख है। जयदेव और पद्मावती का वैवाहिक जीवन सुखी था। यह उल्लेख भी मिला है कि जयदेव को व्रजयात्रा के समय यमुना की तरंगों के बीच राधा-माधव का विग्रह मिला था, जिसे वे सदैव अपने साथ रखते थे।

'गीतगोविन्द' और जयदेव से जुड़ी प्रचलित अनेक किंवदन्तियों में से एक यह भी है कि जब वे दशम सर्ग पर पहुँचे, तब एक व्यवधान उत्पन्न हुआ, जिसके कारण उस श्लोक को पूर्ण करने में हिचके। जयदेव लिखना चाहते थे, हे राधिके! मेरी ताप-शान्ति के लिए अपना चरणकमल मेरे सिर पर रख दीजिए—

"स्मरगरलखण्डनं मम शिरसि मण्डनं देहि पदपल्लवमुदारम्
ज्वलति मयि दारुणो मदनकदनानलो हरतु तदुपाहितविकारम् ॥"

लेकिन वे यह लिख नहीं पाये। अपने प्रभु के बारे में ऐसा लिख पाने का साहस उनमें नहीं हुआ। वे इस श्लोक को अधूरा छोड़कर स्नान करने चले गये। जयदेव के जाने के कुछ देर बाद कृष्ण स्वयं जयदेव का वेश धारण कर जयदेव के घर पहुँचे। पद्मावती ने जो भोजन तैयार किया था, वह भोजन उन्होंने किया, फिर पद्मावती से ग्रन्थ माँगकर इस श्लोक को पूर्ण कर, शय्या पर विश्राम करने चले गये। इसी समय जब जयदेव लौटे, तो उन्होंने पद्मावती को भोजन करते देखा। दोनों ही विस्मय से पूर्ण थे। जयदेव चकित थे कि पद्मावती बिना उन्हें भोजन कराये कैसे भोजन कर रही है और पद्मावती विस्मित थी कि ये कौन से जयदेव हैं? पद्मावती ने जब समूचा वृत्तान्त सुनाया, तो जयदेव ने पोथी माँगी। पोथी पर श्लोक पूर्ण था और वह शय्या खाली थी। तब जयदेव ने उस प्रसाद को ग्रहण किया जो भगवान् उस थाली में छोड़ गये थे।

एक और किंवदन्ती यह है कि एक माली की कन्या पुरी में जगन्नाथ मन्दिर के पास बैंगन की बाड़ी में बैंगन तोड़ती जा रही थी और पाँचवें सर्ग की अष्टपदी विभोर हो गा रही थी–

"रतिसुखसारे गतमभिसारे मदनमनोहरवेशम्।
न कुरु नितम्बिनि! गमनविलम्बनमनुसर तं हृदयेशम् ॥"

इसे सुनकर स्वयं जगन्नाथ उस कन्या के पीछे-पीछे हो लिये; वे उसका अनुसरण करने लगे, उनके वस्त्र झाड़ियों में उलझकर फट गये, लेकिन वे तब तक उस कन्या का अनुसरण करते रहे, जब तक कि वह गीत समाप्त नहीं हो गया। दूसरी सुबह जब पुरी के राजा मन्दिर गये और उन्होंने जगन्नाथजी के फटे वस्त्र देखे, तभी से उन्होंने प्रतिबन्ध लगा दिया कि 'गीतगोविन्द' स्वच्छ व पवित्र स्थान पर ही गाया जाना चाहिए। पुरी में आज भी यह गीत जगन्नाथजी की मूर्ति के सम्मुख उनके विश्राम करने के पूर्व गाया जाता है।

एक किंवदन्ती यह भी है कि एक बार पद्मावती ने निश्चय किया कि वह जगन्नाथजी को अत्यन्त पवित्र वस्तु अर्पित करेगी। उसने यह प्रण किया कि वह एक माह में तुलसी के पत्रदलों पर चन्दन व इत्र से 'गीतगोविन्द' को लिखेगी तथा उन पत्रदलों को भगवान् को समर्पित करेगी, अन्यथा प्राण-त्याग कर देगी। समय कम था, किन्तु अचानक दो रहस्यमय साधुओं ने आकर यह कार्य पूर्ण कर दिया। पद्मावती निश्चित दिन उन पत्रदलों को लेकर मन्दिर

गयी; लेकिन पुजारियों के अनुमति न देने के कारण उसने उन पत्रदलों को समुद्र में प्रवाहित कर दिया। दूसरे दिन जब पट खुले, तो देखा कि जगन्नाथजी की मूर्ति उन्हीं तुलसी के 'गीतगोविन्द' रचित पत्रदलों से आवेष्टित है।

एक और कथा यह है कि उड़ीसा के कवि तथा विद्वान् राजा पुरुषोत्तम देव गणपति ने 'गीतगोविन्द' की प्रशंसा सुन 'अभिनवगीतगोविन्द' नामक ग्रन्थ की रचना की। उसने चाहा कि इस ग्रन्थ को 'गीतगोविन्द' से श्रेठ माना जाए; किन्तु पण्डितों ने यह अस्वीकार कर दिया, तब दोनों ग्रन्थ भगवान् के कक्ष में रख दिये गये। दूसरे दिन जब द्वार खुले, तो देखा कि जयदेव का 'गीतगोविन्द' भगवान् के वक्षस्थल पर रखा हुआ था तथा राजा का ग्रन्थ फर्श पर पड़ा था। तब से राजा 'गीतगोविन्द' का भक्त हो गया।

कहा जाता है कि चैतन्य 'गीतगोविन्द' की प्रत्येक अष्टपदी को मन्त्र मानते थे और उन्हें गाते-गाते चैतन्य की समाधि लग जाती थी।

एक कथा यह भी है कि अत्यन्त वृद्ध होने के बावजूद, जयदेव नित्य पैदल गंगा-स्नान को जाते थे; किन्तु स्वयं गंगा ने कहा कि वे जयदेव के घर के निकट एक बावड़ी में रहेंगी। जयदेव जब पद्मावती के साथ भोजन-सामग्री लेकर स्नान करने गये, तब वहाँ गंगा प्रादुर्भूत हो उठीं।

जयदेव के बारे में यह भी कहा जाता है कि वे अद्भुत संगीतज्ञ थे। एक बार बुधन मिश्र नामक एक गायक राजा लक्ष्मण सेन की सभा में आया। उसके गायन के कारण समीपवर्ती वृक्ष की पत्तियाँ नीचे गिरने लगीं तथा वह वृक्ष पत्र-विहीन हो गया; किन्तु पद्मावती ने आपत्ति की कि जयदेव ही सर्वश्रेष्ठ संगीतज्ञ हैं। तब जयदेव ने राग वसन्त गाया और जो पत्तियाँ नीचे गिर गयी थीं, वे फिर उस वृक्ष पर लग गयीं।

इसी प्रकार की अनेक किंवदन्तियाँ जयदेव के चरित्र और 'गीतगोविन्द' से जुड़ी हैं। निश्चय ही इनका कोई ऐतिहासिक आधार नहीं है; किन्तु इन किंवदन्तियों, आख्यानों और कथाओं का जनमते जाना ही यह प्रमाणित करता है कि जयदेव और 'गीतगोविन्द' दोनों की कितनी अपूर्व लोकप्रियता अपने समय में और बाद के आनेवाले समय में रही होगी।

जयदेव की मृत्यु के स्थान के सम्बन्ध में विवाद की स्थिति है। एक धारणा के अनुसार केन्दुली ग्राम में ही उनकी मृत्यु हुई तथा वहीं उनकी देह को समाधि दी गयी; किन्तु एक मान्यता यह भी है कि वह समाधि किसी तान्त्रिक साधु की है, जिसे जयदेव की समाधि समझ लिया गया है। वस्तुतः अपने अन्तिम

दिनों में जयदेव अपने राधा-माधव विग्रह को लेकर वृन्दावन चले गये थे तथा वहीं उनका अवसान हुआ। उनके अवसान की सुनिश्चित तिथि की पुष्टि नहीं होती।

चैतन्य सम्प्रदाय व सहजिया सम्प्रदाय के लोग जयदेव को अपने-अपने सम्प्रदायों का प्रमुख मानते हैं, जबकि वैष्णव उन्हें अपने सम्प्रदाय का उत्तम पुरुष मानते हैं। इस सम्प्रदाय की मध्य अवस्था में जयदेव का नाम मुख्य रूप से लिया गया है–

"विष्णुस्वामिसमारम्भां, जयदेवादिमध्यमाम्।
श्रीमद्वल्लभपर्य्यन्तां स्तुमो गुरुपरम्पराम् ।।"

यह भी उल्लेखनीय है कि जयदेव नाम के कई अन्य कवि भी हुए तथा कई ग्रन्थों के रचनाकार के रूप में राजा लक्ष्मण सेन के सभारत्न जयदेव का नाम लिया जाता है। भारतेन्दु का यह निष्कर्ष है–"लोग कहते हैं कि जयदेव ने 'गीतगोविन्द' के अतिरिक्त एक ग्रन्थ 'रतिमंजरी' भी बनाया था, किन्तु यह अमूलक है। गीतगोविन्दकार की लेखनी से रतिमंजरी जैसा जघन्य काव्य निकले, यह कभी सम्भव नहीं। गंगा की स्तुति में एक सुन्दर पद जयदेवजी का बनाया हुआ हो तो हो।"

'सदुक्तिकर्णामृत' में जयदेव के नाम से कतिपय पद्य मिलते हैं; किन्तु इनके बारे में यह सुनिश्चित नहीं है कि ये जयदेव के ही हैं। 'गुरुग्रन्थ साहिब' में भी दो पद ब्रजभाषा के जयदेव के नाम से मिलते हैं; किन्तु इनके सम्बन्ध में भी सन्दिग्धता की स्थिति है। एक ग्रन्थ 'चन्द्रालोक' के रचयिता भी जयदेव हैं; किन्तु यह जयदेव 'गीतगोविन्द' के जयदेव से सर्वथा भिन्न हैं, क्योंकि इसी ग्रन्थ में रचनाकार का अपर नाम 'पीयूषवर्ष' दिया हुआ है। 'प्रसन्नराघव' नामक एक नाटक भी जयदेव द्वारा रचित कहा जाता है; किन्तु विद्वानों ने इसके सम्बन्ध में भी सिद्ध किया है कि यह नाटक 'गीतगोविन्दकार' जयदेव द्वारा रचित नहीं है।"

जयदेव के सम्बन्ध में संस्कृत, हिन्दी, बांग्ला, उड़िया और अँग्रेजी के विद्वानों ने बहुत शोध कर काफी सामग्री जुटायी है। उपर्युक्त विवरण उसकी एक सहज झाँकी भर है।

जयदेव वास्तव में वृष्टि और सृष्टि के कवि हैं। उनके इस गीतिकाव्य का माधुर्य-जल अपने रचे जाने के बाद से ही हर युग की मानस पगडण्डियों पर

छलका है, ये पगडण्डियाँ भीगी हैं और इस निरन्तर भीगते रहने के कारण हमारे मानस के आर्द्र धरातल ने रचाव के नित नये अध्याय लिखे, उसकी सृजन-यात्रा कभी थमी नहीं, रचनाशीलता ने कभी विराम नहीं पाया। जयदेव जैसे महाकवियों का यही वैशिष्ट्य है कि वे किसी एक युग में जनमते हैं; लेकिन हर आनेवाले युग को 'गीतगोविन्द' बना देते हैं।

गीतगोविन्द : कला एवं परम्पराओं के परिप्रेक्ष्य में

सार्थक सृजन को सदैव के लिए समेट लेने की अद्भुत इच्छा-शक्ति भारतीय मानस के संस्कारों में सदैव से है। इस उर्वर मानस ने शब्दों का रूपान्तरण विभिन्न कलाओं में कुछ इस तरह से किया कि शब्द बजे, थिरके, रूपायित हुए और ठुमक उठे। जयदेव की कालजयी कृति 'गीतगोविन्द' शब्द की विभिन्न कलाओं में रूपान्तरित होते रहने और होते जाने का ऐसा अनोखा उदाहरण है जो इस तथ्य की पुष्टि करता है कि शब्द की व्याप्ति निस्सीम हुआ करती है और परिधि नाम की संज्ञा का कोई अर्थ इस व्याप्ति के लिए है ही नहीं।

'गीतगोविन्द' के मंगलश्लोक से लेकर प्रत्येक अष्टपदी की प्रत्येक पंक्ति इतनी व्यंजनात्मक, गीतात्मक, बिम्बात्मक और रूपात्मक है कि कला की हर विधा उसे अंगीकृत करने को तत्पर हो उठी। 'गीतगोविन्द' के रचनाकाल के बाद से ही उसके सस्वर गान की परम्परा प्रारम्भ हुई जो आज तक विद्यमान है। बदरिकाश्रम में यदि नारायण की शयन-आरती 'दशावतार-चरित' के गायन के साथ होती है तो खानदेश के सुदूर अंचल में बसे एक गाँव कुकुरमुण्डा के खण्डोजी आश्रम में ये अष्टपदियाँ गायी जाती हैं। 'गीतगोविन्द' की अष्टपदियों का खानदेशी में रूपान्तरण कर वहाँ के ग्रामीण बड़े भक्तिभाव से विभोर हो इन्हें गाते हैं। जगन्नाथपुरी में ही 'गीतगोविन्द' के गायन की परम्परा नहीं है, वह तो उत्तर से दक्षिण तक बड़े सघन रूप में व्याप्त है। नवद्वीप के वैष्णव

अभी भी धार्मिक कृत्यों के समय गीतगोविन्द के पदों को गाते हैं। बंगाल के पेशेवर कीर्तनिये बांग्ला 'अखारस' के साथ कीर्तन की शास्त्रीय शैली में गाते हैं। मनोहरशाही घराने में 'गीतगोविन्द' के गेय प्रस्तुतीकरण की एक शैली भी विकसित हुई है।

'गोतगोविन्द' के आधार पर जो संगीत और नाट्य के क्षेत्र में परम्पराएँ पल्लवित हुईं वे समय के अनुसार निरन्तर परिमार्जित होती जा रही हैं और आज भी विद्यमान हैं। संगीत, नाट्य, नृत्य और चित्रांकन की परम्पराओं का भारतीय कला परिदृश्य के सन्दर्भ में आकलन करने का प्रयास भी पौर्वात्य और पाश्चात्त्य विद्वान् मनीषी और कलाविद् कर रहे हैं तथा करते रहे हैं औ बड़ी बारीकी के साथ विस्तार से यह कार्य निरन्तर होता रहा है। इस सम्बन्ध में डॉ. कपिला वात्स्यायन निरन्तर पैंतीस वर्षों से एक प्रोजेक्ट 'गीतगोविन्द ऐण्ड दि आर्टिस्टिक ट्रेडिशन्स ऑफ इण्डिया' पर कार्य कर रही हैं तथा हाल ही में एक सी.डी. कैसेट भी उनके द्वारा तैयार की गयी है। उनका यह महनीय कार्य हमारी एक विलक्षण विरासत को सहेजने का श्लाघनीय प्रयास है।

'गीतगोविन्द' एक गीतिकाव्य है। काव्य की इस विशिष्ट विधा में संगीत प्रधान होता है। काव्य और संगीत का सहज सामंजस्य ही गीतिकाव्य है। यों संगीत की व्यंजना में नाट्य और नृत्य समाहित हैं। किन्तु 'गीतगोविन्द' की अष्टपदियों में यह विलक्षण विशेषता है कि गेयता और अभिनय की दृष्टि से इनका मनोहारी गीतमय प्रस्तुतीकरण स्वयमेव होता रहता है। 'गीतगोविन्द' की अष्टपदियों की योजना इस प्रकार है कि वह गायी जाए और उसके साथ-साथ अभिनय भी प्रस्तुत हो। इस दृष्टि से वह गीतिनाट्य भी है।

संस्कृत काव्य में गीतिकाव्य की परम्परा वेदों से रही है। ऋग्वेद की उषा स्तुति से लेकर कालिदास के 'ऋतुसंहार' तक और उसके बाद भी यह परम्परा निरन्तर विकसित होती रही है। 'गीतिकाव्य' के प्रायः सभी मौलिक तत्त्व 'गीतगोविन्द' में समाहित हैं। पदों की गेयता, भाव की तीव्र अनुभूति तथा शैली की कोमलता इस काव्य में विशेष रूप से विद्यमान है। यहाँ यह उल्लेखनीय है कि गेयपदशैली का प्रादुर्भाव सर्वप्रथम अपभ्रंश में हुआ और 'गीतगोविन्द' का रचनाकार इससे गहरे प्रभावित भी रहा, इसलिए यह अनुमान भी लगाया गया कि 'गीतगोविन्द' अपभ्रंश या बांग्ला की रचना है किन्तु यह अपने-आप में इतना मौलिक काव्य है कि तमाम कसौटियों पर कसे जाने के बाद और सहज रूप में इसके मूल स्वरूप में ही इसके समादृत होने के कारण प्रायः अधिकांश विद्वानों ने श्री एस.के. चटर्जी के इस मत को मान्यता नहीं दी कि वह अपभ्रंश

अनूदित काव्य है। पिशेल जैसे विद्वानों के भी इसी प्रकार के अनुमान स्थापित नहीं हो पाये। स्थापित तथ्य यह है कि 'गीतगोविन्द' महाकवि श्री जयदेव की मौलिक रूप से रची गयी संस्कृत-रचना है।

'गीतगोविन्द' संगीत-प्रधान गीतिकाव्य है। संगीत में गायन, वादन तथा नर्तन इन तीनों कलाओं का बोध सम्मिलित है। 'गीतगोविन्द' का उपसंहार करते हुए श्री जयदेव ने लिखा है–

"यद्गान्धर्वकलासु कौशलमनुध्यानं च यद्वैष्णवं,
यच्छृङ्गारविवेकतत्त्वरचनाकाव्येषु लीलायितम्।
तत्सर्वं जयदेवपण्डितकवेः कृष्णैकतानात्मनः,
सानन्दाः परिशोधयन्तु सुधियः श्रीगीतगोविन्दतः ॥ 3 ॥"

शास्त्रीय ग्रन्थों में गानविधा, संगीतकला तथा वाद्यशिल्प आदि के विषय में जितना भी विवेचन-विश्लेषण उपलब्ध है, वैष्णव-भक्तिपरक ग्रन्थों में भगवान् के ध्यान, चिन्तन तथा स्मरण आदि के जितने रूपों का विधान हुआ है, काव्यशास्त्र में मधुर (शृंगार) रस के जितने भेदों-प्रभेदों का वर्णन तथा कवियों द्वारा उन भेदों पर विवेचन किया गया है, भगवान् श्रीकृष्ण को समर्पित तथा उनके भक्तिभावपरक मेरे 'गीतगोविन्द' काव्य में रसिक पण्डितों को वह रस एक ही स्थान पर मिल जाएगा।

इस श्लोक में 'गान्धर्व-कला-कौशल' शब्द संगीत की दृष्टि से अत्यधिक महत्त्वपूर्ण है। शार्ङ्गदेव गान्धर्वसंगीत को मार्गसंगीत का पर्याय मानते हैं। 'गीतगोविन्द' की अष्टपदियों की विशेषता यह है कि कवि का आशय शास्त्रीय संगीत की साधना नहीं, वरन् काव्य को संगीतमय बनाना है। गहराई से विचार करें, तो यह स्पष्ट होगा कि जयदेव ने सर्वसाधारण को ग्राह्य संगीत को ही अपने काव्य का आधार बनाया। उनका यह अनुभव रहा होगा कि पदबद्ध पद्धति जन-साधारण को अधिक प्रभावित करेगी तथा टेक व ध्रुवक आदि के प्रयोग से साधारण व्यक्ति भी इस गीति-काव्य के संगीत का आस्वादन कर सकेंगे, इसलिए उन्होंने उस समय के सुगम संगीत को प्राथमिकता दी। जयदेव का यह प्रयोग बड़ा सफल रहा और यही कारण है कि संस्कृत न जाननेवाले लोग भी इन अष्टपदियों का गान सुनकर विभोर हो उठते हैं। 'गीतगोविन्द' में पदों के साथ संगीत और नृत्य सम्बन्धी रागों और तालों के भी नाम दिये गये हैं। यों विभिन्न विद्वानों में राग व ताल के सम्बन्ध में मतमतान्तर हैं, किन्तु

मोटे रूप में इनकी पहचान निम्नानुसार की जा सकती है।

सर्ग	—	प्रबन्ध	राग	—	ताल
1	—	1	मालवगौड़	—	रूपक
	—	2	गुर्जरी	—	प्रतिमठ
	—	3	वसन्त	—	रूपक
	—	4	रामकरी	—	यति
2.	—	5	गुर्जरी	—	यति
	—	6	मालवगौड़	—	एकताली
3.	—	7	गुर्जरी	—	यति
4.	—	8	कर्णाट	—	एकताली
		9	देश	—	एकताली
5.	—	10	देशीवराडी	—	रूपक
	—	11	गुर्जरी	—	एकताली
6.	—	12	गुणकरी	—	रूपक
7.	—	13	मालव	—	यति
	—	14	वसन्त	—	यति
	—	15	गुर्जरी	—	एकताली
	—	16	देश	—	रूपक
8.	—	17	भैरवी	—	यति
9.	—	18	गुर्जरी	—	यति
10.	—	19	देशीवराडी	—	अष्टताली
11.	—	20	वसन्त	—	रूपक
	—	21	वराडी	—	प्रतिमठ
	—	22	वराडी	—	यति
12.	—	23	विभास	—	आदि
	—	24	रामकरी	—	यति

यहाँ यह उल्लेखनीय तथ्य है कि जिस रूप में अष्टपदियाँ जयदेव के समय गायी जाती रहीं, वह रूप उत्तर व दक्षिण भारत में इतना परिवर्तित हो गया है कि वह पहचाना नहीं जाता। अब ये अष्टपदियाँ विशिष्ट रागों में गायी जाने लगी हैं। 'दशावतारचरित' का संगीतमय गायन बेहद लोकप्रिय है। यह तथ्य

भी अपने स्थान पर उपयुक्त प्रतीत होता है कि जयदेव ने अपने समय में संगीत की रूढ़ शास्त्रीयता को नूतन परिधान पहनाये। यही कारण है कि इन पदावलियों का सांगीतिक प्रभाव आज भी मौजूद है तथा विभिन्न लोक-अंचलों में इन्हें अनूदित कर भी गाया जाता है। 'गीतगोविन्द' की अष्टपदियों की यह विशिष्टता भी है कि ये मात्रावृत्तों में रची गयी हैं तथा सहज संगीत से पूर्ण हैं। ये गणवृत्त में भी हैं इसलिए इनका सस्वर पाठ भी किया जाता है। इसमें समाहित नाट्य तत्त्व भी अत्यन्त प्रभावकारी है इसलिए यह दृश्यकाव्य एवं श्रव्यकाव्य, दोनों के रूप में समादृत है। सरस्वती महल पुस्तकालय, तंजौर में दो हस्तलिपियाँ मिली हैं, जिनमें प्रत्येक शब्द के लिए अभिनय है। किन्तु ये अधूरी हैं तथा सत्रहवीं अष्टपदी के बाद कथा समाप्त हो जाती है।

'गीतगोविन्द' के संगीत-पक्ष पर विचार कर अनेक ग्रन्थ प्रकाशित हुए हैं। भारत और नेपाल में अनेक कार्यक्रमों के माध्यम से, ग्रन्थों के माध्यम से प्रचार व प्रसार पाकर इस ग्रन्थ की संगीतात्मकता ने अद्‌भुत लोकप्रियता प्राप्त की है तथा आज भी जब पूरे भाव में डूबकर ये अष्टपदियाँ गायी जाती हैं, तो स्वर, ताल और लय अमूर्त नहीं रहते, वे मूर्त होकर जीवन्त हो उठते हैं।

भारतीय परम्परा 'नाद' को ब्रह्म के रूप में प्रतिष्ठा देती है। कण्ठ और वाद्य नाद को उत्पन्न करते हैं। नृत्य वाद्य तथा गीत के आधार पर होता है इस तरह गीत, वाद्य और नृत्य ये तीनों कलाएँ नाद के अधीन हैं। 'गीतगोविन्द' की अष्टपदियों पर आधारित विभिन्न नृत्य-शैलियों के भावप्रवण नृत्य जब कभी प्रस्तुत होते हैं, तब लगता है जैसे नाद का ब्रह्म-रूप साकार हो उठा हो।

साक्ष्यों के आधार पर तो कुछ भी पुष्ट नहीं, लेकिन यह अनुमान लगाया जा सकता है कि जयदेव के समय में किस प्रकार के नृत्य प्रचलित रहे होंगे। प्रो. अरविन्द मंगरूलकर का अनुमान है कि पूर्वी भारत में दो प्रकार के लोक नृत्यों की परिणति शास्त्रीय नृत्यों में हुई है; ओडिसी एवं कुचिपुडी। भरतनाट्यम् का इतिहास अपेक्षाकृत पुराना नहीं है। वे सम्भवतः यह मानते हैं कि जयदेव के समय में 'गीतगोविन्द' में जिस नृत्य-शैली का प्रयोग किया गया, उसके साथ ओडिसी नृत्य-परम्परा का बीज रूप में सम्बन्ध रहा होगा। यह एक स्थापित तथ्य है कि चाहे ओडिसी हो या कुचिपुडी, जयदेव की अष्टपदी का एक अंश उसमें सामान्यतः शामिल किया ही जाता है। केरल में 162 पृष्ठों की एक मलयालम अभिनय/नाट्य पुस्तिका है, जो पाम्परिक शैली में 'गीतगोविन्द' के अभिनय पर केन्द्रित है। इसके आधार पर कथकली नृत्य-शैली

में 'गीतगोविन्द' की अष्टपदियों का नर्तन किया जाता है। इसी प्रकार मणिपुरी नर्तन शैली पर 'गीतगोविन्द' का अद्भुत प्रभाव है। गुरु विपिनसिंह के अनुसार मणिपुर में विविध प्रसंगों पर जयदेव के 'गीतगोविन्द' के मूल पदों का प्रयोग होता आया है। मणिपुर में राधा-कृष्ण की प्रणय-लीला चार प्रकार की रास लीला से प्रदर्शित की जाती है। उसमें वासन्त रास या वासन्ती रास में 'गीतगोविन्द' के मूल पद तथा उसकी प्रेरणा से रचित ब्रजबुली के पद गाये जाते हैं। वासन्ती रास में राधा का मान साधारण होने के कारण उसके उपयुक्त पद 'गीतगोविन्द' से लिये जाते हैं। 'गीतगोविन्द' के मूल पद कथा-रूप में न होने के कारण गुरुजनों ने अपने पदों की रचना कर उसे कथा-रूप में परिणत किया है।

मणिपुरी नृत्य-शैली में ज्यादातर अभिनय 'गमक' से किया जाता है। मणिपुरी नृत्य-शैली की यह विशिष्टता है कि इसमें सांकेतिकता, मर्यादा तथा संस्कारिता अधिक है। इसमें मुखाभिनय बड़ा स्वाभाविक होता है। सुप्रसिद्ध नृत्य-समीक्षक डॉ. सुनील कोठारी का मत है कि 'गीतगोविन्द' की रचना अभिनय के उद्देश्य से ही हुई थी और इसका अभिनय जयदेव की पत्नी पद्मावती द्वारा किया गया था। उनका यह भी मानना है कि इस ग्रन्थ ने न केवल अनेक संस्कृत अनुकृतियों के लिए प्रेरक तत्त्व का काम किया बल्कि देश के विभिन्न भागों की स्थानीय भाषाओं में संगीतात्मक नृत्य-नाटक में विशिष्ट वर्ग की असंख्य कृतियों की रचना में सहायता की। डॉ. वी. राघवन् का मत है कि सारे संसार में संगीत और नृत्य के सम्पूर्ण इतिहास में जयदेव के 'गीतगोविन्द' से बढ़कर कोई विशिष्ट कृति नहीं है। डॉ. राघवन् का यह मत कदापि अतिरंजनापूर्ण नहीं है। यदि मणिपुरी, कथक, कुचिपुडी और भरतनाट्यम् जैसी स्थापित शैलियों में 'गीतगोविन्द' की अष्टपदियों पर आधारित नर्तन अपरिहार्य बना है तो वहीं दूसरी ओर इसकी व्याप्ति लोक-शैलियों में भी हुई है। सुदूर खानदेश में 'हल्लासिक' नाम से एक लोकनृत्य वहाँ के आभीर आदिवासी आज भी करते हैं जो रास का ही एक लोक-रूप है।

'गीतगोविन्द' की अष्टपदियों में नृत्य, गीत, अभिनय और रागात्मकता के तत्त्व सिमटे हैं, उनके सम्बन्ध में विद्वान् मनीषियों ने निरन्तर शोध किया है। तथा उनके बहुआयामी स्वरूप को विश्व के सामने रखा है, किन्तु यह ऐसा काव्य है कि जिसकी नवीनता सदैव उजागर होती रहती है और डॉ. विद्यानिवास मिश्र का यह कथन पूरी तरह उपयुक्त प्रतीत होता है—"गीतगोविन्द की

विशेषता यही है कि वह बहुत ही सीधे शब्दों में लय की वर्तुलता और रूपायमानता की सम्भावनाओं का ऐसा घनीभवन है कि कभी भी उसकी नूतनता चुकती नहीं।"

चिरनवीन बने रहना ही 'गीतगोविन्द' की आत्मा है। चिरनवीन बने रहने का आह्वान भारतीय संस्कृति का मूल स्वर है और भारतीय मानस की यह विशिष्टता है कि सृजन के प्रत्येक पक्ष को वह सहेजता है और वह फिर विरासत के रूप में उसे सौंपता है।

'गीतगोविन्द' की यह विरासत आज भी विद्यमान है, अपने मौलिक रूप में। राधा-माधव की मनोरम छवियों, लीलाओं और भंगिमाओं को अभिव्यक्त करनेवाला यह महान् काव्य निरन्तर शिल्पियों को भी अपनी ओर खींचता रहा। 'गीतगोविन्द' के पूर्ण उत्कीर्णन के प्रमाण यद्यपि वर्तमान में उपलब्ध नहीं हैं, लेकिन यत्र-तत्र जो भी शिल्प या शिलालेख मिले हैं, वे इस तथ्य की पुष्टि करते हैं कि समूचे उत्तर व दक्षिण भारत में 'गीतगोविन्द' की लोकप्रियता प्रत्येक अंचल में रही। भारतेन्दु हरिश्चन्द्र ने 'जयदेव' (चरितावली) नामक अपने निबन्ध में यह उल्लेख किया है, "उदयन की टीका जयदेवजी के समय में बन चुकी थी और इसमें कोई सन्देह नहीं कि 'गीतगोविन्द' जयदेवजी के जीवन-काल में ही सारे संसार में प्रचलित हो गया था। 'गीतगोविन्द' दक्षिण में बहुत गाया जाता है और बालाजी में सीढ़ियों पर द्रविड लिपि में खुदा हुआ है।" श्री नीलमणि मिश्र के अनुसार, "पुरी के श्रीमन्दिर के मुख्यद्वार के ऊपर, भुवनेश्वर तथा अन्य स्थानों में निर्मित मन्दिरों में श्री 'गीतगोविन्द' में वर्णित अवतारों के खोदने से यह स्पष्ट होता है कि उत्कलीय मूर्ति-कला पर श्री गीतगोविन्द का अखण्ड प्रभाव सदियों से चला आ रहा है। विशेषकर भुवनेश्वर के राज्य संग्रहालय में संगृहीत दशावतारी श्रीकृष्ण की भव्य मूर्ति से यह स्पष्ट हो जाता है कि शिल्पी ने—

"वेदानुद्धरते जगन्निवहते भूगोलमुद्बिभ्रते।"

श्लोक के आधार पर उस मूर्ति की परिकल्पना की है।"अणहिलपट्टम् के महाराजा सारंगदेव वाघेला के 1291 ई. (1348 विक्रमी संवत्) के एक शिलालेख के प्रारम्भ में जयदेव दशमावतार के रूप में कृष्ण का आह्वान कर रहे हैं।

यह भी अपने स्थान पर स्थापित तथ्य है कि राधा-माधव के जिस रूप की छवि हमारे मन-मानस में पैठी है, वह वास्तव में 'गीतगोविन्द' की देन है। भागवत के दशम स्कन्ध की कृष्णलीला में कहीं भी राधा का उल्लेख नहीं

है। राधा का जो मनभावन स्वरूप हमारे मनों में बसा है, उसका उत्स 'गीतगोविन्द' है तथा इसी ग्रन्थ को आधार मानकर कृष्णकाव्य के प्रणयन की परम्परा निरन्तर चली, जिससे शिल्पी और चितेरे दोनों ही अछूते नहीं रहे। इसलिए 12वीं सदी के बाद जितने भी राधा-माधव के शिल्प बने, चित्र बने, उनके मूल में 'गीतगोविन्द' ही रहा। सुप्रसिद्ध पुरातत्त्ववेत्ता प्रो. कृष्णदत्त वाजपेयी के अनुसार, "उत्तर-मध्य काल (1200ई. से 1700ई.) में श्री राधा की अनेक प्रतिमाएँ भारत के विभिन्न भागों में पाषाण, मिट्टी, धातु, हाथीदाँत तथा लकड़ी की बनी हुई मिली हैं। इस काल में नेपाल के मन्दिरों में भी श्री राधा की अनेक सुन्दर मूर्तियाँ बनायी गयीं।"

यह भी उल्लेखनीय है कि 'गीतगोविन्द' के राधा-माधव जब लोक-जीवन में समाये तो लोकमानस ने उन्हें देश के सुदूर अंचलों में अपने-अपने ढंग से स्थापित कर उनकी आराधना आरम्भ कर दी। मुझे हाल ही में खानदेश के एक दूरस्थ गाँव देवमोगरा में, जो महाराष्ट्र की शहादा तहसील में है, एक मन्दिर मिला, जिसमें मटकी लिये राधा हैं और साथ में हैं बालकृष्ण। हालाँकि इस मूर्ति को वे राधा नहीं कहते, मोगादेवी कहते हैं, लेकिन ये दोनों शिल्प राधा-कृष्ण के ही हैं।

'गीतगोविन्द' के प्रणयन के बाद राधा के माधुर्य भाव में भारतीय मानस ऐसा डूबा कि कृष्ण जैसा अवतार व्यक्तित्व पीछे रह गया और राधा आगे। राधावल्लभ, राधेश्याम, राधामोहन और ऐसे ही अनेक नाम जनम गये, जो राधा के महत्त्व को स्थापित करते थे। 'गीतगोविन्द' के पूर्व भी राधा रहीं किन्तु उस रूप में नहीं थीं जो हमारे मन-मानस में विराजा है और जो वस्तुतः 'गीतगोविन्द' की देन है। मधुरा भक्ति की प्रतिनिधि राधा ने भक्ति के इस रूप को विलक्षण भव्यता और ऊँचाई दी। 'गीतगोविन्द' के अन्त में राधा की कृष्ण से यह मनुहार कि 'उसे अपनी तरह तुम रच दो' का सीधा आशय यही है कि कृष्णभाव को प्राप्त करने के लिए राधाभाव का वरण करो। रहस्यवाद और मधुरा भक्ति के इस भाव में घनिष्ठ साम्य है। मधुरा भक्ति के तत्त्व को पूरी तरह न समझ पाने के कारण यह भावना भी पनपी कि 'गीतगोविन्द' केवल घोर शृंगार का काव्य है, जबकि वस्तुस्थिति भिन्न है तथा इस तथ्य को भलीभाँति अपनी टीका में डॉ. विद्यानिवास मिश्र ने स्थापित भी कर दिया है।

जहाँ तक राधा शब्द का प्रश्न है, इसका उल्लेख ऋग्वेद से ही मिलता है। उसे विशाखा नक्षत्र, कार्य सिद्ध करनेवाली, वैशाख पूर्णिमा, वृषभानुगोप की कन्या, कृष्णप्रेयसी, विष्णुकान्ता, विद्युतूगतिभेदिनी आदि भी कहा गया है। यास्क

ने अपने निरुक्त में वैदिक शब्दों की व्याख्या करते हुए राधः शब्द का अर्थ धन दिया है। श्रीमद्भागवत में राधा का कोई स्पष्ट उल्लेख नहीं है, केवल एक पंक्ति है–

"अनयाऽऽ राधितो नूनं भगवान् हरिरीश्वरः।"

उपनिषदों में भी राधा शब्द का उल्लेख है किन्तु उनकी प्राचीनता सन्दिग्ध है। प्राकृत और अपभ्रंश के प्राचीन ग्रन्थों में भी राधा उस रूप में नहीं हैं, जिस रूप में गीतगोविन्द में विद्यमान हैं। हाल की 'गाथा सप्तशती', 'पंचतन्त्र', धनंजय के 'दशरूपक', आनन्दवर्द्धन के 'ध्वन्यालोक' (850 ई.), भट्टनारायण के 'वेणीसंहार' (750 ई.) में श्री राधा के उल्लेख हैं। मालवा के राजा भोज ने 'सरस्वती कण्ठाभरण' में राधा विषयक आठ श्लोक उद्धृत किये हैं। इसी तरह क्षेमेन्द्र के 'दशावतार' (1066 ई.) तथा जयदेव के पूर्ववर्ती बिल्हण के 'विक्रमांक देवचरित' में भी राधा का उल्लेख है। बज्जालग्ग नामक महाराष्ट्री प्राकृत के, श्वेताम्बर शाखा के एक जैनग्रन्थ में कृष्ण की दो प्रियाओं–राधा और विशाखा का सन्दर्भ है। जैनाचार्य हेमचन्द्र ने अपने व्याकरण ग्रन्थ (1089ई.) में राधा के विरह का वर्णन किया है। दसवीं शताब्दी में त्रिविक्रम भट्ट ने नलचम्पू नाम के एक ग्रन्थ की रचना की, इस चम्पू काव्य में भी राधा का उल्लेख आता है। इस तरह वाङ्मय की परम्परा में जयदेव के पूर्व भी राधा का उल्लेख प्रमाणित होता है, किन्तु 'गीतगोविन्द' के अलावा इनमें से कोई भी ग्रन्थ जनमानस के बीच इतना लोकप्रिय नहीं हो पाया, जितना कि 'गीतगोविन्द'। गीतगोविन्द में जो राधा प्रकट हुईं, वह इतनी भावमय थीं कि उन्होंने आनेवाले हर युग को अपने भाव से आपूरित कर दिया। भारतीय मानस ज्यों-ज्यों भावमय हुआ, राधा त्यों-त्यों और रूपमय, रसमय, प्राणमय, अर्चनामय और आनन्दमय होती चली गयीं।

'राधा' भाव से ध्वनि में और ध्वनि से रूप और रस में परिणत हो जाने वाला एक ऐसा महान् चरित्र है, जिसे जयदेव ने शब्द देकर हमारे मानस में सदैव के लिए स्थापित कर दिया। यह ग्रन्थ अपने प्रणयन-काल में ही बेहद लोकप्रिय हुआ और समूचे भारत में कालान्तर में इसकी लोकप्रियता बढ़ती गयी। इसके अनेक भाषाओं में अनुवाद भी हुए।

बारबरा स्टोलर मिलर ने अपने शोध-ग्रन्थ में यह उल्लिखित किया है कि तेरहवीं सदी के आरम्भ में गुजरात के एक मन्दिर के शिलालेख पर इसे उत्कीर्ण किया गया तथा इसकी व्याख्याओं की स्थापित परम्पराएँ सदैव विद्यमान रहीं।

उड़ीसा, बंगाल तथा दक्षिण भारत में इसके गीत पूरे भक्तिभाव के साथ गाये गये तथा सोलहवीं सदी में केरल के मन्दिरों में ये गीत गाये जाने लगे।

'गीतगोविन्द' का प्रथम अँग्रेजी अनुवाद विलियम जोन्स ने किया, जो सर्वप्रथम सन् 1792 में प्रकाशित हुआ। इसी को आधार बनाते हुए जर्मनी में एफ.एच. वॉन डेल्बर्ग ने 'गीतगोविन्द' का अनुवाद जर्मन में किया। जर्मन कवि फ्रेडरिक स्कर्ट ने भी सन् 1829 में 'गीतगोविन्द' का जर्मन में अनुवाद किया। लैटिन में सी. लॉसेन ने सन् 1826 में इसे अनूदित किया।

अँग्रेजी में एड्विन अर्नाल्ड ने 'दि इण्डियन सांग ऑफ सांग्स' (सन् 1775), जॉर्ज केट्स ने 'श्री जयदेवाज़ गीतगोविन्द : दि लव्हज़ ऑफ कृष्ण ऐण्ड राधा' (सन् 1940), एस. लक्ष्मी नरसिम्हा शास्त्री ने 'दि गीतगोविन्द ऑफ जयदेव' (सन् 1956), डंकन ग्रीनलीज़ ने 'थियोसॉफिकल रेण्डरिंग दि सांग ऑफ डिवाइन लव' (1902 ई.) तथा मोनिका वर्मा ने 'दि गीतगोविन्द ऑफ जयदेव' (1968 ई.) उल्लेखनीय अनुवाद किये। इसी तरह फ्रेंच में 'गीतगोविन्द' का सुन्दर अनुवाद कोर्ट टिलर ने 1904 ई. में किया। पूरनसिंह ने (1926 ई.) केवल पद्यानुवाद अँग्रेजी में 'स्प्रिट ऑफ ओरिएण्टल पोयट्री' नामक ग्रन्थ में किया। भारतीय भाषाओं में भी गीतगोविन्द के अनेक गद्यानुवाद तथा पद्यानुवाद हुए। अकेले उत्कल (उड़ीसा) में ही 'गीतगोविन्द' की हजारों पुरानी प्रतियाँ मिलती हैं तथा लगभग 300 प्रतियाँ भुवनेश्वर के राज्य संग्रहालय में संरक्षित हैं। इनमें चित्रित, माला की तरह बनी, हाथी दाँतों से बने पट्ट तथा लिखित प्रतियाँ अनेक हैं। इसी तरह अनेक भारतीय भाषाओं तथा लोक-भाषाओं में 'गीतगोविन्द' के अनुवाद हुए हैं। हिन्दी में जिस प्रथम छन्दोबद्ध अनुवाद की सूचना भारतेन्दु ने दी है, वह है राजा डालचन्द की आज्ञा से रायचन्द नागर कृत, द्वितीय अमृतसर के प्रसिद्ध भक्त स्वामी रत्नहरिदास कृत और तृतीय हरिश्चन्द्र कृत। आधुनिक युग में रमेशनन्दन शरण, आचार्य विनयमोहन शर्मा तथा नागार्जुन ने भी 'गीतगोविन्द' के अनुवाद किये हैं। अभी तक लगभग 14-15 पद्यानुवाद व गद्यानुवाद की जानकारी मिली है। नवीनतम टीका सहित गद्यानुवाद (1997) डॉ. रामचन्द्र वर्मा शास्त्री का है। इसी तरह अनेक टीकाएँ भी संस्कृत व हिन्दी में की गयी हैं। इन सारी टीकाओं की संख्या लगभग 35 है। इनमें से सभी प्रकाशित नहीं हैं। कुछ प्रमुख टीकाकारों व टीकाओं के नाम इस प्रकार हैं—उदयनाचार्य, कृष्णदास गोपाल, नारायणदास, भावाचार्य, रामतारण, रामदत्त, रूपदेव, विट्ठल, विश्वेश्वराचार्य, शान्तिनाथ, शेष कमलाकर, शंकरमिश्र, चैतन्यदास, मानकसंग्रह दीपिका और बालबोधिनी आदि।

'गीतगोविन्द' की सारी अष्टपदियाँ इतनी बिम्बात्मक और सहज लालित्य से भरपूर हैं कि उन्होंने चितेरों को, विशेषकर मध्यकालीन चितेरों को, बेहद आकृष्ट किया। मुगल, राजस्थानी, पहाड़ी और अनेक आंचलिक शैलियों में 'गीतगोविन्द' के प्रसंगों पर मनोरम रूपायन किये गये। 'गीतगोविन्द' के प्रसंगों पर आधारित सर्वप्रथम चित्र गुजरात शैली में मिलते हैं, जिनका अंकन-काल लगभग 1450ई. है। राय आनन्दकृष्ण ने उल्लेख किया है कि 16वीं सदी से 'गीतगोविन्द' के चित्र मिलने लगते हैं। इसके पूर्व की 3-4 सदियों में चित्र बने होंगे, लेकिन वे मिलते नहीं। उड़ीसा में मध्य 18वीं सदी से 'गीतगोविन्द' की सचित्र प्रतियाँ मिलने लगती हैं। इनके अंकन परम्परागत होते हुए भी बड़े चारु हैं। पश्चिम भारतीय अपभ्रंश शैली में दशावतार अंकन के साधारण कोटि के चित्र मिले हैं। 16वीं सदी में ही सचित्र 'गीतगोविन्द' की दो चित्रावलियाँ इसी परम्परा में मिली हैं। इनमें से एक राष्ट्रीय संग्रहालय नयी दिल्ली में है। आरम्भिक राजस्थानी शैली की एक सुन्दर चित्रमाला प्रिन्स ऑफ वेल्स म्यूज़ियम, मुम्बई में है। यह प्रायः 1550 से 1575ई. के बीच चित्रित हुई होगी। इस चित्रमाला की विशेषता निसर्ग व मनोभावों का सूक्ष्म अंकन है। 16वीं सदी के अन्त की एक चित्रावली एन.सी. मेहता संग्रह, अहमदाबाद में है। इसमें 101 चित्र हैं तथा यह गुजरात शैली में है। इस चित्रमाला के चित्रों पर नाट्य-प्रभाव भी स्पष्ट दीख पड़ता है। 17वीं सदी के आते-आते राजस्थान और पहाड़ की विभिन्न रियासतों में लघुचित्र परम्परा खूब फूली-फली और राजस्थान में मुख्यतः निम्न शैलियाँ व उपशैलियाँ रहीं—मेवाड़ उदयपुर, नाथद्वारा, देवगढ़, शाहपुरा, बनेड़ा, नागौर, बेगूँ, केलवाँ, जोधपुर, बीकानेर, किशनगढ़, अजमेर, सिरोही, जैसलमेर, घाणेराव, रियाँ, भिगाय, जूनियाँ, बूँदी, कोटा, झालावाड़, आमेर, जयपुर, शेखावाटी, अलवर, उणियारा, करोली, भरतपुर आदि।

इसी तरह पहाड़ की प्रमुख शैलियाँ हैं—काँगड़ा, गुलेर, बसोहली, गढ़वाल, चम्बा, बिलासपुर, नूरपुर, कश्मीर (जम्मू), कुल्लू, मण्डी, अमृतसर (सिलन) आदि। इन दोनों क्षेत्रों के अलावा भी काफी राधामाधव-केन्द्रित रूपायन हुए। मालवा शैली के मध्यकाल में प्रमुख केन्द्र थे—नरसिंहगढ़, माण्डू, राघौगढ़ और चन्देरी। इनके अलावा ओरछा, ग्वालियर, नागपुर, और बंगाल के कालीघाट में तथा दक्षिण भारत तथा बिहार में भी लघु चित्र बने।

इन तमाम शैलियों में से मेवाड़, बीकानेर, किशनगढ़, बूँदी, कोटा तथा काँगड़ा, गुलेर, बसोहली व मण्डी में 'गीतगोविन्द' पर आधारित मनोरम रूपायन

हुए। मेवाड़ में साहिबदीन और बीकानेर में रुकनुद्दीन ने बेहद मनभावन लघु चित्र बनाये। किशनगढ़ कलम में निहालचन्द की तूलिका ने अपना कमाल दिखाया और उसकी कूँची से 'बणीठणी' जैसी महान् राधा रूपायित हुई। कपिलाजी ने ऐसे सचित्र पाँच 'गीतगोविन्द' के मोनोग्राफ प्रकाशित कराये हैं। मेवाड़ी 'गीतगोविन्द' इनमें सर्वाधिक प्रशंसनीय है। सत्रहवीं शताब्दी के अन्त तक 'गीतगोविन्द' के प्रभाव के कारण स्थिति यह बनी कि यदि कृष्ण के साथ कोई भी गोपी हो तो चित्रकार उसे राधा ही मानते। जहाँ कई गोपियाँ हों, उनमें से प्रमुख को राधा के रूप में स्वीकार करते। यह मनोभूमि केवल चितेरे की ही नहीं, बल्कि तत्कालीन समाज की भी थी। इस प्रभाव में राधा-कृष्ण (नायक-नायिका) के चित्र बनते आ रहे थे। राजस्थान की शैलियों में यह अभिनव प्रयोग भी हुआ कि चित्रों के भीतर नाट्य अभिव्यक्ति के द्वारा राधा-कृष्ण का प्रायः यही रूप मिला जो स्वतन्त्र चित्रों में था।

पहाड़ी शैलियों में सर्वाधिक समादृत शैली काँगड़ा की रही, जहाँ मानक नामक चितेरे ने 'गीतगोविन्द' की चित्रावली रची। मानक के संरक्षण में बसोहली व काँगड़ा में 'गीतगोविन्द' पर केन्द्रित रूपायन बने। डॉ. एम.एस. रन्धावा जैसे प्रख्यात कलाविद् ने इन चित्रों को खोजा तथा इनके विवरण सहित इन्हें प्रकाशित किया। इसी तरह महाराज संग्रामसिंह द्वितीय के शासनकाल (1710–1735 ई.) में मेवाड़ में 'गीतगोविन्द' पर आधारित चित्रों की एक लम्बी शृंखला भी चित्रित की गयी। यह अब सरस्वती भण्डार, उदयपुर में संगृहीत व सुरक्षित हैं। बसोहली शैली में राजा मेदनीपाल के समय (सन् 1730) में 'गीतगोविन्द' पर आधारित चित्र बने। राजा संसारचन्द (1750-1823 ई.) का काल न केवल काँगड़ा या पहाड़ की लघुचित्र-कला की शैलियों के इतिहास में, अपितु समूची भारतीय चित्रकला के इतिहास में अद्वितीय है। इस महान् कलाप्रेमी शासक ने चित्रकला को इतना उत्कृष्ट योगदान दिया कि काँगड़ा कलम से निकले चित्र चित्रकला के इतिहास की धरोहर बन गये। 'गीतगोविन्द' के शब्द-शब्द रूपायित हुए और ऐसे रूपायित हुए कि इस रूप की झंकार से इतिहास की गलियाँ गूँज उठीं। प्रिन्स ऑफ वेल्स म्यूज़ियम, मुम्बई में राधा के 'मानभाव' का एक सुन्दर चित्र काँगड़ा शैली का है। इस चित्र में नाट्य तत्त्व भी स्पष्ट दीख पड़ते हैं।

इसका आकार 35.5 × 22.5 से.मी. है। इस चित्र में एक ओर कुंज में कृष्ण बैठे हुए हैं, दूती उन्हें सन्देश दे रही है। नाना प्रकार के पुष्पों, लताओं और

पक्षियों से भरपूर प्रकृति की समूची शोभा चारों ओर बिखरी है। हरियाली से आच्छादित वृक्षों की पंक्तियाँ स्पष्ट दीख पड़ती हैं। दूसरी ओर राधा एक वृक्ष के नीचे पुष्प दलों से सज्जित शय्या पर मान किये बैठी हैं। उनकी पूरी देह बंकिम हो उठी है, एक हाथ ऊपर उठा हुआ, देह का रोम-रोम तिरछा है, मान के आवेग के कारण वे कृष्ण की ओर देख भी नहीं रही हैं। उनका अप्रतिम सौन्दर्य काँगड़ा शैली की सारी सौन्दर्य-दृष्टि को साकार करता है। राधा को अपने रूप का गुमान भी है और मान भी, लेकिन वे आतुर भी हैं और अधीर भी। विलक्षण लघुचित्र है यह, वे मानिनी भी दीख पड़ती हैं मगर ऐसी भी कि जैसे वे मन जाने को आतुर बैठी हों। यह चित्र एक क्षण की तात्कालिकता का स्थायित्व में सदैव के लिए बदल जाने का साक्षी है। 'गीतगोविन्द' के तीनों प्रमुख पात्रों को उनकी अनूठी भंगिमाओं के साथ इस चित्र में साकार कर दिया गया है।

न केवल काँगड़ा, बल्कि गुलेर, नूरपुर, चम्बा और मण्डी में 'गीतगोविन्द' पर आधारित व उससे प्रभावित बहुत से मनभावन चित्र बने।

'गीतगोविन्द' के चित्रों की एक शृंखला सन् 1590 में उत्तरप्रदेश के पूर्वी इलाके जौनपुर में बनायी गयी। यह अभी प्रिन्स ऑफ वेल्स म्यूज़ियम, मुम्बंई में है। यह उल्लेख भी मिलता है कि सन् 1615 में अकबर के समय में एक ऐसा 'गीतगोविन्द' चित्रित किया गया, जिसमें राधा और उसकी सखियों को मुगल वेशभूषा में दर्शाया गया है। जयदेव का एक काल्पनिक चित्र खजांची संग्रह में है, जिसमें उन्हें पाँच अन्य कवियों के साथ दर्शाया गया है। यह आरम्भिक 'चौरपंचाशिका' शैली में है तथा इस पर सन् 1580 अंकित है। 'गीतगोविन्द' 1610ई. में पश्चिमी राजस्थान में भी चित्रित हुआ। इसकी शैली जैन शैली थी। किशनगढ़ शैली में भी सन् 1520 में राजा कल्याणसिंह के काल में एक लम्बी शृंखला 'गीतगोविन्द' पर आधारित चित्रों की बनी।

'गीतगोविन्द' के प्रसंगों पर प्रायः प्रत्येक स्थापित शैली में चित्र बने, जिनमें से मेवाड़, बीकानेर, बूँदी, कोटा तथा किशनगढ़ कलमों के चित्रों ने, जो राजस्थान की कलमें थीं, पर्याप्त प्रसिद्धि पायी। इसी तरह काँगड़ा, गुलेर, बसोहली व मण्डी कलमों के चित्र भी पर्याप्त प्रसिद्ध हुए। इनमें उत्कृष्टतम लघु चित्र काँगड़ा कलम के हैं, ये सभी शैलियाँ पहाड़ की थीं। पहाड़ में गढ़वाल कलम भी काफी लोकप्रिय रही। इसके अप्रतिम चित्रकार मोलाराम थे, जिन्होंने मन्दार के फूलों से लदी टहनियों के बीच राधा और कृष्ण की मनोरम प्रणय-भंगिमाएँ रूपायित की हैं।

देश-विदेश के विभिन्न संग्रहालयों तथा व्यक्तिगत संग्रहों में 'गीतगोविन्द' के ये मनोहारी रूपायन सुरक्षित हैं। यह भी एक उल्लेखनीय तथ्य है कि पूरे देश में विभिन्न शैलियों में गीतगोविन्द चित्रित किया गया। डॉ. कपिला वात्स्यायन ने 'जौर गीतगोविन्द' में, जो वर्ष 1980 ई. में प्रकाशित हुआ, कुल 182 ऐसे ग्रन्थों की वर्षवार तथा भाषावार सूची दी है जो ''गीतगोविन्द' की व्याख्या से सम्बन्धित हैं। उन्हें 40-45 सचित्र 'गीतगोविन्द' की प्रतियाँ भी मिलीं। हाल ही में अक्टूबर 1997 में काशी हिन्दू विश्वविद्यालय द्वारा भारत कलाभवन में आयोजित एक अन्तर्राष्ट्रीय संगोष्ठी में कपिलाजी ने मुझे अवगत कराया कि अब उनके कम्प्यूटर में लगभग तीन हजार 'गीतगोविन्द' की विभिन्न क्षेत्रों से मिली पाण्डुलिपियों की सूचना संगृहीत है।

यह भी एक उल्लेखनीय तथ्य है कि अभी तक जितने सचित्र 'गीतगोविन्द' प्रकाश में आये हैं, वे स्थापित शैलियों में चित्रित हैं व राजाश्रय में चितेरों ने बनाये हैं, लेकिन मुझे वर्ष 1995 में धूलिया (महाराष्ट्र) में एक ऐसा सचित्र 'गीतगोविन्द' उपलब्ध हुआ जो एक समन्वित लोकशैली में चित्रित किया गया है। इस शैली पर खानदेशी प्रभाव है तथा इसके लघुचित्र खानदेश के स्थानीय चितेरों के साथ-साथ सम्भवतः राजस्थान के चितेरों ने भी मिलकर बनाये हैं। इस शैली पर जयपुर, अलवर, मेवाड़ और नाथद्वारा शैलियों का भी प्रभाव है। मैं इसे 'कान्हेरी शैली' कहता हूँ, क्योंकि यह कान्हदेश, जो कालान्तर में खानदेश के नाम से जाना जाने लगा, की देन है। यह 'गीतगोविन्द' सन् 1765ई. में पूर्ण हुआ। इसमें कुल 290 लघुचित्र हैं। यह वर्तमान में समर्थ वाग्देवता मन्दिर, धूलिया में है। यह अपने-आप में पूर्ण है। मंगलश्लोक से लेकर प्रत्येक अष्टपदी पर लघुचित्र बने हैं। यद्यपि इस पर मालवा, दकनी व नागपुर, कलमों का भी प्रभाव है, किन्तु रंग देशज हैं तथा परिवेश पूर्णतः आंचलिक है। परिधान व प्रतीक भी स्थानीय हैं। राधा किंचित् स्थूल, लेकिन सुगठित देहवाली नारी के रूप में चित्रित हैं। वे नववारी साड़ी और हरे रंग का काँच का चूड़ा पहने हैं। वह लहँगा-चुन्नी पहने बड़े मनोरम रूप में विभिन्न भंगिमाओं में दीख पड़ती हैं। कृष्ण को विठोबा की तरह चित्रित किया गया है। यह शैली अभी तक प्रकाश में नहीं आ पायी। इसकी विशेषताएँ विलक्षण हैं। इस जीवन्त शैली को 'कान्हेरी' कहना ही उपयुक्त है क्योंकि यह 'गीतगोविन्द' उस कान्हा को पूरे आस्थाभाव के साथ इन लोक-चितेरों ने समर्पित किया, जिस कान्हा के हृदय के स्पन्दन इस 'कान्हेरी' को ही समर्पित रहे।

उक्त विवरण 'गीतगोविन्द' के बहुआयामी स्वरूप से जुड़े अनेक कलात्मक पक्षों का एक विहंगावलोकन है। 'गीतगोविन्द' की रसात्मक अनुभूति को अपने में समेट लेने का यत्न भर कर लेना भी कभी-कभी स्वयं का गीतमय, गोविन्दमय हो जाना है। जब कभी गहरे घने बादल घिर आएँ, तमाल के वृक्ष अँधेरे को दूना करने लगें, रास्ते की सुध न पड़े, तो अपने मन के नन्द के इस निदेश को मान लेना चाहिए कि किसी राधा के सहारे अपने घर पहुँच जाएँ, यह राधा हमारे लिए 'गीतगोविन्द' ही है और वह घर जहाँ हमें पहुँचना है, वह भी 'गीतगोविन्द' ही है।

'गीतगोविन्द' में समाये इस मार्गदर्शी संकेत के आधार पर अपनी सार्थक यात्रा के नैरन्तर्य को निरन्तर रखा जा सकता है। यही निरन्तरता जीवन की अनबुझी प्यास भी है और वह आस भी, जिसके भरोसे सदैव के लिए तृप्त होने की सफल कामना की जा सकती है।

—नर्मदाप्रसाद उपाध्याय

संक्षिप्त ग्रन्थ-अनुक्रमणिका

	ग्रन्थ का नाम	लेखक	प्रकाशक/प्रकाशन-वर्ष
1.	भारत की चित्रकला	राय कृष्णदास	भारती भण्डार, लीडर प्रेस, इलाहाबाद (1974)
2.	भावपुरुष श्रीकृष्ण	डॉ. विद्यानिवास मिश्र	प्रभात प्रकाशन, दिल्ली (1989)
3.	गीतगोविन्द काव्य तथा विवेचन	डॉ. कपिला वात्स्यायन	लोकभारती प्रकाशन,इलाहाबाद (1988)
4.	गीतगोविन्द : साहित्यिक अध्ययन	डॉ. कौशल कुमारी	सुमन प्रकाशन शाहदरा, दिल्ली (1993)
5.	रास-साहित्य का लोकतात्त्विक अध्ययन	डॉ. शिवाजी देवरे	विद्या प्रकाशन। गोविन्दनगर, कानपुर (1995)
6.	दि काँगड़ा पेण्टिंग्स ऑफ दि गीतगोविन्द	डॉ. एम.एस. रन्धावा	राष्ट्रीय संग्रहालय, नयी दिल्ली (1982)
7.	जौर गीतगोविन्द	डॉ. कपिला वात्स्यायन	राष्ट्रीय संग्रहालय, नयी दिल्ली (1980)

8.	मेवाड़ी गीतगोविन्द	—	(1987)
9.	श्रीराधा का क्रम विकास	डॉ. शशिभूषण दासगुप्ता	हिन्दी प्रचारक पुस्तकालय, वाराणसी (1956)
10.	भारतीय साहित्य में राधा	डॉ. कल्याणमल लोढ़ा	नेशनल पब्लिशिंग हाऊस, नयी दिल्ली
11.	राजस्थानी चित्रकला	डॉ. जयसिंह नीरज	राजस्थान हिन्दी ग्रन्थ अकादमी, जयपुर
12.	भारतीय चित्रकला	वाचस्पति गैरोला	चौखम्बा संस्कृत प्रतिष्ठान, वाराणसी (1990)
13.	कृष्ण ऑफ दि भागवत पुराण, दि गीतगोविन्द ऐण्ड अदर टेक्स्ट्स		राष्ट्रीय संग्रहालय, नयी दिल्ली (1982)
14.	इण्डियन पेण्टिंग	डगलस बैरट ऐण्ड बेसिलग्रे	रिजोल्ड इण्टरनेशनल पब्लिकेशन (1978)
15.	दि न्यू कैम्ब्रिज हिस्ट्री ऑफ इण्डिया (मुगल ऐण्ड राजपूत पेण्टिंग)	माइलो क्लीवलैण्ड बीच	कैम्ब्रिज युनिवर्सिटी प्रेस (1992)
16.	दि डिवाइन कन्सर्ट राधा ऐण्ड गॉडेस् ऑफ लव	जॉन स्ट्रेटन हावले	बोस्टन (1982)
17.	बैठे हैं आस लिये (विशेष--'राधा रूपायन' तथा 'तेरी भौंह की मरोर तें ललित त्रिभंगी भए' शीर्षिक निबन्ध)	नर्मदाप्रसाद उपाध्याय	प्रवीण प्रकाशन, महरौली, नयी दिल्ली (1998)
18.	कृष्णा : दि डिवाइन लवर मिथ ऐण्ड लीजेण्ड थ्रू इण्डियन आर्ट	सम्पादन-प्रोफेसर अन्ना एल.डल्लापिक्कोला	बी.आई. पब्लिकेशन्स 54, जनपथ, नयी दिल्ली (1982)
19.	जयदेवकृत गीतगोविन्द	डॉ. रामचन्द्र वर्मा शास्त्री	ज्ञान गंगा, चावड़ी बाजार, दिल्ली
20.	द गीतगोविन्द ऑफ जयदेव	बारबरा मिलर	मोतीलाल वनमासी
21.	भारतीय वाङ्मय में राधा	बलदेव उपाध्याय	बिहार राष्ट्रभाषा परिषद्, पटना

□□□